«Pete Greig ha escrito la obra maestra sobre la oración para hoy. Cómo orar surge de la caverna profunda de las propias oraciones y luchas de Pete, de su extenso estudio sobre la oración a través de los tiempos y de la diversidad de oraciones entre sus amistades globales. Cómo orar es una declaración sobre la oración fácil de seguir y de poner en práctica para la vida diaria. Pete es, sin duda alguna, uno de los guías espirituales más necesarios para nuestro tiempo».

CRAIG SPRINGER
Director ejecutivo de *Alpha USA* y autor de *How to Follow Jesus* (Cómo seguir a Jesús)

«¿Hay algo más importante que la oración? Nos acercamos a Dios y esperamos que Dios, a su vez, nos acompañe a cambio. Pete Greig no está dispuesto a renunciar a este impulso humano básico ante ninguna de las complejidades culturales que solemos construir a su alrededor. En *Cómo orar*, Pete nos ayuda a adoptar un hábito de oración que es tan vivificante como sencillo».

IAN MORGAN CRON
Autor de *El camino de regreso a ti*

«Pete Greig sabe cómo orar, y estoy muy agradecido por este libro. Su fervor y su pasión por la intercesión es muy contagiosa y han influido mucho en la iglesia alrededor del mundo. Adquiere este libro. Lee este libro. Vive este libro».

BRADY BOYD
Pastor principal de la iglesia *New Life* y autor de *Remarkable* (Notable)

«Pete Greig es un regalo para el mundo. Este libro utiliza la oración revolucionaria de Jesús como una guía fundamentada para encender nuestro espíritu en la búsqueda del corazón de Dios. Mientras lees estas páginas ¡permite que sus palabras te infundan un santo deseo de la venida del reino de Dios!».

DANIELLE STRICKLAND
Autora de *The Ultimate Exodus* (El éxodo definitivo)

«Si eres como yo, es posible que hayas orado el Padrenuestro muchas veces. Tiene un poder perdurable ¿verdad? Eso no sorprende porque así es como Jesús nos enseña a orar. Y resulta que, cuando se trata de la oración, Jesús es un gran maestro: para él, la oración no es algo elaborado ni formal, sino amorosa y franca. Pete Greig es una autoridad respetada justamente en ese tipo de oración: sencilla, honesta, directa, desde el corazón. Incluso cuando le pedimos a Dios lo que queremos, le estamos dando lo que él quiere: nuestro corazón. *Cómo orar* te ayudará a comenzar una práctica que durará toda la vida, y que dará vida».

MARK BATTERSON
Autor de *El hacedor de círculos*, éxito de venta del *New York Times*, y pastor principal de la iglesia *National Community*

«En un mundo donde todo se hace rápido, Pete Greig nos ofrece el tipo de guía que es, a la vez, inmediatamente accesible y profundamente reflexiva. Para todos aquellos que se han preguntado cómo hacer que la experiencia de la oración deje de ser algo distante para convertirse en algo personal y poderoso, *Cómo orar* provee un punto de partida tanto para creyentes nuevos como para los experimentados por igual».

NICOLE UNICE
Autora de *Help! My Bible Is Alive!* (¡Ayuda! ¡Mi Biblia está viva!)

«Durante muchos años, Pete Greig nos ha estado enseñando a orar. Desde el comienzo inadvertido del movimiento Oración 24-7 hace casi dos décadas, la vida y el testimonio de Pete han sido una provocación para que la iglesia entre con más profundidad en el misterio, la magnitud, la agonía y la belleza de la oración. En *Cómo orar: Una guía práctica y sencilla para gente común*, Pete nos trae lo mejor de dos décadas de conocimientos valiosos de una manera imperceptiblemente franca y entrañablemente honesta. Disfruta este libro. Luego, ponlo en práctica. Tu vida y tu mundo serán mejores gracias a él».

ANDREW ARNDT
Pastor asociado y docente en la iglesia *New Life*

«La sencillez, claridad y profundidad con la que Pete habla acerca de la oración es admirable. Cualquiera sea la barrera que enfrentas para una vida de oración activa, este libro te ayudará a superarla y a caminar hacia una relación más rica con Cristo».

MARGARET FEINBERG
Conferencista y autora de *Taste and See* (Probar y ver)

cómo orar

una guía práctica y sencilla para gente común

pete greig

Publicado en alianza con Tyndale House Publishers

NavPress.com

Cómo orar: Una guía práctica y sencilla para gente común

Un recurso de NavPress publicado por Tyndale House Publishers

Traducción al español: Virginia Powell para AdrianaPowellTraducciones

Edición en español: María Sol Romera para AdrianaPowellTraducciones

Algunas de las historias anecdóticas de este libro son de la vida real y se incluyen con el permiso de las personas involucradas. Todas las demás ilustraciones son una combinación de situaciones reales y cualquier parecido con personas vivas o fallecidas es pura coincidencia.

Para información acerca de descuentos especiales para compras al por mayor, por favor contacte a Tyndale House Publishers a través de espanol@tyndale.com.

ISBN 979-8-4005-0576-8

Impreso en Estados Unidos de América
Printed in the United States of America

31 30 29 28 27 26 25
7 6 5 4 3 2 1

A Danny, en su decimoctavo cumpleaños

«Pero tú eres un hombre de Dios [...].
Persigue la justicia y la vida sujeta a Dios,
junto con la fe, el amor, la perseverancia y la amabilidad.
Pelea la buena batalla por la fe verdadera».

1 TIMOTEO 6:11-12

Te diré la forma en que yo mismo práctico la oración.
Que nuestro querido Señor te conceda a ti,
y a todos, hacerlo mejor que yo.

Martín Lutero, en una carta a su peluquero,
Peter Beskendorf, primavera 1535

Padre nuestro en el cielo
santificado sea tu nombre,
que venga tu reino,
y se haga tu voluntad,
en la tierra y en el cielo.
Danos hoy el pan de cada día.
Perdónanos nuestros pecados,
como nosotros perdonamos
a quienes pecan contra nosotros.
No nos dejes caer en tentación,
sino líbranos del mal.
Porque el reino, el poder
y la gloria te pertenecen
ahora y para siempre.
Amén.

Libro de Servicio Alternativo
de la iglesia de Inglaterra

Contenido

Cuarto paso: Rendirse

Héroes de la oración

Prefacio

ESTOY MUY CONTENTO de que Pete haya escrito este libro. La oración es la actividad más importante de nuestra vida. Es la forma en que desarrollamos una relación con nuestro Padre en el cielo. Jesús oró y nos enseñó a hacer lo mismo. Orar nos trae paz, renueva nuestra alma, satisface nuestra hambre espiritual, y confirma nuestro perdón. La oración nos cambia no solo a nosotros, sino a las situaciones. Dios responde a la oración.

Pero *¿cómo* deberíamos orar?

Por muchos años he estado esperando que alguien escribiera un libro sencillo pero completo sobre cómo orar. Los únicos que pude encontrar fueron escritos hace décadas y no habían resistido la prueba del tiempo.

Parecía que había un gran vacío en el mercado. En el Curso Alpha tenemos una conversación alrededor de la quinta semana sobre por qué y cómo orar. Nos gusta recomendar libros, pero hemos tenido dificultades para encontrar uno para recomendar relacionado con esa sesión sobre la oración. En los últimos años, he podido recomendar el libro anterior de Pete, *Cuando Dios guarda silencio*, pero se trata de un aspecto más específico de la oración: por qué algunas oraciones parecen no recibir respuesta. Lo he recomendado porque Pete es una leyenda en el mundo de la oración: fuimos fundadores del movimiento de Oración 24-7 juntos, y Pete combina su pasión por la oración con un notable don para escribir.

Imaginen entonces mi alegría cuando Pete me dijo que estaba escribiendo un libro con el título *Cómo orar*. Me sentí profundamente honrado cuando me preguntó si podía escribir el prefacio para el mismo.

Ahora, luego de haber leído el borrador, encuentro que el libro es todo lo que yo anhelaba y más. Pete es un autor que sabe de lo que está hablando. Escribe como habla, con gran elocuencia. Pete es muy expresivo pero fácil de entender y sumamente práctico, ya que ilustra sus conceptos de manera bella con anécdotas, historias y ejemplos interesantes.

Pete solía dirigir las oraciones en nuestra iglesia Holy Trinity Brompton, de modo que he experimentado en lo personal el poder de las oraciones de Pete, por mí y por nuestra iglesia, por nuestra nación y el mundo. Si como yo has intentado dirigir la oración grupal, sabrás lo extraordinariamente difícil que es hacerlo bien. Pete siempre lo hace con consumada habilidad, con humor, pero nunca con intensidad; con poder y autoridad pero también con un toque de suavidad.

Este es, de hecho, un libro que hace lo que dice. Explica *cómo* orar. A mí, por ejemplo, ya me ha ayudado, y estoy seguro de que quienes lo lean serán alentados y ayudados a orar más como Jesús, y a conocer mejor a Dios.

Por fin, aquí hay una guía sencilla de oración para gente común: el libro que he estado esperando.

Nicky Gumbel
Londres, 2019

Cómo leer este libro en un par de minutos

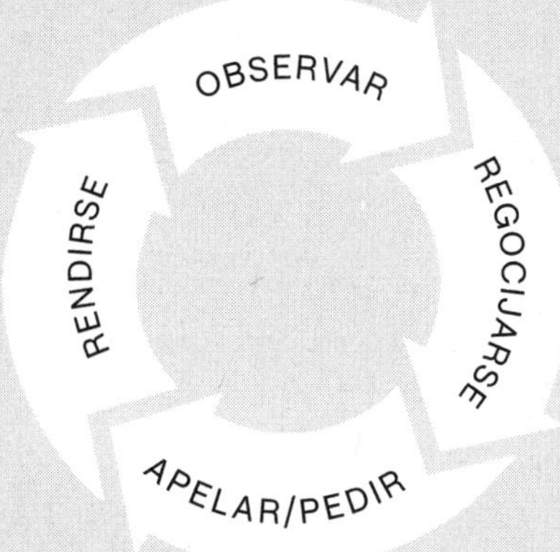

Cómo O.R.A.R. (Capítulos 1 y 2)

Uno de sus discípulos se le acercó y le dijo: «Señor, enséñanos a orar».

A todo peregrino alguna vez le entra una piedra en el calzado. Te despiertas una mañana pensando: *¿Es esto todo lo que hay que saber sobre el Creador de cien billones de galaxias?* Lees el libro de los Hechos y te preguntas: *¿Por qué las cosas ya no son así?* Tu mundo se viene abajo y necesitas un milagro con urgencia. Miras las estrellas y piensas cosas que superan el lenguaje religioso. Te dices: *Si esto es* verdad, *tiene que haber más poder, más misterio y más experiencia personal real.* Y así, por fin, acudes a Dios, preguntándote si estás hablando en serio, y dices: «Señor, enséñame a orar». Y él responde: «¡Pensé que nunca me lo pedirías!».

Observar (Capítulo 3)

[Jesús] les dijo: «Cuando oren» (NVI).

Para comenzar, debemos detenernos. Para seguir adelante, debemos observar. Este es el primer paso para una vida de oración más profunda. Deja a un lado tu lista de deseos y espera. Siéntate tranquilo. «¡Quédense quietos y sepan que yo soy Dios!»[1]. Debes estar plenamente presente en lugar y tiempo para que tus sentidos dispersos se centren en la presencia eterna de Dios. La quietud y el silencio preparan tu mente y tu corazón para orar desde un lugar de mayor paz, fe y adoración. De hecho, esas son por sí mismas, formas importantes de oración.

Regocijarse (Capítulo 4)

Padre nuestro en el cielo santificado sea tu nombre.

Nadie contempla las auroras boreales pensando: *¡Vaya! ¡Qué increíble soy!* Estamos programados para maravillarnos y, por lo tanto, para adorar. El Padrenuestro comienza con una invitación a adorar: «Padre nuestro que estas en el cielo, santificado sea tu nombre» (NVI). Después de observar para estar quieto al comienzo de un tiempo de oración, la respuesta más natural y apropiada a la presencia de Dios es la reverencia. Intenta no saltear esta parte. Santificar el nombre del Padre es la dimensión más importante y placentera de la oración. Quédate allí, alegrándote en las bendiciones de Dios antes de pedir más. Como un águila que remonta el vuelo, un caballo que galopa o un salmón que salta en el agua, adorar es aquello para lo que Dios te creó.

Apelar/Pedir (Capítulos 5–7)

Que venga tu reino, y se haga tu voluntad
[...]. Danos hoy el pan de cada día.

La oración significa muchas cosas para muchas personas, pero en su sentido más sencillo e inmediato, significa pedirle ayuda a Dios. Es un soldado que suplica por coraje, un amante del fútbol en la final, una madre sola en la capilla de un hospital. El Padrenuestro nos invita a pedirle a Dios todo, desde «el pan de cada día» hasta el «venga tu reino», por nosotros mismos (petición) y por otros (intercesión). En esta sección, exploraremos tanto el poder extraordinario y milagroso de la oración como las preguntas que enfrentamos cuando nuestras oraciones no reciben respuesta.

Rendirse (Capítulos 8–12)

Perdónanos nuestros pecados,
como nosotros perdonamos
a quienes pecan contra nosotros.
No nos dejes caer en tentación
sino líbranos del mal. [...]
Amén.

El último paso en el baile de la oración es rendirse. Es como un puño cerrado que se abre poco a poco; un atleta que se sumerge en un baño de hielo; un campo de amapolas de California mirando hacia el sol. Nos rendimos a la presencia de Dios «en la tierra como en el cielo» a través de la *oración contemplativa* y al *escuchar* su Palabra, «nuestro pan de cada día». Nos rendimos a la santidad de Dios a través de la *confesión* y la *reconciliación*, orando: «Perdónanos nuestros pecados como nosotros perdonamos a quienes pecan contra nosotros». Y nos rendimos a su poder en una *guerra espiritual* pidiendo a nuestro Padre que «nos libre del mal». Así, por medio de todo eso es que, rindiéndonos a Dios vencemos, al vaciarnos somos llenados, y al rendir nuestra vida en oración, ella misma finalmente se convierte en una oración, el Padrenuestro.

Introducción

CÓMO APROVECHAR AL MÁXIMO ESTE LIBRO

Con un Dios que te ama así,
puedes orar con toda sencillez. Así.

MATEO 6:9, MSG (TRADUCCIÓN LIBRE)

CUANDO UNO DE NUESTROS HIJOS oyó que yo estaba escribiendo un libro sobre cómo orar, dijo: «Ah, pero eso es fácil. Solo dices: "Querido Dios", hablas con él un rato y al final dices: "Amén"».

En cierto sentido, tenía razón. A veces hacemos de la oración algo mucho más complicado de lo que es necesario. *Cómo orar* está escrito como una guía sencilla para gente común. Es una introducción a un tema amplio destinado a nuevos creyentes y a seguidores comunes de Jesús que es probable no hayan estudiado teología y no se consideran guerreros de la Orden Jedi de la oración, pero, aun así, quieren crecer y profundizar un poco más en su relación con Dios. Para ellos será un viaje de descubrimiento maravilloso y emocionante.

• • •

Tengo la suerte de vivir al borde de un campo abierto donde suelo caminar en el bosque, alrededor de un campo de golf, o hasta la cima de una loma desde donde se puede ver hasta 45 kilómetros de distancia. Hay un sendero que sigo cuando tengo poco tiempo o si llueve y quiero evitar lo peor del barro. Pero entrecruzadas con esa arteria principal hay venas y vasos capilares: huellas secretas y sendas descuidadas, cubiertas de vegetación, más familiares para los tejones, los gamos y los búhos que para los pies humanos.

Escojo mi camino según el estado del tiempo, mi agenda o mi ánimo. Los días soleados tiendo a ir a las montañas para disfrutar la vista panorámica. En el otoño, me pierdo en los senderos forestales alfombrados densamente de hojas caídas, donde busco hongos bola de oso y champiñones. En el verano, mi familia enciende fogatas al atardecer en claros escondidos y, a veces, acampa en la naturaleza.

Este libro es una sencilla guía en el complejo y vivo paisaje de la oración. Cálzate las botas porque no vamos a caminar sobre el cemento de una autopista. Entiendo que hay momentos en los que necesitamos el camino más rápido posible a Dios, cuando estás derrapando en tu bicicleta en dirección a un vehículo estacionado, necesitas una comunicación lo más directa posible, como «¡Auxilio!». Pero la oración es más que pedir, y Dios no está apurado. Hay maneras de orar que se parecen más a explorar que a implorar: senderos en el bosque que sirven de refugio, lugares tan bellos donde uno se detiene a adorar. Hay lugares secretos e íntimos para acampar y caminos que te llevan a las alturas para disfrutar una vista más amplia bajo un cielo más grande. Trepar allí será un esfuerzo, pero valdrá la pena cuando finalmente llegues.

En el camino descubriremos santos que se han destacado en aspectos particulares de este variado paisaje. Encontrarás sus historias a lo largo de este libro. A algunos los describimos como «Héroes» y están al final de la mayoría de los capítulos. Algunos han acampado afuera en contemplación. Otros han construido refugios en las copas de los árboles de la visión profética. Con el tiempo, encontrarás tu propio terreno preferido a medida que camines con Dios.

Debo advertirte que ninguno de esos caminos lleva a Dios. No es así como funciona. No hay ninguna manera superior de orar. Si estás buscando el santo grial, vuelve al punto de partida. Pero cuando te pongas en marcha por los muchos caminos de la oración, el Señor se unirá a ti en el viaje (se está calzando las botas ahora mismo). Caminará en silencio contigo y te hablará también. La conversación tendrá altibajos. Te dirá cosas que no sabías y te preguntará cosas que nunca le has dicho. Por momentos dejarás de sentirlo, pero no será por mucho tiempo. A veces sugerirá un descanso o un sendero particular, pero la mayor parte del tiempo te acompañará, siguiéndote en cada paso del camino hasta que finalmente completes el círculo, llegues a casa, sabiendo que te conoces.

Por supuesto, llevaremos un mapa. La oración más famosa del mundo, el Padrenuestro, nos fue dada por el mismo Jesús con este preciso propósito: «Enseñarnos cómo orar». En esas palabras antiguas y conocidas descubriremos nueve caminos diferentes de oración: La *quietud*, la *adoración*, la *petición*, la *intercesión*, la *perseverancia*, la *contemplación*, la *escucha*, la *confesión* y la *guerra espiritual*.

Nuestro viaje se desarrollará con un ritmo tranquilo de cuatro pasos: O.R.A.R., el cual significa *Observar, regocijarse, apelar/pedir, rendirse*. No soy muy fanático de las siglas (me recuerdan a libros de textos de Ciencias y sermones exagerados), pero esta en particular funciona porque es simple, sensata y disimuladamente profunda. Son pasos simples, sensatos e imperceptiblemente profundos. Intenta no tomar los cuatro pasos como reglas estrictas, peldaños de una escalera hacia un séptimo cielo. Son más bien pasos de baile: fluidos, interactivos y abiertos a la interpretación creativa. Dale una oportunidad a O.R.A.R., y le dará a tu vida de oración una estructura ligera y un flujo fácil, ya sea que ores solo o en grupo.

• • •

He estado escribiendo este libro durante casi dos décadas, desde que un par de descubrimientos importantes hicieron surgir sin advertencia el movimiento de Oración 24-7.

El primero fue que la oración, en realidad es, curiosamente y por mucho, la cosa más importante de la vida.

El segundo fue que mis amigos y yo éramos demasiado malos en eso.

Desde ese comienzo desfavorable, hemos estado en una aventura de exploración para llegar a esta cosa simple, difícil e inevitable que late en el corazón de la vida, la fe y la cultura. Por lo tanto, la enseñanza de este libro surge no tanto de bibliotecas, seminarios ni púlpitos lustrados, sino de descubrimientos prácticos que hemos hecho orando día y noche en cientos de salas de oración improvisadas durante los últimos veinte años.

Puedes leer *Cómo orar* de manera aislada —es un producto independiente— pero también como un volumen complementario de *El Curso de oración*, un programa en línea gratuito para grupos pequeños que utiliza videos y disparadores de debates para aplicar diferentes aspectos del Padrenuestro a la vida diaria. Como he señalado, al final de cada capítulo, encontrarás un «Héroe de la oración» cuya vida es un ejemplo de un tipo particular de oración que hemos estudiado, así como enlaces a recursos adicionales en línea disponibles en ElCursoDeOracion.com:

- **La caja de herramientas: 30 herramientas de oración prácticas** para ayudarte a practicar este tipo de oración.
- **El video de *El Curso de oración*** que está relacionado con cada capítulo, incluyendo una guía para el debate en grupo.

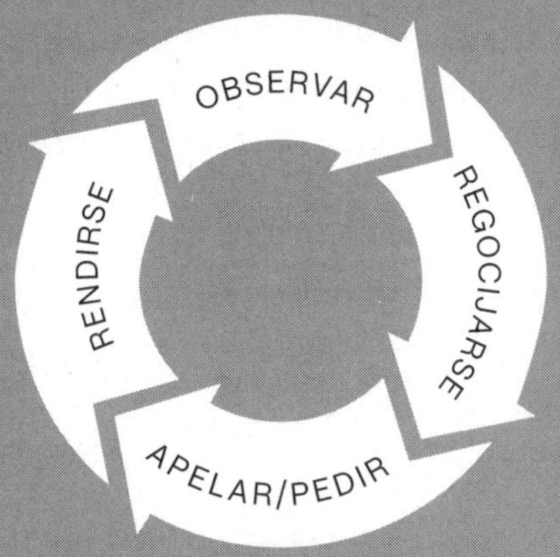

CÓMO O.R.A.R.

Una vez, Jesús estaba orando en cierto lugar. Cuando terminó, uno de sus discípulos se le acercó y le dijo: «Señor, enséñanos a orar, así como Juan les enseñó a sus discípulos».

LUCAS 11:1

A todo peregrino alguna vez le entra una piedra en el calzado. Te despiertas una mañana pensando: *¿Es esto todo lo que hay que saber sobre el Creador de cien billones de galaxias?* Lees el libro de los Hechos y te preguntas: *¿Por qué las cosas ya no son así?* Tu mundo se viene abajo y necesitas un milagro con urgencia. Miras las estrellas y piensas cosas que superan el lenguaje religioso. Te dices: *Si esto es* verdad, *tiene que haber más poder, más misterio y más experiencia personal real.* Y así, finalmente, acudes a Dios, preguntándote si estás hablando en serio, y dices: «Señor, enséñame a orar». Y él responde: «¡Pensé que nunca me lo pedirías!».

Capítulo 1

Orar en todo lugar

¿POR QUÉ ORAR?

Una vez, Jesús estaba orando en cierto lugar.

LUCAS 11:1

Se logran más cosas con la oración
de las que este mundo sueña. Por eso, deja que tu voz
se eleve como una fuente hacia mí, día y noche.

ALFRED LORD TENNYSON,
IDYLLS OF THE KING (IDILIOS DEL REY)

SOBRE EL MONTE ATHOS, a dos mil metros sobre el nivel del mar Egeo, monjes ortodoxos de grandes barbas están orando, como lo han hecho durante 1800 años. A unos quince kilómetros al norte de Lagos, más de un millón de cristianos nigerianos se juntan para una reunión mensual de oración en el enorme campus de la Redeemed Christian Church of God. En la ribera del río Ganges en Varanasi, peregrinos hindúes se sumergen en las aguas sagradas en busca de purificación y esperanza. En alguna parte de Manhattan, un grupo de adictos que sigue un programa de doce pasos está buscando «por medio de la oración y la meditación mejorar nuestro contacto consciente con Dios»[1]. En lo alto del Himalaya, suenan campanas, y una serie de banderas de oración de colores bailan contra un cielo azul zafiro. En lo profundo de los bosques del gran parque nacional

Redwood y abetos de Douglas en la Costa Perdida de California, monjas cistercienses guardan vigilia junto al río Mattole, donde nadan salmones y truchas arcoíris.

Una de cada cuatro personas repite el Padrenuestro cada año solo el día de Pascua. Una de cada seis personas se inclina hacia la Meca hasta cinco veces al día. Los judíos jasídicos se paran frente al Muro de los Lamentos de Jerusalén vestidos de negro y meciéndose de un lado a otro como góticos envejecidos en una discoteca en silencio. Frente a ellos, entre las enormes rocas del Templo de Herodes, miles de oraciones escritas a mano están calzadas entre los ladrillos como cigarrillos mal enrollados.

Vale la pena observar al comienzo de un libro como este para reconocer el coro interminable de anhelo humano: un cántico de suspiros y lamentos, el tañido de campanas, murmullos en guardias de maternidad, oratorios celestiales y grafitis garabateados. En palabras de Abraham Heschel: «La oración es nuestra humilde respuesta al increíble asombro de vivir»[2].

La lengua materna

La palabra inglesa para «oración» —*prayer*— deriva del latín *precarius*. Oramos porque la vida es precaria. Oramos porque la vida es maravillosa. Oramos porque nos encontramos sin palabras para muchas cosas pero no para las palabras más simples como «por favor», «gracias», «¡vaya!» y «auxilio». Yo oré cuando sostuve por primera vez en brazos a mis bebés. Oré cuando el trabajo me sobrepasaba y sabía que no podría manejarlo. Oré cuando se llevaron a mi esposa en silla de ruedas inconsciente por los pasillos del hospital. Oré la noche que vi una aurora boreal.

El psicólogo canadiense David G. Benner describe la oración

como «la lengua materna del alma» al observar que «nuestra disposición natural es una apertura atenta a lo divino»[3]. Vemos esa disposición en grandes hombres y mujeres que no necesariamente se conocen por una devoción religiosa. Abraham Lincoln admitió: «He caído muchas veces de rodillas por la abrumadora convicción de que no tenía a dónde más ir. Mi propia sabiduría [...] parecía insuficiente para ese momento»[4].

Conrad Hilton, fundador de la cadena de hoteles que llevan su nombre, dedica la última sección de su autobiografía a la cuestión de la oración: «En el círculo de vida exitosa —explica—, la oración es el eje que mantiene armada la rueda»[5].

En su novela semiautobiográfica *One True Thing* (*Cosas que importan*), Anna Quindlen describe la agonía de tener diecinueve años y ver a su madre recibir quimioterapia «gota a gota, Dios, por-favor-haz-que-funcione. Sí, así oraba en ese cubículo y en el pasillo afuera y en la cafetería». Ella escribe: «Pero oraba para mí misma, sin forma, solo sentimientos inconclusos, dos palabras: por favor, por favor, por favor, por favor»[6].

La estrella de rock, Dave Grohl, admite haber orado con desesperación cuando su baterista, Taylor Hawkins, sufrió una sobredosis en el V Festival de Inglaterra. «Hablaba con Dios en voz alta mientras caminaba —dice al recordar cuando regresaba tarde por la noche al hotel Kensington's Royal Garden desde el hospital donde su amigo yacía en coma—. No soy una persona religiosa, pero estaba como loco, muy asustando, afligido y confundido»[7].

Al comienzo de las exitosas memorias más vendidas de Elizabeth Gilbert, *Eat, Pray, Love* (*Come, reza, ama*), escribe: «Hola Dios. ¿Cómo estás? Soy Liz. Gusto en conocerte. [...] Nunca antes te he hablado directamente». Y luego comienza a llorar. «¿Puedes ayudarme? Por favor, estoy desesperada por ayuda. No sé qué hacer».

Cuando se aquietan sus lágrimas, experimenta una paz «tan extraña que no quería exhalar, por temor a ahuyentarla. [...] No había sentido jamás esa tranquilidad. Entonces oí una voz. [...] No era una voz tipo Charlton Heston en el Antiguo Testamento de Hollywood. Ni una voz que me indicara que debía construir un campo de béisbol en el fondo de mi casa. Era simplemente mi propia voz. [...] Pero era mi voz como nunca antes la había oído»[8].

Mi amiga Cathy era una atea militante en la Universidad de Wichita cuando, una noche tarde en su albergue mientras observaba a su bebé dormido, se sintió sobrecogida por el deseo de agradecer a alguien o algo por ese regalo extraordinario. Sin un esposo o un compañero en su vida con quien compartir su sentido de asombro, Cathy susurró cohibida unas pocas palabras de gratitud en medio del silencio. Al hacerlo, la atmósfera pareció cambiar. Ola tras ola de amor, como jamás había experimentado parecieron inundar la habitación. Arrodillada ahí mismo esa noche junto a su bebé dormido, Cathy abandonó su ardiente ateísmo. Más de treinta años después, sigue siendo una seguidora de Jesús.

El poeta irlandés Patrick Kavanagh se sintió movilizado de manera similar a orar por la insondable maravilla de la vida, un impulso que describe en su poema «Canal Bank Walk» (Caminata por la ribera del canal) como «la enorme necesidad de mis sentidos»:

Oh, mundo inmaculado, cautívame, atrápame en una telaraña
de hierba fabulosa y voces eternas junto a un haya.
Alimenta la enorme necesidad de mis sentidos.
Dame el don de la improvisación
para orar inconscientemente con palabras desbordantes.
Porque esta alma necesita ser honrada con un nuevo vestido
tejido de cosas verdes y azules
y argumentos que no pueden probarse[9].

Ser humano es orar

Desde los presidentes estadounidenses hasta los poetas irlandeses, desde las estrellas de rock en Londres hasta las madres solteras en Wichita, la oración ha sido ese argumento que «no se puede probar» la «enorme necesidad» de toda alma humana desde los albores del tiempo. Se cree que las pinturas rupestres que datan más de treinta y cinco mil años en Maros, Indonesia, y en Chauvet, Francia, funcionaban como invocaciones espirituales. Se cree que las ruinas de Göbekli Tepe, en las cimas de las montañas de la actual Turquía, son los restos de un templo que tendría seis mil años más que Stonehenge, el cual también puede haber sido un lugar de oración unos tres mil años antes de Cristo.

¿Y qué hay del futuro? ¿La oración es solo la sombra menguante de cierto amanecer primitivo? Investigación tras investigación responde que no[10]. Trecientos años después de la Ilustración, el mundo se vuelve, en todo caso, cada vez más religioso, no menos[11]. Vivo en Inglaterra, considerada una de las naciones más seculares de Europa Occidental, pero incluso aquí, un cuarto de aquellos que se describen a sí mismos «no religiosos» admiten que «participan de alguna actividad espiritual cada mes, típicamente de la oración»[12].

El eminente cirujano David Nott ilustra bien esta aparente contradicción. Opera en tres hospitales británicos, pero elige pasar sus vacaciones en las zonas de guerra más peligrosas del mundo. «No soy religioso», le aseguró a Eddie Mair en una entrevista:

> Pero de tanto en tanto tengo que orar y oro a Dios pidiéndole que me ayude porque a veces sufro mucho. Solo de vez en cuando logro acceder a la frecuencia correcta para hablarle y no tengo ninguna duda en mi mente de que hay un Dios. No lo necesito todos los días. Lo necesito de tanto en tanto, pero cuando en realidad lo necesito, con seguridad está ahí[13].

Esa entrevista, en su totalidad, tuvo un efecto profundo en sus oyentes. De hecho, el artista experimental Patrick Brill (mejor conocido por su extraño seudónimo «Bob y Roberta Smith») se sintió tan impresionado por el testimonio de Nott que se pasó los cuatro meses siguientes transcribiendo cada palabra, letra por letra, en un enorme lienzo que ahora está expuesto en el salón central del London Royal Academy como la pieza central de su exhibición de verano, la muestra anual de arte contemporáneo más popular del país y la más antigua del mundo.

Desde las pinturas en cuevas primitivas hasta las paredes blanqueadas de la Royal Academy, el impulso universal de orar permea y palpita en la antropología y la arqueología, la sociología y la psicología humanas. No es exagerado decir que ser humano es orar. La pregunta, por lo tanto, no es *por qué* oramos, sino más bien *cómo* y *a quién* oramos. Para millones y millones de personas hoy en día, la respuesta a esas preguntas se encuentra en la vida revolucionaria y las enseñanzas de Jesucristo.

La Biblia y la oración

A la mañana siguiente, antes del amanecer, Jesús
se levantó y fue a un lugar aislado para orar.

MARCOS 1:35

La persona más grande que existió fue una persona de oración. Antes de lanzarse al ministerio público, ayunó durante más de un mes en el desierto. Antes de elegir a sus doce discípulos, oró toda la noche. Cuando supo de la devastadora noticia de que su primo, Juan, había sido ejecutado, «salió en una barca a un lugar alejado para estar a solas»[14]. Después de alimentar a cinco mil personas, estaba lógicamente cansado, pero su reacción fue subir a una colina a orar.

Cuando las presiones de la fama amenazaban aplastarlo, Jesús oró[15]. Cuando enfrentaba su propia muerte en el huerto de Getsemaní, sangrando de miedo y defraudado por sus amigos, oró[16]. Incluso durante esas horas inimaginables de tormento físico y espiritual en la cruz, Jesús clamó a aquel que al parecer lo había abandonado[17].

Jesús oró y oró y oró.

Pero eso no fue todo. Después de su resurrección, Jesús mandó que sus discípulos siguieran su ejemplo, de manera que finalmente surgió la iglesia donde «todos se reunían y estaban constantemente unidos en oración»[18]. Y luego, cuando la iglesia comenzó a crecer exponencialmente, los apóstoles continuaron el ejemplo del Señor, priorizando con firmeza la oración por encima del clamor de las apremiantes responsabilidades de liderazgo[19].

Cuando «Pedro subió a la azotea a orar» en la ciudad de Jope tuvo una desconcertante visión de un animal no *kosher* que se le ofrecía para comer, una revelación que marcó una época que lanzaría el evangelio fuera de su cuna judía al vasto campo de cosecha del mundo gentil[20].

Observamos la misma dedicación a la oración en el colega apostólico de Pedro, Pablo, de quien se dice, inmediatamente después de su conversión en el camino a Damasco, «está orando»[21]. Las epístolas de Pablo están llenas de peticiones, doxologías espontáneas y exhortaciones apasionadas a orar. Estamos comprometidos, recuerda a los efesios, en una lucha activa contra los oscuros poderes espirituales[22]. Estamos de lleno, les dice a los romanos, en una intensa reunión de oración celestial[23]. Somos edificados, les dice a los corintios, en verdades reveladas a nosotros solo por medio de la oración[24].

Sería fácil continuar en esta línea porque la prioridad de la oración se encuentra de una u otra manera casi en cada página de la Biblia y en cada capítulo de la historia de la iglesia. No es un tema periférico ni un extra optativo para los desesperados o los devotos. No pertenece a otro momento de la historia, ni a algún otro tipo de persona más espiritual o disciplinada o experimentada que tú o que yo. La oración no es nada a menos que sea un asunto de enorme y absorbente importancia para cada uno de nosotros.

«La oración es más que una vela encendida —insiste el teólogo George A. Buttrick—. Es la transmisión de la salud. Es el pulso de la vida»[25]. Una verdadera relación con Dios implica caminar con él a diario, como Adán y Eva en el jardín del Edén. Implica hablar con él íntimamente, como Moisés, con quien Dios hablaba «cara a cara, como cuando alguien habla con un amigo»[26]. E implica escuchar con atención su voz porque, como dijo Jesús: «Mis ovejas escuchan mi voz; yo las conozco, y ellas me siguen»[27].

Encontrar tus lugares de oración

Dijimos que antes de enseñar el Padrenuestro, «Jesús estaba orando en cierto lugar»[28]. Eso es significativo. Parece que había ciertos lugares en los que prefería orar. En otra parte aconseja a sus discípulos: «cuando ores, apártate a solas, cierra la puerta detrás de ti»[29]. Está claro que la ubicación importaba. Se nos dice que el día de Pentecostés, el Espíritu Santo primero «llenó la casa donde estaban sentados» y los discípulos vieron «algo parecido a unas llamas o lenguas de fuego» y momentos después «todos los presentes fueron llenos del Espíritu Santo»[30]. ¿Acaso no es una secuencia interesante? El Espíritu Santo *llenó* el lugar antes de llenar a la *gente*.

Los antiguos cristianos celtas entendían muy bien que el Espíritu Santo puede colmar los lugares, así como a la gente. Describían esos lugares sagrados como «lugares angostos». Tu lugar angosto puede ser sencillamente una silla en tu hogar, un banco en el parque, una media hora sagrada en tu viaje diario al trabajo, una posición regular en tu habitación de oración 24-7[31], o incluso, un momento en el santuario de tu toilette. El maestro espiritual Richard Foster nos insta a «encontrar un lugar para enfocarnos —un altillo, un patio, una habitación desocupada, un desván, incluso una silla específica—, un lugar fuera de la rutina de vida, alejada de las distracciones. Permite que ese lugar se convierta en una "tienda de reunión"»[32].

Incluso cuando no quieres orar, encontrar un lugar para orar puede hacerlo más fácil. Con solo presentarte allí, estás haciendo una declaración de intención. Es como si dijeras, en efecto: «Señor, no quiero estar aquí, ¡pero estoy!». Esta con frecuencia ha sido mi experiencia con mis devocionales diarios y las citas en las Salas de Oración 24-7. Puede que al principio no siempre quiera estar allí —a menudo conduzco a la sala de oración protestando, convencido de que no puedo dedicar ese tiempo y que la Oración 24-7 es la peor idea en la historia del mundo—, pero, muchas veces esos son los momentos en que Dios se presenta con más poder. Después de décadas de orar día y noche, he llegado a creer que el 99% de la oración consiste simplemente en presentarse: en hacer el esfuerzo de estar conscientemente presente ante el Dios que está constantemente presente para nosotros.

¿Dónde está tu silla?

Un ejecutivo de publicidad se hizo cristiano, pero dijo que estaba demasiado ocupado para encontrar un tiempo diario para orar.

—Para ti es fácil —le dijo a su nuevo pastor—. Tienes todo el tiempo del mundo, pero yo no puedo agregar nada más a mi vida.

Quizás sientes algo similar al comenzar este libro. Podrías estar pensando: *Es fácil para Pete. Él es el de la Oración 24-7. Escribe libros y se pasa el día hablando con las ardillas. Mi vida es diferente, ¡es frenética y estresante!*

El pastor respondió a la queja del ejecutivo de publicidad con un amable desafío:

—Sabes —dijo—, siempre he logrado hacer tiempo para las cosas que valoro.

Ese nuevo creyente se fue y compró una hermosa mecedora, la colocó frente a una ventana en su casa, y comenzó a levantarse solo veinte minutos más temprano cada día para sentarse allí, leer la Biblia y orar. Al mantener ese sencillo ritmo diario, su esposa y sus colegas comenzaron a notar que estaba menos disperso, más pacífico y más amable. Esa mecedora se estaba convirtiendo en su lugar angosto.

Los meses se hicieron años, la disciplina diaria se convirtió en un hábito sagrado y, una mañana, mientras estaba sentado allí en la mecedora, el Señor lo invitó a dejar su trabajo, vender su casa, mudarse de Chicago a Colorado, donde una iglesia necesitaba ayuda. Fue un momento que cambió su vida y lanzó a toda su familia a una nueva etapa de vida notablemente fructífera.

Varios años después, ese exitoso ejecutivo fue diagnosticado con una forma de cáncer muy particular, agresivo e incurable, pero continuó manteniendo sus citas con Dios cada mañana en su mecedora. Durante sus últimos días encontró fuerzas en la oración para la transición más difícil de todas.

Llegó el día del funeral y un amigo encontró a su dolida esposa mirando la mecedora.

—¿Qué vas a hacer con ella ahora? —le preguntó.

—Bueno, se la vamos a pasar a nuestros hijos y a nuestros nietos —respondió sin dudar—. Me gusta pensar en ellos sentados allí como lo hacía mi esposo, descargando sus corazones, escuchando al Señor, permitiéndole moldear y dirigir sus vidas[33].

¿Dónde está *tu* silla? Para mi esposa, es la caminata diaria con el perro y encuentros semanales con Dios en una cafetería en particular de la ciudad. Para una maestra de nuestra iglesia, es su aula, donde llega una hora antes cada día para orar tranquila en su escritorio. Para una estudiante que recientemente conoció a Jesús desde un trasfondo estrictamente sij, es su coche.

—Conducir es mi santuario —me dijo un día—. Paso música de adoración en volumen alto ¡y mi familia no puede detenerme!

Dondequiera que encuentres tu silla, intenta visitarla a diario. Permite que se convierta en tu lugar angosto, un lugar sagrado que te ayude a caminar y a hablar con Dios a través de las muchas vicisitudes de la vida.

Señor, enséñanos a orar

Hace dos mil años, los discípulos recibieron a Jesús después de su tiempo y lugar de oración habituales con una de las peticiones más grandes de todos los tiempos: «Señor —dijo uno de ellos—, enséñanos a orar»[34]. Su respuesta a ese pedido simple y humilde fue asombrosamente generosa. No hizo que sus discípulos se sintieran pequeños. No dijo: «A estas alturas, ustedes deberían saber orar». En lugar de eso, les dio la oración más maravillosa de la historia del mundo. Esos hombres llegarían a tener una vida extraordinaria de oración. Intercederían hasta que las paredes temblaran. Sacarían a Pedro de una prisión de máxima seguridad mediante el poder de la oración. Sus mismas sombras y capas a veces sanarían enfermos. Recibirían el tipo de revelaciones que cambian los paradigmas culturales. Y lo más notable de todo, un día hallarían la gracia en su interior para orar por sus torturadores en el mismo momento de la muerte.

Los discípulos se convertirían en poderosos guerreros de oración, pero no fue automático. La oración no les bajó como un rayo del cielo. No fue una ventaja garantizada por el trabajo apostólico. La oración fue algo que tuvieron que aprender por el camino difícil, y su aprendizaje debió comenzar un día en particular con ese pedido sencillo y conmovedoramente vulnerable: «Señor, enséñanos a orar».

Y por supuesto, así lo hizo.

• • •

En este capítulo inicial, he procurado establecer el caso histórico y bíblico de la oración y la relevancia universal de un espacio sagrado, desde el Muro de los Lamentos en Jerusalén hasta una mecedora en Colorado. Mi intención ha sido asegurarte que aprender a orar es, en realidad, la cosa menos extraña, más natural, necesaria y maravillosa que puedas hacer, y alentarte a seguir el ejemplo de Cristo al apartar «cierto lugar» (o ciertos lugares) para hacerlo a menudo. En los siguientes capítulos (3–12), nos centraremos en dimensiones particulares de la oración, como la adoración, la petición, la intercesión y la contemplación. Primero, vamos a abordar la pregunta fundamental que está en el corazón de este libro —¿cómo orar?— al nivel más simple y literal.

MÁS SOBRE ORAR EN TODO LUGAR

HERRAMIENTA DE ORACIÓN: 1. Cómo orar el Padrenuestro (ElCursoDeOracion.com).

LECTURA ADICIONAL: *La oración: Verdadero refugio del alma* por Richard Foster.

Capítulo 2

Mantenlo sencillo

COMENZAR CON LA ORACIÓN

«Señor, enséñanos a orar».

LUCAS 11:1

EL MEJOR CONSEJO que he recibido acerca de cómo orar fue este: *mantenlo sencillo, mantenlo real, persevera.*

Tienes que *mantenerlo simple* para que la cosa más natural del mundo no se vuelva complicada, extraña y pesada.

Tienes que *mantenerlo real* porque cuando la vida te golpee te sentirás tentado a fingir que estás bien. Y cuando hagas un desastre de tus cosas te sentirás tentado a esconderte de Dios (cosa que en realidad nunca sucede) y terminarás escondiéndote de ti mismo (cosa que sucede con facilidad).

Y tienes que *perseverar* porque la vida es dura, la batalla es feroz, y Dios no es un algoritmo. El viaje de fe exige cierto empecinamiento de todos nosotros, no menos en el ámbito de la oración.

• • •

Era el momento más sagrado de mi día: las oraciones antes de dormir con cada uno de mis hijos. Hudson estaba aseado y calentito, con olor a jabón y vestido con su pijama de superhéroe. Pronto estaría dormido. La paz reinaría de nuevo en nuestro hogar. Todo estaría bien en el mundo.

—Nada de pesadillas, Señor —susurré—. Que Huddy pueda saber cuánto lo amas y crezca siendo cristiano.

—¡No! —susurró a mi oído una vocecita.

—No, papá —volvió a decir, con el ceño fruncido e indignado—. ¡*No quiero* ser un cristiano cuando crezca!

—Ah —dije, un poco desconcertado, intentando no mostrarme desilusionado—. ¿Podrías... mmm... decirme por qué?

—Cuando crezca, papá —dijo, sacando su pecho de paloma—, quiero ser *Batman*.

—Ah —repetí y lo acerqué un poco más. Nos quedamos allí sentados en silencio un rato más.

—Creo —me atreví a decir finalmente—, que es posible ser ambas cosas.

En definitiva, hay días en que preferiría tener un conjunto de superpoderes personales en lugar de tener que dedicarme a la lenta y confusa tarea de la oración. Dios sabe que no siempre nos resulta fácil hilvanar una sola frase en su presencia. «Él sabe —nos dice el salmista— que somos tan solo polvo»[1]. Él entiende que a veces nos quedamos sin palabras, estamos distraídos, abrumados y confusos. Dios no se siente inseguro si de vez en cuando dudamos de su existencia. Él ve nuestro corazón herido y roto y acepta que la oración no siempre parece haber ayudado. No se siente para nada molesto si a veces nos encontramos hablando con él un poco aburridos. O que a veces prefiramos escalar el Empire State Builing vestidos de Batman a entrar sumisamente a nuestro cuarto, cerrar «la puerta detrás de [nosotros] y ora[r] a [nuestro] Padre en privado»[2].

La cuestión es que: *Él nos quiere*. Y mucho.

Dios quiere pasar tiempo con nosotros más de lo que nosotros queremos pasar tiempo con él. Esta es una verdad alucinante. Significa que cada vez que hacemos el esfuerzo de acercarnos al Señor en oración, él ya está esperándonos ahí con una sonrisa. Intenta recordar esto la próxima vez que entres a tu lugar de oración o te sientes con la Biblia. Dios no está con el ceño fruncido. No se ve aburrido. ¡Es probable que ya esté contento porque has elegido este libro!

En los próximos capítulos exploraremos diferentes aspectos de la oración, pero el corazón que bombea vida a través de todo es el amor. Si se pierde ese sentido de la oración como amistad, no quedará nada más que teoría y técnica. Como dice el viejo marinero en el poema de Coleridge: «Bien ora quien bien ama»[3].

En el capítulo anterior dije que orar es la cosa más natural del mundo porque fuimos creados para tener amistad con Dios, pero ¿cómo lo hacemos en realidad? ¿Cómo *lo mantenemos sencillo* cuando la oración puede ser tan confusa y complicada? ¿Cómo *lo mantenemos real* cuando hay tanta exageración e hipocresía en nuestro mundo y en nosotros? Y ¿cómo *perseveramos* así cuando (seamos honestos) todos a veces quisiéramos rendirnos?

Mantenlo sencillo

Jesús nos advierte de forma muy específica que no nos compliquemos demasiado con la oración:

> El mundo está lleno de los llamados guerreros de la oración [...] que venden técnicas para obtener lo que quieren de Dios. No caigan en esa tontería. Ustedes están tratando con su Padre, y él sabe mejor que ustedes lo que necesitan. Con un Dios así que los ama, pueden orar muy simple[4].

A continuación, Jesús les da el Padrenuestro, el cual solo consistía en treinta y una palabras en su idioma original. También rimaba. ¡Jesús nos escribió un poema![5]. Después de haber defendido la simplicidad en la oración, Jesús la ejemplificó con un modelo corto, con rima, el cual lleva apenas treinta segundos recitar en español y cabe en un solo tuit. Como dice el arzobispo Justin Welby, el Padrenuestro es «lo suficientemente simple como para que lo puedan memorizar los niños pequeños y a la vez tan profundo como para sostener toda una vida de oración»[6].

• • •

Si eres nuevo en la fe, es probable que tengas todo tipo de preguntas razonables sobre la oración. Recuerdo una mujer de aspecto sofisticado que vino a hablar conmigo un domingo después del servicio.

—Soy nueva en el cristianismo —dijo—. ¿Está bien si hablo con Dios en la ducha?

Yo estaba llevando a un amigo en mi coche al otro lado de la ciudad. Era un creyente nuevo y le sugerí que oráramos.

—¡De ninguna manera! —gritó e intentó sujetar el volante, aterrado pensando que yo cerraría los ojos.

Hay pocas reglas para los cristianos en cuanto a la oración. Sí, claro que podemos orar en la ducha o mientras conducimos. No se nos exige que cerremos los ojos, que adoptemos una determinada postura, que nos vistamos de alguna manera, que nos lavemos ritualmente o que utilicemos un conjunto fijo de palabras para que Dios nos escuche. Algunas de esas cosas pueden ser útiles en ciertas ocasiones, como veremos más adelante, pero el autor de Hebreos es claro al expresar que la presencia de Dios está disponible libremente para nosotros todo el tiempo, en cualquier lugar, a través de Jesús[7].

Dios te invita a orar con sencillez, en forma directa, con honestidad, en la total y maravillosa singularidad de la forma en que te ha creado. Haz una caminata bajo la lluvia. Escribe oraciones en las suelas de tu calzado. Canta blues o baila rap. Escribe sonetos petrarquistas. Siéntate en silencio en el bosque. Sal a correr hasta que veas la sonrisa de Dios; lárgate por un tobogán de agua gritando «aleluya» si así es honestamente tu manera.

—Yo oro todo el tiempo —dijo el pastor nativo-americano Richard Twiss:

> Mis oraciones no son solo hablar con Dios. Son preguntas, son conversaciones, son la quema de salvia e incienso. Cuando bailo en el pow-wow[8], cada paso es una oración. Bailo mis oraciones para la gente. A veces imagino mis oraciones, fantaseo con mis oraciones, no siempre son audibles[9].

Mantenerlo real

Cuando ores, no parlotees de manera interminable como hacen los gentiles. Piensan que sus oraciones recibirán respuesta solo por repetir las mismas palabras una y otra vez. No seas como ellos, porque tu Padre sabe exactamente lo que necesitas, incluso antes de que se lo pidas.

MATEO 6:7-8

Jesús nos invita a hacer que la oración sea simple y que también sea real. En una ocasión, contó una historia sorprendente acerca de dos hombres que llegaron al templo a orar. Uno de ellos, un fariseo, se puso de pie y habló con confianza, tildando todos los casilleros religiosos que cumplía, haciendo notorio su ayuno y su diezmo. El otro hombre, un despreciado cobrador de impuestos, «ni siquiera se atrevía a levantar la mirada al cielo mientras oraba», sino que se mantenía en las sombras murmurando: «Dios, ten compasión de mí, porque soy un pecador». «Les digo», concluyó Jesús, y lo imagino mirando a los fariseos entre la multitud, que «fue este pecador» —el cobrador de impuestos— «quien regresó a su casa justificado delante Dios»[10]. Como dijo el monje trapense Thomas Merton: «Dios es demasiado real para que ser encontrado en un lugar que no sea la realidad»[11].

La autora Anne Lamott escribió un libro agradablemente irreverente sobre la oración con un título que siempre me ha gustado: *Help, Thanks, Wow* (Ayuda, gracias, ¡vaya!). Estas tres palabras, sostiene ella, son las únicas oraciones que necesitamos. Estemos o no de acuerdo, es un trabajo brillante que nos hace entender la necesidad de la honestidad radical en la oración.

> Creo que cuando uno dice la verdad, está cerca de Dios. Si le dices a Dios: «Estoy agotado y deprimido más de lo que puedo expresar, y en este momento no me gustas para nada, y me aparto de la mayoría de las personas que creen en ti», puede ser la cosa más honesta que hayas dicho en tu vida. Si me dices que le dijiste a Dios: «No hay esperanza, y no tengo una señal de que existes, pero me gustaría que me ayudes», casi me haría llorar, con lágrimas de orgullo por ti, por el coraje que implica ser real, realmente real[12].

Peleando con Dios

Una noche oscura, cuando mi esposa Sammy estaba en el hospital esperando una cirugía de cerebro y mucho antes de que supiéramos que iba a sobrevivir, mi amigo Dan vino amablemente a orar conmigo.

—Señor, si este es tu momento para llevar a Sammy a tu hogar —se atrevió a decir Dan, expresando mi temor más profundo—, ¿podrías darle fuerzas a Pete para soportar lo insoportable?

Era una pregunta fiel y bíblica. No debe haber sido algo fácil para orar, pero yo no estaba dispuesto a aceptarla.

—No hay trato —dije, interrumpiendo sin disculparme—. De ninguna manera, Dios. ¡Sobre mi cadáver!

Me levanté de la silla y caminé de un lado al otro por la sala.

—Si estás planeando quitarme a mi esposa, si estás planeando quitarles la mamá a dos pequeños niños, bien. Tendrás que luchar conmigo por ella.

Dan se veía nervioso, pero no me importó.

—Y también tendrás que encontrar a otra persona para seguir con tu Sala de Oración en el futuro —continué—. Renuncio. Me retiro. No voy a andar por ahí diciéndole a la gente que eres bueno si no me lo demuestras ahora. —Las lágrimas me corrían por las mejillas—. Dios, no me importa cuál sea *tu* voluntad. Te voy a decir cuál es *mi* voluntad: quiero que mi esposa viva. Quiero que mis muchachos conozcan a su mamá. Y si su nombre está ahí arriba, escrito en alguna agenda celestial, si está destinada a morir por esto, lo que yo quiero, lo que yo *necesito*, es que tú lo soluciones.

Estaba gritando mi dolor mientras el pobre Dan seguía ahí sentado, probablemente preguntándose si estaba bien decir «Amén» a ese tipo de irreverencia.

Fue una de las oraciones más honestas que he hecho. Por un tiempo, me sentí incómodo por la forma en que había intentado pelear con Dios esa noche, avergonzado de no haber confiado lo suficiente o de no haber sido tan santo como para imitar la magnífica sumisión de Jesús en su hora más oscura. «Quiero que se haga tu voluntad, no la mía»[13].

Un día, el Señor me mostró con mucha amabilidad que, en realidad, él había valorado mi disposición a luchar por la vida de Sammy porque él también la ama. Que no esperaba que hiciera otra cosa que lo que hice. Que él también había suplicado al Padre «que [quite] esta copa de sufrimiento» antes de poder decir la otra parte de la oración.

Ser honestos con Dios

La Biblia es a menudo más honesta que la iglesia. Muchos de los Salmos (el libro judío de oración) no son canciones alegres, sino lamentaciones por penas no resueltas. Justo esta mañana leí un ejemplo de eso como parte de mi tiempo de oración habitual: «Me quejaré y lloraré mañana, tarde y noche, y él escuchará mi voz»[14]. ¡Eso sí que es quejarse y murmurar!

Uno de los más grandes patriarcas de la Biblia, Jacob, luchó con Dios una noche de oración tan violenta que quedó herido por el resto de su vida y nunca fue sanado[15].

Moisés se quejó a Dios por el pueblo al que Dios mismo lo había llamado a liderar: «¿Por qué me tratas a mí, tu servidor, con tanta dureza? ¡Ten misericordia de mí! ¿Qué hice para merecer la carga de todo este pueblo? ¿Acaso yo los engendré? ¿Yo los traje al mundo? ¿Por qué me dijiste que los llevara en mis brazos como una madre a un bebé de pecho? ¿Cómo puedo llevarlos a la tierra que juraste dar a sus antepasados?»[16].

El profeta Jeremías despotricó —no hay otra palabra para eso— contra Dios: «Me engañaste, y yo me dejé engañar. Eres más fuerte que yo, y me dominaste. Ahora soy objeto de burla todos los días; todos se ríen de mí»[17].

Lo verdaderamente notable de todas las oraciones groseras, irreverentes y de autocompasión registradas en la Biblia no es que se hayan dicho en primer lugar, sino que nunca fueron eliminadas del texto bíblico. Estas oraciones escandalosas fueron expresadas por una letanía de antihéroes, capaces de gran narcicismo y burda estupidez, pero también por lo más alto de la nobleza. Un poco como tú y como yo.

Las que parecen nuestras peores oraciones, en realidad, a los ojos de Dios pueden ser las mejores. Me refiero a aquellas que suponemos las menos aceptables para un sentimiento devocional. [...] Esas, a lo mejor [...] provienen de un nivel más profundo que los sentimientos. [...] A veces Dios parece hablarnos con mayor intimidad cuando nos encuentra, por así decirlo, con la guardia baja.

C. S. LEWIS, *SI DIOS NO ESCUCHASE*

Persevera

Jesús les contó una historia a sus discípulos para mostrarles que siempre debían orar y nunca darse por vencidos.

LUCAS 18:1

No importa cuán sencilla y honesta sea nuestra oración, es fácil perder el ánimo y ser tentados a abandonar cuando nuestras oraciones parecen no funcionar. Es por eso que no es suficiente *mantenerlo sencillo* ni *mantenerlo real.* Jesús también dice que debemos «orar siempre y nunca darnos por vencidos».

Esta es una consideración tan importante para cada uno de nosotros que dedico todo un capítulo de este libro a tratar la desilusión generada por las oraciones demoradas y no contestadas. Aun así, por ahora, simplemente reconozcamos que la oración puede ser muy parecida a apilar fichas de dominó. Oramos lo mismo que hemos orado cientos de veces antes, hasta que, de repente, aparece un resultado. Ocurre un milagro. No es que al fin hayamos encontrado la fórmula correcta. Es solo que no nos hemos dado por vencidos.

El educador Frank Laubach, cuyos programas de alfabetización enseñaron a más de sesenta millones de personas a leer, comparó la oración con arrojar piedras en un pantano. Cada piedra se hunde sin dejar rastro. La experiencia parece sin sentido. Pero si sigues adelante el tiempo suficiente, si continúas arrojando esas piedras, el pantano finalmente se llenará. Un día arrojarás una piedra que no se hundirá. Y comenzará a aparecer el suelo sólido[18].

He descubierto que una de las claves más importantes en la oración para «hacerlo siempre» —arrojando esas piedras en el pantano— es desarrollar la disciplina de tener un «momento de quietud» diario. En una ocasión, Jesús invitó a sus amigos: «Vayamos solos a un lugar tranquilo para descansar un rato»[19], y desde entonces millones de sus seguidores han separado un poco de tiempo cada día para retirarse con Jesús a un lugar tranquilo. (Para la oración y la lectura bíblica ver Herramientas de oración: «Cómo pasar un tiempo tranquilo con Dios» en línea).

Como alguien que lucha con todo tipo de cuestiones de autodisciplina —asistir al gimnasio, renunciar a la torta de chocolate, ir a dormir antes de medianoche, tomarse el trabajo de usar el hilo dental, y sí, incluso mantener momentos regulares de oración— dudo en defender la rigidez de una rutina en particular. No quiero poner algo pesado o insostenible sobre tus hombros cuando estás buscando crecer en la oración. Aunque aquí está la gran e ineludible verdad, enseñada por las Escrituras, ejemplificada por Cristo, y defendida sin excepción por todos los héroes de la fe: no puedes crecer en la oración sin una medida de esfuerzo e incomodidad, autodisciplina y sacrificio. Así como no se puede estar físicamente en forma sin ejercicio regular y una dieta adecuada, tu crecimiento espiritual estará determinado significativamente por los ejercicios de oración que escojas (o no) establecer y sostener.

La arquitectura del romance

Cuando Sammy y yo nos enamoramos, estábamos vergonzosamente obsesionados el uno por el otro. Hablábamos horas por teléfono y queríamos pasar cada momento que estábamos despiertos en compañía del otro. La mención del nombre de Sammy hacía que mi corazón se acelerara. Nunca necesitábamos planear citas a la noche porque estábamos juntos la mayor parte del tiempo.

Llevamos casados un cuarto de siglo, y digamos que ¡ya no es tan intenso! Si la mención del nombre de Sammy todavía me hiciera acelerar el corazón, ¡es probable que ya estuviera muerto! Sin la disciplina de citas nocturnas agendadas, sería fácil pasar semanas enteras sin hablar con profundidad o sin invertir en ninguna forma de romance.

El placer sin disciplina, con el tiempo, inevitablemente se disipa.

Estoy seguro que algunas parejas jóvenes podrían mirarnos ahora y pensar: *Jamás deberíamos volvernos como Pete y Sammy. Asegurémonos de que nuestra relación siempre sea intensa y espontánea. ¡Nunca lleguemos a ser tan aburridos y predecibles que tengamos que acudir al romance agendado!*

La cuestión es la siguiente: Sammy y yo tenemos ahora una relación que es más satisfactoria de lo que jamás hubiéramos imaginado allá en aquellos primeros días de nuestro furioso enamoramiento. Ha sido la disciplina de la comunicación eficaz, las frecuentes citas de noche, el disculparnos con regularidad y renovar nuestros votos cada año lo que ha mantenido vivo nuestro amor. Nadie está diseñado para vivir indefinidamente en la cima de una intensidad emocional. No sería saludable. No sería sostenible ni real. El placer sin disciplina, con el tiempo, inevitablemente se disipa. Pierde el ímpetu. Por otro lado, cuando el placer y la disciplina aprenden a bailar juntos, las relaciones prosperan, maduran y permanecen. Sammy y yo a lo mejor ya no somos esa joven pareja enamorada que despedía feromonas como el humo de un motor diésel, pero gracias a los hábitos sagrados nos hemos mantenido juntos por muchos años. Ahora estamos un cuarto de siglo más cerca de convertirnos en esa pareja un poco vieja y arrugada que camina de la mano por la calle, de alguna manera todavía enamorados.

Así como un matrimonio duradero tiene que fundarse en ritmos y rutinas consistentes, nuestra relación con Dios sobrevive y prospera solo por medio de disciplinas como el estudio bíblico, la comunión, la confesión y la oración. De lo contrario, dice el pastor y autor Eugene Peterson, «estamos a merced de las glándulas y el estado del tiempo»[20]. Y ninguno de ellos tiene piedad. Un cristiano que ora solo cuando tiene ganas, puede sobrevivir, pero nunca prosperará. Su vasto potencial innato se atrofiará porque la gracia necesita un poco de espacio para echar raíces entre las grietas de la vida de una persona.

Si alguien tuvo alguna vez una excusa para *no* orar de manera reglamentada, sin duda fue el Hijo de Dios, quien era libre de pecado. Jesús con facilidad podría haber argumentado (como lo hacen algunos hoy en día): «Miren, todo lo que hago es básicamente oración. Mi vida está en continua conversación con el Padre. Cuando duermo, cuando bebo un vaso de agua, es en oración. No necesito tiempos ni lugares especiales de oración. No necesito estar restringido por reglas». Pero lee los Evangelios y verás que Jesús oraba siempre, dedicando tiempo en forma regular para estar a solas con su Padre.

Hazlo fácil y placentero

Muchas personas prefieren orar al comienzo del día, como solía hacer Jesús: «A la mañana siguiente, antes del amanecer, Jesús se levantó y fue a un lugar aislado para orar»[21]. Otras encuentran dificultades a la mañana y separan tiempo a la noche antes de acostarse. Jesús también lo hizo: «Cada día Jesús iba al templo a enseñar y cada tarde regresaba a pasar la noche en el monte de los Olivos»[22]. Quienes viajan a diario al trabajo a menudo utilizan media hora en el coche o en el tren para orar y absorber la Palabra de Dios. A los padres atareados con niños pequeños puede resultarles más fácil aprovechar momentos breves durante el día. Susanna Wesley («Heroína de la oración sencilla» descrita al final de este capítulo) se ponía el delantal sobre la cabeza, y cuando lo hacía, sus diez hijos (sí, diez) sabían que estaba orando y que no debían molestarla.

Cualquiera sea el momento del día que funcione bien para ti, la clave para convertir un enfoque esporádico y espontáneo a la oración en una rutina sostenible y trasformadora es *hacerla lo más fácil* y *placentera* posible.

- **Hacerlo fácil**: Decidir levantarse una hora antes del amanecer para cumplir una hora de intercesión ininterrumpida todos los días por el resto de tu vida es poco probable que resulte sostenible. Mucho mejor es establecer una meta realizable, quizás proponerse iniciar con solo quince minutos por día en un horario y lugar conveniente. Te sentirás muy sorprendido de lo fácil que es eso y con cuánta frecuencia te excedes de ese tiempo tranquilo. Es más, los psicólogos dicen que se puede convertir en un hábito para toda la vida, si lo mantienes por dos meses seguidos[23].
- **Hacerlo placentero**: También es importante hacer tus devocionales diarios lo más placenteros posibles. La mayoría de los días, espero con ansias mis momentos de tranquilidad: a solas con el Señor sosteniendo un gran tazón de café por la mañana; haciendo una pausa para orar el Padrenuestro a mediodía; y luego paseando bajo las estrellas por la noche. Hay un entusiasmo por abrir la Biblia pensando: *¡me pregunto qué me dirá hoy el Señor!* Es un privilegio poder discutir mis preocupaciones con el Dios vivo.

A veces la gente me pregunta cómo es mi ritmo personal de oración. Yo dudo en compartir algo tan privado, pero lo hago aquí con la sencilla esperanza de que pueda ayudar a otros a desarrollar sus patrones de oración fáciles y placenteros. Solo que hay dos condiciones: por favor, no creas que tienes que imitar mi rutina. Mis circunstancias y preferencias pueden ser totalmente diferentes de las tuyas. Segundo, debes entender que rompo mi rutina con frecuencia. La vida a menudo se vuelve muy atareada y me distraigo con facilidad. Pero cuando eso ocurre, trato de no mortificarme. No me siento para nada menos querido, llamado o útil para el Señor. Simplemente me levanto y empiezo de nuevo.

Por lo general, como tres comidas completas al día, intento de manera similar, alimentarme espiritualmente tres veces al día: por la mañana, al mediodía, y por la noche.

- **Por la mañana: Tiempo de quietud.** Casi todas las mañanas, comienzo el día con un pequeño momento de lectura bíblica y oración. Alterno según la estación entre diversos marcos devocionales confiables incluyendo *The Bible in One Year* (La Biblia en un año) de Nicky Gumbel; *The Northumbria Community's Celtic Daily Prayer* (La oración diaria céltica de la comunidad de Northumbria) y *The Divine Hours* (Las horas divinas) de Phyllis Tickle[24].
- **A mediodía: El Padrenuestro.** Cada día, al mediodía, una alarma en mi teléfono móvil me recuerda que debo hacer una pausa y orar el Padrenuestro. Es algo que hago bastante rápido (y en silencio cuando estoy en un lugar público), pero a veces puedo hacerlo más lento, personalizando y explorando cada frase. (Ver Herramientas de oración: «Cómo orar el Padrenuestro»).
- **Por la noche: *Examen*.** Antes de ir a la cama, me siento en silencio o saco los perros a dar un paseo corto para procesar el día utilizando mi propia versión de una antigua herramienta de oración de San

Ignacio llamada Examen (ver capítulo 10). En esos momentos, no protesto. No hago grandes peticiones. Acallo mi alma, recordando con gratitud el día y preparando mi alma para dormir.

Entre estos tres puntos fijos, hay otras formas en las que entretejo la oración en la trama de mi vida cotidiana. Por ejemplo, en el gimnasio tres mañanas a la semana, mientras resoplo en la elíptica, me esfuerzo por ejercitar mi alma y mi cuerpo escuchando música de adoración, enseñanzas bíblicas o pódcast interesantes. A la hora de la cena, se ha convertido en un ritual familiar hacer girar nuestro tosco y enorme teléfono inalámbrico de casa sobre la mesa. Aquel a quien apunte, incluidas las visitas no cristianas, se le concede dos grandes privilegios: dar las gracias a Dios por la comida que estamos por disfrutar; y hacer cualquier pregunta a una persona que esté en la mesa. Con los años hemos enfrentado todo tipo de inquisición. ¿La experiencia más bochornosa? ¿El primer recuerdo en la vida? ¿Lo peor que hayas comido alguna vez? ¿La peor cosa que hayas hecho en tu vida? Es una disciplina divertida que acerca a todos al sacramento de la comunión y el agradecimiento.

Entonces, estas son las rutinas fáciles y placenteras que señalan mi día con una mayor consciencia coloquial de la presencia de Dios. Si tu pudieras ser un observador inadvertido creo que no te impresionaría lo simples y breves que pueden ser muchos de mis momentos de oración, con qué frecuencia olvido uno u otro, las cosas insignificantes que converso con el Señor, y cuán a menudo debo suspirar mientras digo: «Oh. Señor, perdóname».

• • •

En este capítulo, he planteado tres de los elementos más básicos en el enfoque cristiano de la oración: la simplicidad, la honestidad y la perseverancia. También te he alentado a establecer tu propia rutina de oración fácil y placentera, como un tiempo de tranquilidad diario.

Claro que encontrar espacio y tiempo para orar puede no ser tu mayor desafío. A lo mejor es posible que ya ores con bastante regularidad, pero te parezca un tanto frío y anheles un poco más de profundidad. Tomemos entonces el primer paso sorprendente del proceso O.R.A.R.: una de las claves más contradictorias, contraculturales y fácil de ignorar para tener una vida de oración más profunda y satisfactoria es que para arrancar, debemos detenernos. Para avanzar en la oración, primero debemos aprender a ¡observar!

MÁS SOBRE LA ORACIÓN SENCILLA

SESIÓN 1 DE *EL CURSO DE ORACIÓN*: ¿Por qué orar?

HERRAMIENTAS DE ORACIÓN: 2. Cómo pasar un tiempo tranquilo con Dios y 3. Cómo orar el *Examen* (ElCursoDeOracion.com).

LECTURA ADICIONAL: *Sacred Pathways* (Senderos sagrados) por Gary Thomas

Susanna Wesley: Madre del Metodismo

La salud de Susanna Wesley, a quien se conocía como la «Madre del Metodismo» era mala, su matrimonio con un predicador sin dinero era profundamente disfuncional, y perdió nueve niños en la infancia aparte de criar casi sola otros diez. Su casa se incendió (dos veces). Su esposo fue encarcelado (dos veces). Aun así, sus oraciones simples, honestas y perseverantes sin duda cambiaron el mundo.

Susanna Wesley demostró ser una líder formidable mucho antes de que sus hijos, John y Charles, se hicieran famosos. Cuando su esposo, el rector de la iglesia parroquial de Epworth, fue encarcelado por un mal manejo financiero y su reemplazante en el púlpito falló por completo en la predicación del evangelio, Susanna tomó las riendas del asunto. Inició una escuela dominical en la cocina para sus hijos, pero comenzó a atraer tantos vecinos que el encuentro pronto pasó al granero. En poco tiempo, doscientas personas se reunían cada domingo para escuchar a Susanna leer sermones, cantar salmos, y orar. Mientras tanto, el edificio de la iglesia languidecía casi vacío.

Susanna les daba a sus hijos seis horas de escuela por día, educando a sus hijas al igual que a sus hijos, además de una hora por semana de atención individual a cada uno. ¿Cómo diablos hacía todo eso? ¿Cómo sobrevivió a la pérdida de nueve hijos y al dolor de un matrimonio inestable, sin volverse amargada y quebrada? ¿Y cómo se las arreglaba para administrar un hogar tan atareado además de establecer una escuela dominical y educar a sus diez hijos, dos de los cuales llegarían a ser de influencia internacional? Susanna Wesley era una mujer de oración por excelencia. Mientras esperaba en el Señor cada día, su fuerza se renovaba una y otra vez[1].

Aunque nada de eso fue fácil. No había ningún lugar en la casa donde pudiera aislarse para orar, de manera que cuando Susanna quería pasar tiempo con el Señor, se tapaba la cabeza con el delantal. Esa era su sala de oración, y sus hijos sabían que no debían molestarla. De esa manera, derramaba su corazón ante Dios, llorando a sus hijos perdidos, intercediendo por su exasperante esposo y orando por cada uno de sus hijos por nombre. Esas sencillas oraciones maternas, susurradas a diario bajo un delantal, difícilmente podrían haber sido contestadas con más poder.

Susanna Wesley ejemplifica el poder de la oración sencilla y perseverante para cambiar el mundo. Al sentirse llamada a hacer discípulos no en naciones lejanas, sino entre su pequeña tribu en el hogar, se aplicó a la tarea sin descanso. Y al orar fielmente por esos diez niños, Susanna Wesley, una ama de casa con una vida dura de una pequeña aldea rural de Inglaterra, llegó a convertirse en la madre de alrededor de 80 millones de metodistas en más de 130 naciones en la actualidad.

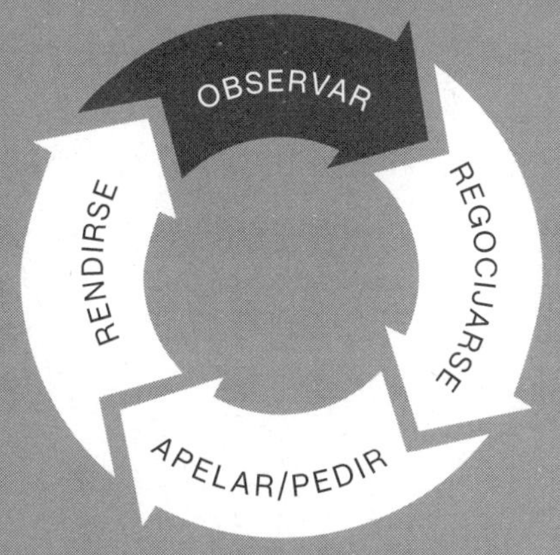

PRIMER PASO: OBSERVAR

BAJAR EL RITMO Y CENTRARSE

«¡Quédense quietos y sepan que yo soy Dios!».

SALMO 46:10

Para comenzar, debemos detenernos. Para seguir adelante, debemos observar. Este es el primer paso para una vida de oración más profunda. Deja a un lado tu lista de deseos y espera. Siéntate tranquilo. «¡Quédense quietos y sepan que yo soy Dios!». Debes estar plenamente presente en lugar y tiempo para que tus sentidos dispersos se centren en la presencia eterna de Dios. La quietud y el silencio preparan tu mente y tu corazón para orar desde un lugar de mayor paz, fe y adoración. De hecho, esas son por sí mismas, formas importantes de oración.

Capítulo 3

Bajar el ritmo y centrarse

CÓMO ESTAR QUIETOS DELANTE DE DIOS

Todos los problemas de la humanidad derivan de la incapacidad del hombre de estar sentado quieto en una sala vacía.

BLAISE PASCAL

EL ALMA HUMANA es salvaje y huidiza. El salmista la compara con un ciervo que brama en busca de una corriente de agua[1]. El folklore céltico la describe como un venado, noble y evasivo. Se esconde de los ruidos de la vida, negándose a obedecer órdenes como si fuera una mascota domesticada y esclavizada. Cuando estamos quietos, sin embargo, emerge sensible y estremecedoramente viva.

En la oración, como en la vida, hay un «tiempo para callar y un tiempo para hablar»[2]. Si queremos oír mejor a aquel que habla con «una voz apacible y delicada», debemos amigarnos con el silencio[3]. Si queremos abrirnos a la presencia de aquel que dice: «¡Quédense quietos y sepan que yo soy Dios!», nosotros mismos debemos estar más presentes[4]. Esperamos que esa voz retumbe como un trueno, pero la mayoría de las veces susurra. Esperamos que calce botines con remaches, pero camina en puntas de pie y se esconde entre la multitud. Esperamos que sea extraño, «pero viene a nosotros camuflado en nuestra propia vida»[5].

Por lo tanto, la mejor manera de comenzar a orar es, en realidad, dejar de orar. Observar. Quedarnos quietos. Dejar a un lado la lista de oración y entregar la agenda personal. Dejar de hablarle *a* Dios el tiempo suficiente como para enfocarnos en la maravilla de lo que él es en realidad. «Quédate quieto en la presencia del Señor, y espera con paciencia a que él actúe»[6].

• • •

Cuando nuestros hijos eran muy pequeños, yo solía entrar a la casa después de varios días de ausencia y uno de ellos me saludaba exclamando: «¿Papá, tienes algo *lindo* para mí?». O bien «Mi hermano no quiere *compartir*» y hasta «Papá, ¿qué hay de comer?».

«¡Bueno, estoy muy contento de que me hayan extrañado! —decía yo, subiendo la escalera—. Pero ¿alguien vendrá a abrazarme?». Yo quería que reconocieran mi presencia bien antes de bombardearme con pedidos. Que me miraran a los ojos y dijeran sencillamente: «¡Bienvenido a casa, papá!».

En cierto sentido, esto es lo que Jesús ejemplifica en las primeras frases del Padrenuestro. Antes de largarnos de lleno a la extensa lista de cosas que necesitamos: el pan diario, el perdón de los pecados, ser librados del mal; nos dice que hagamos una pausa, y nos dirijamos a él con afecto («Padrenuestro») y con respeto («sea santificado tu nombre»).

Es fácil que la oración se convierta en una extensión frenética de la forma desenfrenada en que vivo gran parte de mi vida. Distraído y por inercia, entro a los atrios del Rey sin modulación, sin presentación, sin disminuir el paso ni levantar la cara para encontrarme con su mirada. Aun así, los sabios nos enseñan que la oración no es tanto lo que decimos, ni algo que hacemos: es algo en lo que nos *convertimos*.

No es transaccional, sino relacional. Y, por lo tanto, comienza con una consciencia apropiada de a quién acudimos.

La parábola del galgo enloquecido y la silla salvaje devoradora de perros

La tranquilidad de la pintoresca calle central adoquinada de Guildford se vio interrumpida una mañana soleada por el aullido de un perro y un extraño ruido metálico.

De repente, un galgo enloquecido apareció por una esquina con la cola entre sus patas salvajes, zigzagueando entre los compradores que gritaban. Frenético de terror, el perro estaba siendo perseguido de cerca por una de esas sillas metálicas baratas de bar enganchada al extremo de su correa. La silla parecía estar viva, como una serpiente bailarina que zigzagueaba y se retorcía, golpeando y mordiendo el trasero del aterrado animal.

Tal vez el dueño del animal no sabía el apuro que estaba pasando su perro, y estaba inocentemente esperando un café en una tienda cercana. Algún movimiento pudo haber hecho que esa silla se sacudiera, lo cual hizo que el perro saltara, que la silla se cayera y que el perro saliera corriendo, haciendo que la silla rebotara, que el perro aullara, que los compradores gritaran y que el perro corriera con más desesperación, perseguido todo el tiempo por esa aterradora pieza metálica y esas multitudes de desconocidos gritando y tratando de atraparlo. Cuanto más rápido corría el perro, más salvaje se hacía la persecución de la silla, más alto rebotaba, más fuerte golpeaba, más estridente sonaba, chirriaba, traqueteaba y echaba chispas sobre los adoquines. Hasta donde yo sé, el perro sigue corriendo.

Todos podemos vivir la vida de manera muy similar al galgo enloquecido, manejados y desorientados por miedos irracionales, perseguidos por todo un paquete de sillas sanguinarias baratas de cafetería, demasiado asustados como para detenernos. Y entonces, Dios habla con firmeza en la cacofonía de la actividad humana. El Maestro ordena a la criatura: «¡Siéntate!». Jesús reprende a la tormenta. «En prados de tiernos pastos *me hace* descansar» como lo expresa el famoso salmo[7].

Por supuesto, nos resulta muy difícil obedecer, pero cuando lo hacemos, recuperamos la perspectiva. Lo que nos aterraba vuelve a convertirse en esas sillas baratas de cafetería.

¿Por qué hoy en día tanta gente se siente atraída a la simplicidad de correr maratones, andar en bicicleta por largas distancias y pescar (todavía es el pasatiempo más popular de Gran Bretaña), por las prácticas de meditación, yoga y el culto al «orden» (que, irónicamente, ahora son todas industrias multimillonarias)? ¿Por qué nos damos atracones de Netflix por la noche sin pensar y miramos nuestros teléfonos inteligentes como monjes frente a los íconos durante nuestros viajes matutinos al trabajo? Parece que nos sentimos cada vez más atraídos por las actividades que ponen en espera las incesantes exigencias del mundo, obligándonos a concentrarnos en la búsqueda de unos pocos momentos eternos en una sola cosa simple. ¿Yoga caliente? ¿Tetris? ¿Estar a la orilla del lago bajo la lluvia? Cualquier cosa que mitigue esas molestas sillas baratas de cafetería.

Dios entiende nuestra profunda necesidad de tranquilidad, orden y libertad de las grandes responsabilidades porque nos ha diseñado para vivir con humildad, según las estaciones y en paz. Él mismo descansó y estableció el Sabbat, y nos invita a cada uno a observar con regularidad, diciendo: «¡Quédense quietos y sepan que yo soy Dios!»[8]. La palabra en latín para quedarse quieto es *vacate*, la misma palabra que utilizamos para describir la evacuación de un lugar o tomar unas vacaciones. En otras palabras, Dios nos invita a tomarnos un recreo para estar tranquilos o libres, porque ese es el contexto donde se conoce su presencia. Tal vez podríamos parafrasear ese pasaje así: ¿Por qué no te tomas unas vacaciones de ser dios y en lugar de eso, me permites a mí ser Dios?

Eugene Peterson dice: «La decisión fundamental de la vida rara vez, o nunca, es creer en Dios o no, sino si adorarlo o competir con él»[9]. Una de las principales diferencias entre tú y Dios ¡es que Dios no se cree tú!

Los momentos de quietud al comienzo de un tiempo de oración son momentos de renuncia en los que dejamos de competir con Dios, abandonamos nuestro complejo de mesías y renunciamos a tratar de salvar el planeta. Dejamos de esperar que todos y todo lo demás gire en torno a nuestras preferencias; centramos nuestras prioridades en el Señor y reconocemos con un suspiro de alivio, que él tiene el control y no nosotros.

Para nuestra sorpresa, el mundo sigue andando muy bien sin nuestra ayuda. Poco a poco, nuestros pensamientos dispersos comienzan a centrarse más. Las sillas baratas de cafetería finalmente se aquietan.

Selah

La palabra *selah* aparece setenta y una veces en los Salmos. Puede haber sido una nota técnica para las personas que recitaban el salmo, o para los músicos que lo tocaban, pero nadie sabe en realidad por qué está ahí o qué significaba originalmente. Lo mejor que se nos ocurre es que era una instrucción para observar y una invitación a sopesar el sentido de las palabras que oramos.

Siempre que puedo, trato de hacer *selah* al comienzo de un tiempo de oración sentándome (o a veces caminando) en silencio por unos minutos sin decir o hacer absolutamente nada. Es preferible hacerlo en un ambiente sereno, por supuesto, pero también es posible encontrar la quietud en un tren atestado de gente, en el escritorio de una oficina ruidosa o incluso escondidos en esa ermita moderna: el cubículo del baño. Observar para estar quietos antes de abocarnos a la oración nos ayuda a centrar nuestros pensamientos dispersos, preparando nuestro corazón y nuestra mente para adorar.

Si tienes un teléfono inteligente, es buena idea en este momento ponerlo en modo avión, no solo para prevenir interrupciones, sino para entrenar a tu cerebro a desconectarse de las abstracciones y distracciones de la vida, para estar más plenamente presentes cada momento y lugar en que nos dirigimos a Dios en oración.

Debes buscar la soledad y el silencio como si tu vida dependiera de ello, porque en cierto sentido es así.

Hacer una pausa antes de orar puede parecer algo sencillo, apenas digno de un capítulo aparte, pero rara vez resulta fácil. Mi mente invariablemente se rebela contra cualquier tipo de quietud. El galgo sigue corriendo. La tentación de lanzarme de cabeza a mi lista de oración es casi irresistible. Una tiranía de exigencias y distracciones aparece en medio del silencio desconocido, como una banda de música desfilando alrededor de mi cráneo. Un monje agustino lo describe de manera notable como ese «caos interior que continúa en nuestra mente, como una fiesta desenfrenada de la que nos encontramos siendo el incómodo anfitrión»[10].

No puedo destacar lo suficiente lo importante que es para tu bienestar espiritual, mental y físico que aprendas a silenciar el incansable parloteo del mundo por unos minutos cada día para estar quieto en la profundidad de tu alma. Debes buscar la soledad y el silencio como si tu vida dependiera de ello, porque en cierto sentido es así. Cuando estás estresado, tu glándula suprarrenal libera la hormona cortisol, la cual altera tu capacidad de pensar con claridad y la toma saludable de decisiones. Cuando estás quieto y en silencio, el cortisol baja y las cosas se aclaran. El sedimento arremolinado de la vida se asienta con rapidez. Te vuelves más consiente de tu propia presencia en el tiempo y en el espacio y de la presencia suave y envolvente de Dios a tu alrededor y en tu interior.

Calmar la casa

Hace quinientos años, San Juan de la Cruz registró la tranquilidad de esos momentos en una hermosa frase: «Mi casa ahora está en calma»[11]. Las luces están apagadas, las puertas están cerradas, y la calle afuera está en silencio y adentro, todo ser vivo ha sido puesto a dormir. Finalmente, estoy listo para recibir al Rey que susurra.

A veces, después de haber calmado mi casa, paso todo mi tiempo de oración en silencio, disfrutando la presencia de Dios sin decir ni hacer nada. Solía preocuparme que eso no fuera una verdadera oración, que de alguna manera había perdido tiempo, pero he llegado a comprender que esos pueden ser algunos de los momentos más hermosos de comunión. El salmista dice: «Me he calmado y aquietado, como un niño destetado que ya no llora por la leche de su madre. Sí, tal como un niño destetado es mi alma en mi interior»[12]. En esos momentos, el idioma se vuelve innecesario e incluso inapropiado. El tiempo se detiene, y las palabras se retiran. Basta con estar juntos como amigos íntimos sentados en un cómodo silencio, sin necesidad de llenar el espacio con una balacera de palabras. Como dijo San Antonio del Desierto hace más de dieciséis siglos: «La oración perfecta consiste en no saber que estás orando»[13].

Centrar la oración

Hay varias prácticas simples que pueden ayudarte a centrar tus sentidos dispersos cuando te preparas para orar. Puede ser útil pensar en ellas como cuatro pasos: relajarse, respirar, hablar, repetir.

Relajarse. Comienza sentándote cómodamente sin hacer nada por unos momentos, tal vez con las palmas abiertas sobre las rodillas. Toma nota de los lugares de tu cuerpo que siguen en tensión, y relaja deliberadamente cada una. Tu postura importa. La Biblia hace referencia a arrodillarse, elevar las manos, postrarse e incluso bailar. Intenta buscar una posición que sea cómoda y, a la vez, significativa para acercarte al Señor.

Respirar. Mientras te relajas, respira lento y profundo, inhalando el aliento de vida del Espíritu Santo y exhalando tus preocupaciones con suspiros de alivio. Un síntoma común de ansiedad y otras formas de estrés pueden ser un patrón de respiración superficial y errático, lo cual reduce los niveles de oxígeno en nuestro cerebro, exacerbando la misma agitación que provocó nuestra respiración superficial en primer lugar. Respirar hondo revierte ese círculo y nos ayuda a pensar con más claridad, calma nuestro corazón reduciendo los niveles de cortisol y aquietando nuestro parloteo mental.

Algunas personas se ponen un poco nerviosas por este tipo de cosas. Piensan que las técnicas respiratorias pueden ser la puerta de entrada del misticismo oriental o al engaño de la Nueva Era. Nada puede ser más falso si nuestro foco está en Jesús. Cuando Jesús se apareció a sus discípulos después de su resurrección «sopló sobre ellos y les dijo: "Reciban al Espíritu Santo"»[14]. Como una de las principales metáforas bíblicas del Espíritu Santo, y una de las primeras señales biológicas de la vida misma, la respiración ha pertenecido al léxico de la espiritualidad judeo-cristiana legítima desde el principio, cuando Dios creó a Adán y «sopló aliento de vida en la nariz del hombre, y el hombre se convirtió en un ser viviente»[15]. ¿Qué podría ser menos nocivo, más sensato y más universal que solo respirar bien para funcionar bien?

Hablar. Al quedarte quieto y respirar lentamente, también puedes encontrar útil repetir una palabra o frase de oración al ritmo de tu respiración. Puedes decir «Padre celestial» mientras aspiras y «santificado sea tu nombre» mientras exhalas. Algunas personas adoptan la famosa Oración de Jesús que data de los grandes Padres del desierto de Egipto en el siglo V: «Señor Jesucristo, Hijo de Dios, ten piedad de mí, pecador». Tradiciones más antiguas todavía que la de los Padres del Desierto defienden la repetición en oración de la palabra aramea *maranatha*, tomada de 1 Corintios 16:22, que significa «Señor nuestro, ¡ven!» o «El Señor viene» (RVR60). La oración centradora de Francisco de Asís era igual de sencilla: «Mi Dios y mi todo». Sus seguidores repiten esa frase una y otra vez hasta el día de hoy, como una forma de adoración, meditación y sometimiento al orar. Yo suelo comenzar mi tiempo de oración susurrando «gracias, Jesús» o hablando en lenguas (ver Herramientas de oración: «Cómo hablar en lenguas») porque, como dice el apóstol Pablo, «la persona que habla en lenguas se fortalece a sí misma»[16]. Sea cual sea tu elección, el punto no es pensar demasiado en las palabras mismas, sino más bien usarlas como una manera de desviar las distracciones, enfocando la mente en el momento presente y en la presencia de Dios allí.

Repetir. Cuando aparezcan las distracciones, como inevitablemente lo harán, no te preocupes. Solo vuelve al proceso de relajarte, respirar y repetir tu frase de oración hasta que vuelva la quietud. La aguja de la brújula pronto volverá a apuntar al norte magnético. No hay gigante espiritual que no haya luchado alguna vez para mantener el foco en la oración. En 1621, John Donne, poeta y decano de la Catedral de San Pablo, confesó: «Invito a venir a Dios y a sus ángeles, y cuando están aquí, descuido a Dios y a sus ángeles por el ruido del zumbido mosca, el traqueteo de un carruaje, el chirrido de una puerta»[17]. Cuando te distraigas, puede que te resulte útil imaginarte a ti mismo en un bote a remo en un lago. Una lancha a motor pasa haciendo ruido, balanceándote violentamente, perturbando tu paz.

Pero mantén la calma. Permite que tus pensamientos se asienten y pronto volverá la serenidad[18].

Centrado cinético

En ciertas ocasiones, ¡nada de eso funciona! A veces estoy demasiado alterado como para encontrar la calma interior en alguna de esas formas sedentarias. Cuando esto sucede, uso el ejercicio físico en su lugar para quemar parte de la adrenalina y calmar mi mente. Es una vergüenza que tantos expertos en oración jamás hayan reconocido la importancia del movimiento y el ejercicio para quienes somos aprendices activos y procesadores externos (al menos el 50% de la población). De hecho, la mayoría de los textos clásicos sobre la oración hacen un gran esfuerzo por defender justamente lo opuesto, describen en detalle como sosegar nuestro cuerpo y dejar afuera las distracciones físicas para centrar nuestros sentidos en Cristo. Solía preocuparme que hubiera algo malo en mí porque me resultaba casi imposible estar quieto, desconectar mi cerebro y sentarme en silencio por un momento sin distraerme o quedarme dormido. Con frecuencia me encontraba caminando alrededor de la sala de oración hablando en voz alta. Parecía que prefería hacer directamente un dibujo, por malo que resultara, que imaginar uno. A menudo quería orar en voz alta, no en mi cabeza, y con otras personas, no solo. Esta embarazosa incapacidad para lograr algo tan claro como permanecer sentado y no hacer nada durante más de unos minutos me hacía sentir poco espiritual, condenado a ser malo en la oración, seguro de perderme un escalón superior de encuentro con lo divino.

Fue entonces que un maestro de escuela mencionó que muchos de sus alumnos procesaban la información en forma cinética: *haciendo* cosas de manera activa en lugar de sentarse pasivamente en un escritorio. Conocí atletas que habían encontrado a Dios andando en bicicleta, corriendo o nadando en lugar de estar sentados, quietos, con los ojos cerrados y las manos juntas como les habían enseñado en la escuela dominical. Conocí artistas que preferían pintar, esculpir o tallar sus oraciones, bailarines que necesitaban moverse y músicos que preferían tocar el tambor o rapear sus oraciones.

Comencé a comprender que la serenidad no siempre tiene que ser silenciosa, cerebral, solitaria o, incluso, estática. La quietud puede ser activa. De hecho, la investigación médica reciente ha descubierto que el ejercicio puede ser más efectivo que permanecer quieto para calmar el cerebro, bajar el estrés y estimular la claridad de pensamiento. No estoy diciendo que la quietud no sea importante, es fundamental, como hemos visto. Pero a medida que aumenta la presión sanguínea durante los primeros veinte minutos de ejercicio, se libera una proteína llamada factor neurotrófico derivado del cerebro (BDNF por su sigla en inglés) para reparar las neuronas de la memoria. Mientras tanto, la actividad en tu cerebro aumenta para mejorar la concentración, y las endorfinas provocan una sensación de calma e, incluso, de euforia. Me parece que estos efectos fisiológicos pueden ser regalos de Dios tanto como otros enfoques contemplativos más convencionales.

El ejercicio puede ser más efectivo que permanecer quieto para calmar el cerebro, bajar el estrés y estimular la claridad de pensamiento.

Sabemos que el mismo Jesús solía orar activamente. En una ocasión, dibujó en la arena[19]. En el huerto de Getsemaní, se inclinó sobre la tierra[20]. Está claro que le gustaba escalar, y sencillamente no creo que Jesús haya subido tantas montañas temprano por la mañana o tarde por la noche solo para tener una linda vista y un poco de paz y tranquilidad. Estoy convencido de que oraba mientras caminaba, sin duda, algunas veces con la frente traspirada, jadeando y con el corazón acelerado. Es fantástico pensar que mientras Cristo trepaba a los altos de Galilea, el BDNF agudizaba su mente, las endorfinas se mezclaban con su sangre, y el ejercicio mejoraba su comunicación con el Padre.

• • •

En este capítulo hemos estudiado la importancia de observar (en forma pasiva o activa) al comienzo de un tiempo de oración para calmar nuestra alma y enfocarnos en el Señor. Al hacerlo, incluso por unos pocos minutos al día, nos centramos de nuevo en la presencia eterna de Cristo, la cual nos permite orar desde un lugar mucho más profundo de paz, fe y menor ansiedad.

Aunque es posible que estés pensando: *Está bien, he encontrado un lugar para orar (capítulo 1), estoy separando un tiempo para orar (capítulo 2) e incluso estoy aprendiendo a estar quieto (capítulo 3). Pero ¿y ahora qué? ¿Qué digo en realidad cuando finalmente me encuentro a solas con el Creador del universo?*

Es hora de avanzar más allá del preámbulo de Lucas 11:1 y sumergirnos en las palabras reales del Padrenuestro (Lucas 11:2-4). Aquí es donde «cómo orar» se vuelve menos general y mucho más específico cuando damos el segundo paso en nuestro proceso de O.R.A.R.: ¡Regocíjate!

UNA ORACIÓN DE CALMA

SEÑOR, mi corazón no es orgulloso
  ni son altivos mis ojos;
no busco grandezas desmedidas
  ni proezas que excedan a mis fuerzas.

Todo lo contrario:
he calmado y aquietado mis ansias.
Soy como un niño recién amamantado en el regazo de su madre.
¡Sí, como un niño recién amamantado soy!

SALMO 131:1-2 (NVI)

MÁS SOBRE DETENERSE Y CENTRARSE

HERRAMIENTA DE ORACIÓN: 4. La oración de la respiración (ElCursoDeOracion.com).

LECTURA ADICIONAL: *Abrirse a Dios: La «Lectio Divina» y la vida como oración* por David G. Benner

LOS PADRES Y LAS MADRES DEL DESIERTO: SILENCIO SALVAJE EN UNA CULTURA TÓXICA

Dondequiera que vayas ten a Dios en mente; hagas lo que hagas, sigue el ejemplo de las Sagradas Escrituras; dondequiera que estés, apégate a ella y no te muevas con prisa. Si sigues estos lineamientos, serás salvo.

ANTONIO DEL DESIERTO, 251–356 A. C.

A finales del tercer siglo d. C., el cristianismo había pasado de ser una secta provincial judía a ser la fe dominante del Imperio romano, a pesar de la brutal persecución. Y luego, en el año 312 ocurrió lo impensable: el propio emperador Constantino se convirtió al cristianismo (aunque su sinceridad sigue siendo cuestionable). Los templos romanos se transformaron con rapidez en iglesias, los días de fiestas paganas pasaron a ser festividades cristianas, y la fe, una vez despreciada y denigrada, pasó a ser socialmente ventajosa. Los cristianos adquirieron posición social y la iglesia obtuvo poder.

Aun así, muchos cristianos estaban confundidos. Al recordar la humildad y la sencillez de Jesús, les preocupaba que sus seguidores fueran corrompidos, su evangelio diluido, y su novia santa explotada. Al no estar dispuestos a conformarse con esa situación, decidieron buscar una forma de vida más simple, más humilde y santa en el desierto egipcio y sirio, lejos de los centros corruptores del poder.

Llegaron a conocerse como los Padres y las Madres del Desierto. En el centro de su espiritualidad estaba la guerra espiritual (capítulo 11) y un enfoque de la oración conocido como *hesicasmo* (de la palabra griega para «quietud, silencio, calma»). Es la práctica del silencio interior y la oración continua que hemos estado explorando en este capítulo.

Curiosamente, al huir de este mundo, estos hombres y mujeres comenzaron a cambiarlo. Sus vidas de austeridad, espiritualidad militante y oración continua hablaron proféticamente a la cultura hastiada de su tiempo. Cientos de peregrinos buscaban aprender de la sabias ideas de personas como Antonio del Desierto. «Era como si Dios hubiera dado un médico a Egipto —dice Atanasio, su biógrafo—. Porque, ¿quién se acercaba a [Antonio] en medio de su dolor y no volvía con alegría?»[1] En torno a esos guerreros de la oración comenzaron a formarse comunidades y economías contraculturales, y así nacieron los primeros monasterios. Los misioneros comenzaron a viajar hacia el norte de los desiertos egipcios, llevando el evangelio, plantando asentamientos monásticos radicales, y evangelizando a los pueblos celtas de Bretaña por lo menos dos siglos antes de que la iglesia romana llegara a Canterbury.

Tomás Merton, quien también abandonó una vida sofisticada en la ciudad de Nueva York para convertirse en monje trapense, describe acerca de los pioneros del desierto: «Sabían que eran incapaces de hacer algo bueno por otros mientras siguieran hundidos en los restos. Pero una vez que hicieran pie en suelo sólido, las cosas serían diferentes. Entonces tendrían no solo el poder, sino también la obligación de llevar a todo el mundo a un sitio seguro»[2].

Siéntate en tu celda y tu celda te enseñará todo.

ABBA MOISÉS

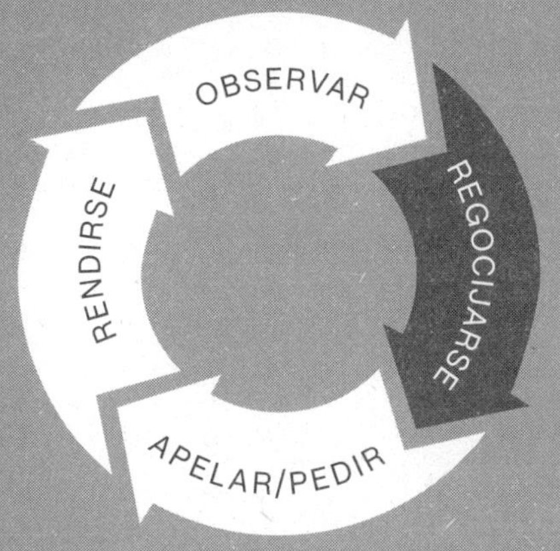

SEGUNDO PASO: REGOCIJARSE

ADORACIÓN Y AGRADECIMIENTO

Regocíjense en el Señor siempre.
Otra vez lo diré: ¡Regocíjense!

FILIPENSES 4:4, NBLA

Nadie contempla las auroras boreales pensando: *¡Vaya! ¡Qué increíble soy!* Estamos programados para maravillarnos y, por lo tanto, para adorar. El Padrenuestro comienza con una invitación a adorar: «Padre nuestro que estás en el cielo, santificado sea tu nombre» (NVI). Después de observar para estar quieto al comienzo de un tiempo de oración, la respuesta más natural y apropiada a la presencia de Dios es la reverencia. Intenta no saltear esta parte. Santificar el nombre del Padre es la dimensión más importante y placentera de la oración. Quédate allí, alegrándote en las bendiciones de Dios antes de pedir más. Como un águila que remonta el vuelo, un caballo que galopa o un salmón que salta en el agua, adorar es aquello para lo que Dios te creó.

Capítulo 4

Adoración

CÓMO ADORAR A DIOS

Padre nuestro en el cielo, santificado sea tu nombre.

EL PADRENUESTRO, LIBRO ALTERNATIVO DE SERVICIO DE LA IGLESIA DE INGLATERRA

La oración es más de lo que jamás podrás imaginar, porque Dios está mucho más allá de lo que puedas concebir. Estamos rodeados de dioses que son demasiado pequeños para estar a la altura de la tarea de cumplir nuestros anhelos personales más profundos ni hablar de los problemas más urgentes del mundo.

DAVID G. BENNER, *OPENING TO GOD (ABRIRSE A DIOS)*

HACE MUCHOS AÑOS, en un tranquilo pueblo de Umbría, un abogado acaudalado oyó relatos de un exsoldado de veinticinco años llamado Giovanni que recientemente había dado todo lo que tenía a los pobres. ¿Estaba loco o había experimentado algún tipo de epifanía? En el pueblo todos tenían su propia opinión.

Decidido a averiguarlo por su cuenta, Bernardo de Quintavalle invitó a Giovanni a pasar la noche y se instaló a espiar a su huésped a través de una mirilla secreta. Cuando la casa quedó en silencio, observó asombrado que Giovanni salió de la cama, se arrodilló, y comenzó a repetir una sola frase sencilla una y otra vez: «Mi Dios y mi todo. Mi Dios y mi todo» mientras le corrían las lágrimas por las mejillas. «Mi Dios y mi todo».

Bernardo de Quintavalle quedó tan inspirado por el amor tan evidente y tan cautivante de Giovanni por el Señor que siguió su ejemplo, donando toda su riqueza y convirtiéndose en el primer discípulo del joven. Después de un año, eran once, después de una década eran más de cinco mil. Y veinte años más tarde, el curso de la historia europea había sido realineado por la vida alegre y la enseñanza sencilla de Francisco de Asís, como se le conoce mejor a Giovanni hoy. El activista político Jim Wallis menciona que «Francisco de Asís volvió al evangelio con tal fuerza que conmovió a todo el mundo»[1]. El líder marxista Vladimir Lenin indicó: «Denme diez hombres como Francisco de Asís y gobernaré el mundo», lo cual es irónico porque Francisco de Asís y sus seguidores nunca pretendieron gobernar el mundo, dado que habían renunciado al dinero, al poder y al prestigio del mundo[2]. La suya fue una revolución no fundada en el dominio, sino en la adoración: la irresistible sencillez de una vida entregada por completo que clama día y noche: «Mi Dios y mi todo».

Nuestro Padre

Todo el que le adora [a Dios] debe adorarlo en el Espíritu de la verdad. Que día y noche podamos dirigirle nuestras alabanzas y nuestras oraciones diciendo: «Padre nuestro que estás en el cielo».

FRANCISCO DE ASÍS

Es fácil pasar por alto la primera línea del Padrenuestro como si solo fuera una especie de cumplido, un saludo celestial, el timbre de la puerta, antes de llegar al verdadero asunto de pedir, pero nada se queda más corto de la verdad.

La forma en que vemos a Dios afecta todo en todo, y el propósito principal de nuestra vida, según la primera afirmación del Catecismo

Menor de Westminster «es glorificar a Dios, y disfrutar de él para siempre». Todas las demás frases del Padrenuestro están preparadas y precedidas por sus palabras iniciales de adoración: «Padre nuestro que estás en el cielo, santificado sea tu nombre».

Cuando Jesús les dijo a sus discípulos que se dirigieran a Dios de esa manera, de seguro se sorprendieron, y eso es decir poco. Sabían que sus Escrituras a menudo comparaban a Dios con un padre, pero jamás se hubieran atrevido a dirigirse directamente a él en esos términos tan conocidos y familiares. Jesús estaba invitando a sus discípulos a pasar a un nivel de intimidad con Dios que nunca hubieran imaginado posible.

> **El principal problema de la mayoría de la gente con la oración es Dios.**

Después de más de veinticinco años en el ministerio pastoral, veinte de ellos enseñando sobre la oración, he llegado a la conclusión de que el principal problema de la mayoría de la gente con la oración es Dios. Lo imaginan con el ceño fruncido, desaprobando siempre, invariablemente desilusionado y con necesidad de que su ira sea aplacada por medio de la oración. Si es así como te figuras a Dios, ¡en verdad no te culpo por intentar evitar su mirada! Pero Jesús nos dice algo completamente diferente. Deja claro, en su parábola del hijo pródigo, que el Dios al que oramos es extraordinariamente amable, un padre que viene corriendo hacia nosotros con los brazos abiertos, *cada vez* que nos acercamos, *no importa dónde* hayamos estado, ni qué hayamos hecho. Nos asegura que Dios —Yahveh, el Santo de Israel, el Creador del universo, quien sostiene el mundo— está (redoble de tambores, por favor) *de nuestra parte.*

Cuanto más profundamente recibimos nuestra identidad como «hijos queridos»[3], mayor será nuestro deseo de pasar tiempo con nuestro Padre en oración. Comenzaremos diciéndole todo y nos atreveremos a pedir cualquier cosa porque sabemos que, como lo dice Jesús en otra parte: «su Padre celestial dará buenos regalos a quienes le pidan»[4] ¿Acaso no es maravilloso? Dios *quiere* bendecirte. Está amorosamente atento a tus necesidades, siempre está contento de verte, predispuesto a responder al clamor de tu corazón[5].

• • •

De pequeño, Danny solía tomar crayones gruesos de cera con su pequeña mano regordeta para dibujar «palabras» en cualquier trozo de papel que encontrara.

—Papá —dijo un día extendiéndome su última obra maestra—, mira lo que he escrito.

—¡Vaya! —dije, como si Danny hubiera terminado la primera página de *Macbeth*—. Bien hecho Danny. ¡Qué *listo* eres! Escribes *hermoso*.

—Está al revés, tonto —respondió.

—¡Ah! Bien —dije, volteando la hoja de papel y estudiándola de nuevo—. Daniel —dije finalmente—, has escrito una genial, gran larga carta aquí ¿verdad? —Se mostró sumamente complacido. Tan complacido que dijo una palabra que me detuvo el corazón—: ¡Léela!

Estudié ese trozo de papel arrugado en busca de alguna clave. ¿Debería confesarle que sus garabatos, aunque hermosos a su manera, en realidad no decían nada? ¿Se sentiría engañado? ¿Desilusionado? ¿Debería distraerlo? ¿Cambiar de tema?

—Léela papá —Me ordenó de nuevo con su tierna vocecita.

Levanté la mirada del papel, mirando con desesperación la carita que tenía frente a mí y de repente supe exactamente qué hacer. Sus garabatos seguían siendo incompresibles, pero su rostro era un libro abierto. Conocía cada línea, cada contorno y cada rasgo, cada estado de ánimo fugaz. Me decía con más elocuencia que una poesía o una prosa qué clase de día había tenido, cómo se sentía, lo que había comido en el almuerzo, y qué extrañas pequeñas obsesiones le daban vueltas en la cabeza como luciérnagas en un frasco.

Volví a la obra de arte de mi hijo, me aclaré la garganta, y comencé a leer en voz alta. Él escuchaba con mucha atención, claramente asombrado de su propia genialidad, y soltando una risita entusiasmada en ciertos momentos.

—Bien hecho, papá —dijo al final, subrayando cada palabra y asintiendo enfáticamente con la cabeza—. Eso era —afirmó dos veces—. Muy buena lectura —dijo asintiendo otras tres veces más.

—Bueno, gracias —dije, afirmando con la cabeza también porque en realidad había sido una de las mejores lecturas que había hecho en mi vida.

Nuestro Padre celestial no se distrae con nuestras palabras garabateadas y pensamientos balbuceados. No le impresionan los diccionarios ni los leccionarios que lanzamos hacia el cielo. En lugar de eso, explora nuestro corazón con infinito cariño para discernir qué tipo de día tuvimos, cómo nos sentimos , y qué pequeñas y extrañas obsesiones revolotean en nuestra cabeza. «El oído de Dios oye la voz de nuestro corazón», dijo San Agustín en su comentario del Salmo 148[6]. «Es el corazón el que ora —dijo el padre Jean Nicolas Grou—. Dios oye la voz del corazón, y es al corazón al que responde»[7]. «Nosotros no sabemos qué quiere Dios que le pidamos en oración —admite Pablo—, pero el Espíritu Santo ora por nosotros con gemidos que no pueden expresarse con palabras. Y el Padre, quien conoce cada corazón, sabe lo que el Espíritu dice»[8].

¿Acaso no es un alivio saber que el Padre «conoce nuestro corazón» de la misma manera que yo conocí el corazón de Danny ese día? Puedes cuestionar la coherencia de esos garabatos y balbuceos que presentas a Dios como oraciones, puedes dudar de la fuerza de tu propia decisión o de la sinceridad de tu fe, pero al menos intenta confiar que la traducción que hace el Espíritu de tus oraciones ¡tiene muy buenas posibilidades de abrirse camino al corazón del Padre en tu lugar!

Señor, ayúdame a no preocuparme por las palabras,
sino a dirigirme a ti con el lenguaje del corazón.
[...] Simplemente me presento ante ti; abro mi
corazón ante ti... enséñame a orar. Amén.

FRANÇOIS FÉNELON

Santificado sea tu nombre

Hay una exquisita simetría en la manera en que Jesús contrapone el énfasis de sus primeras palabras, «Padre nuestro en el cielo», con lo que sigue de inmediato: «Santificado sea tu nombre». Como dice el erudito bíblico William Barclay, esto «salva la idea de la paternidad de Dios de todo sentimentalismo y [...] afirma en términos inequívocos la ineludible obligación de la reverencia»[9].

Dije antes que después de veinticinco años en el ministerio pastoral, he llegado a la conclusión de que mucha gente lucha con la oración sencillamente porque dudan de que Dios los acepte. Aunque es probable que haya muchos de nosotros que no logramos comprender su santidad por completo. Tenemos una noción del amor divino carente de soberanía divina. Sin darnos cuenta, hemos profanado el nombre del Padre de manera inconsciente, y al perder la divinidad de Dios, luchamos con la oración porque no comprendemos el increíble privilegio de estar sencillamente en la presencia del Dios vivo. La familiaridad genera apatía hasta que apenas nos molestamos en intentar.

La autora Annie Dillard, ganadora del premio Pulitzer, describe la locura de ese exceso de familiaridad:

> ¿Alguno tiene la menor idea de qué tipo de poder invocamos tan despreocupadamente? O, como sospecho, ¿nadie cree una sola palabra de ello? [...] Es una locura vestir sombreros femeninos de paja y terciopelo para ir a la iglesia; todos

deberíamos usar cascos protectores. Los ujieres deberían entregar chalecos salvavidas y bengalas; deberían sujetarnos a nuestros bancos[10].

Los primeros cristianos pueden no haber usado cascos en la adoración, pero de seguro entendían la soberanía de Dios de una manera que nosotros no entendemos, no podemos, o no queremos. Examina la narrativa de los Hechos, reflexiona sobre las doxologías espontáneas de Pablo o el apocalipsis de Juan y llegarás pronto a la conclusión de que su Dios era —siendo honestos— más grande que el nuestro. Sabían cómo arrodillarse. Entendían «el temor del Señor» la reverencia que él merece e incluso lo «aterrador» que puede ser a veces, como indica el autor de Hebreos, «¡caer en manos del Dios vivo!»[11].

Insha'Allah

Siempre me ha gustado la manera en que los musulmanes y muchos cristianos de Medio Oriente agregan *Insha'Allah* —«si Dios quiere»— a sus planes[12]. Al hacerlo, reconocen que la sabiduría y la voluntad de Dios están actuando en todas las cosas y en todo momento, integrando los nuestros. En muchas partes de Occidente, hemos perdido ese sentido de *Insha'Allah*. Tenemos a Dios envuelto en pasajes bíblicos, sujeto con una apretada cadena escritural. En nuestra religión no hay misterio, solo certezas.

Me encuentro con gente bien intencionada en todas partes donde voy. Cuando oyen que mi esposa está enferma, me instan, con niveles extraordinarios de contacto visual, a orar por ella de alguna manera mejor, o a poner fin a alguna maldición desconocida, o a hacer que ella se arrepienta de alguna actitud particular, o a tomar cierto suplemento nutritivo especial, o a visitar determinado ministerio de sanidad o a pararnos de cabeza con un diente de ajo en cada oreja, cantando el

«Aleluya». Comparado con estas personas, siempre me siento débil con mis preguntas, mi fe deshilachada, mis tropezones por el corredor de noche buscando a tientas la luz de baño. A veces los envidio. Entonces echo una mirada al ajo y busco el Mesías de Haendel.

Pero no puedo evitar la sensación de que su Dios (¿en verdad es su dios?) es un poco demasiado... prolijo... un Jesús de plástico sobre la consola, quien balancea la cabeza con cualquier música que elijamos pasar.

No entiendo por qué Sammy todavía no se ha curado del todo (Dios sabe que hemos orado). En definitiva no entiendo por qué hace ciertos milagros y otros no... a menudo parece muy arbitrario. Estoy aprendiendo a entender, sin embargo, que tal vez nunca lo entienda del todo. Estoy aprendiendo a estar un poco mejor no estando bien. La vida a veces duele, pero he descubierto que borrar a Dios de la ecuación en realidad no ayuda. Simplemente quita todo sentido y moral del caos, y toda esperanza real del futuro. Así que, en cierto modo, estoy como atado a Dios, incluso cuando no lo entiendo. Incluso cuando no me agrada del todo. Resulta que es todo lo que tengo. Y a lo mejor ahí es donde la santificación en realidad comienza.

Estoy como atado a Dios, incluso cuando no lo entiendo. Incluso cuando no me agrada del todo. Resulta que es todo lo que tengo.

Vivir con un Dios salvaje

La científica social Barbara Ehrenreich escribió un libro desconcertante y bello acerca de su viaje al despertar espiritual. *Living With a Wild God* (Vivir con un Dios salvaje) es un buen libro, pero lo mejor es sin duda el título. ¿Qué sentido tiene una divinidad que puedes poner en una tarjeta de memoria, sobre una calcomanía, o dentro de un cráneo humano? El Dios del universo ¡debe ser más grande que nuestra capacidad para entender!

Mi padre falleció cuando yo era relativamente joven; tal vez por eso siempre he encontrado gran consuelo en la idea de Dios como mi Padre celestial, un Papá siempre presente y disponible. El Espíritu interior impulsa este hermoso clamor «Abba» desde lo más profundo a lo más profundo[13]. Somos pródigos amados. Cada vez encuentro más consuelo y una intimidad excepcional en lo oculto de Dios, en su otredad, en el hecho mismo de que nuestro Padre está en el cielo y no aquí en la tierra.

Salgo a caminar afuera de noche y me siento insignificante pero conectado, parte de algo trascendente y vasto. Susurro mis oraciones bajo los silenciosos campos de estrellas, sintiendo que estoy alcanzando la divinidad dentro de todo este misterio de una manera en que mis gritos más fuertes más desesperados y desafiantes, no podrían hacerlo. Dios parece infinitamente cercano: peligroso pero familiar, impredecible pero fiel, amoroso pero no necesariamente agradable.

Después de escuchar una y otra vez durante años que Dios me ama profundamente, «como si yo fuera la única persona en el mundo», y cuán poderosamente quiere usarme, es un gran alivio descubrir que en realidad no soy tan gran cosa: un actor secundario, ciertamente no el protagonista, en el papel de la vida de otro. Soy, como afirma el salmista, solo polvo. Soy, como escribe Isaías, como la hierba que crece, se marchita y desvanece en un solo día[14]. Soy una criatura que al fin sabe lo suficiente como para saber que no sé gran cosa y que es perfectamente posible confiar en cosas que no comprendo del todo. Tal vez sea mejor, después de todo, tener un poco de fe en un gran Dios inconmovible que tener una gran fe inconmovible en un dios pequeño indigno de ese título.

Es muy probable que a estas alturas estés pensando: *Está muy bien contar historias sobre tu hijo aprendiendo a escribir y sobre Francisco de Asís, pero yo no soy precisamente un santo. En el mejor de los casos, adorar me resulta difícil.* Veamos entonces algunas maneras sencillas y prácticas de adorar a Dios incluso cuando uno no está predispuesto a hacerlo.

Despertar mi alma

Si la adoración no surge espontáneamente cuando me acerco a Dios en oración, tomo mi alma con firmeza ¡y la obligo a despertarse! Me encanta la forma en que lo expresa George MacDonald en *Diary of an Old Soul* (Diario de un alma vieja): «Quien quiera nacer de nuevo, debe despertar su alma innumerables veces por día. E impulsarse a la vida con santa avidez»[15]. Esto es justamente lo que hace el rey David en el Salmo 103: «Que todo lo que soy alabe al Señor; con todo el corazón alabaré su santo nombre» (versículo 1).

Ese es un acto de la voluntad. En lugar de esperar para adorar hasta que sienta el deseo de hacerlo (lo cual puede ser una larga espera), comienzo a agradecer a Dios por toda la evidencia de su amor en mi vida, muchas veces en voz alta, hasta que mis sentimientos se alinean con los hechos. A veces puede parecer un poco falso al comienzo, pero no importa. Y a veces sigo sintiéndome cansado, triste, aletargado, y esto tampoco importa. Si solo le dijera a mi esposa «te amo» cuando estoy desbordado de pasión, ¡no se lo diría con suficiente frecuencia! Y de hecho, mi amor por ella puede ser más honesto, menos falso a la fría luz de un día común, de lo que es cuando afloran las hormonas en un momento emotivo. El autor de Hebreos nos insta a ofrecer «un sacrificio continuo de alabanza a Dios»[16]. ¿Qué puede ser mayor sacrificio que alabarlo cuando no sentimos deseos de hacerlo? Es fácil adorar cuando estamos cantando canciones emocionantes con los santos el domingo por la mañana, pero no es tan fácil un miserable lunes por la mañana antes de ir a trabajar. Sospecho que la adoración sin emoción —del tipo que parece un poco forzada y falsa— es preciosa para Dios justamente porque es costosa para nosotros.

Orar con un salmo

Una de las maneras más fáciles de incorporar la adoración a nuestra vida de oración es simplemente leer un salmo (o parte de uno más largo) cada mañana y cada noche. Nunca deja de asombrarme que es el mismo libro que Jesús usó y apreció, y que mucho de lo que está ahí tiene más de tres mil años, escrito por el mismo rey David. ¿Por qué no usar un recurso tan invaluable a diario? Con frecuencia descubro que mis sentimientos y prioridades se realinean a medida que los salmos me introducen en una cosmovisión más antigua y extraña que la propia.

Es fascinante que tantas de estas oraciones parezcan haber sido escritas para ser usadas en un momento particular del día. Por ejemplo, es claro que el Salmo 4 es la oración de una persona que se está preparando para ir a dormir: «En paz me acostaré y dormiré, porque solo tú, oh Señor, me mantendrás a salvo» (versículo 8). Pero el que le sigue, el Salmo 5, es una oración para comenzar el día: «Señor, escucha mi voz por la mañana; cada mañana llevo a ti mis peticiones y quedo a la espera» (versículo 3). El primer salmo describe la bendición de meditar en la Palabra de Dios «día y noche» (versículo 2).

A mí me ayuda leer salmos en voz alta cada vez que puedo, porque ese fue su uso original, y eso conmueve mi alma. Al hacerlo, busco una frase o línea en particular que se identifica con mi corazón, y cuando la encuentro, intento memorizarla y volver a ella en los momentos libres del día. (Puedes encontrar más sobre *Cómo orar los Salmos* en la sección Herramientas de oración en ElCursoDeOracion.com).

Adorar con Bach, Beyoncé y Bethel

Además de orar con los salmos, intento llenar mi día con música. La melodía y la armonía son dones dados por Dios que pueden alentar el alma humana con más fuerza que cualquier otro estímulo externo. Me resulta un poco incómodo admitir que, en las Salas de Oración 24-7, soy proclive al tecno (muy bueno para la intercesión) o las armonías de Giovanni Pierluigi de Palestrina, cuya música puede haber sido inspirada por los sonidos polifónicos de monjes que cantaban en lenguas. Cuando camino por las montañas, me descubro recurriendo a la magnificencia de los grandes himnos antiguos. Uno de los mejores discos de jazz de todos los tiempos —*A Love Supreme* (Amor supremo) por John Coltrane— es un viaje al misterio de Dios. Muchas de las mejores composiciones clásicas del mundo están llenas de profunda adoración. Mientras escribo, escucho el sonido celestial de *Spem in Alium* (En ningún otro hay esperanza) de Thomas Tallis. Cuando se trata de adoración, la música instrumental tiene la ventaja agregada de evitar el hemisferio izquierdo de la corteza central del cerebro, permitiendo que nuestro espíritu se eleve sin las limitaciones del lenguaje.

Adorar con otros

Es probable que hayas notado que todo el Padrenuestro está escrito en plural. Ya la segunda palabra dice Padre «nuestro» en el cielo. No Padre mío. No Padre tuyo. Es una cuestión de familia: «El pan *nuestro* de cada día», «perdónanos *nuestros* pecados», etcétera. Cuando oramos el Padrenuestro, lo hacemos corporativamente, en comunión con otros, no solo personal y espontáneamente, sino litúrgicamente al unísono con millones de cristianos en todo el mundo hoy, y en comunión con los santos que se extienden hasta esos primeros doce discípulos reunidos con Cristo cuando les dio esta oración. No fuimos diseñados para santificar el nombre del Padre solos. No alcanza con descargar recursos de Internet para orar y adorar a solas. Todos necesitamos el estímulo, el desafío y el ritmo de la participación activa en una comunidad local de adoración.

La liturgia: La forma y el formato de nuestras oraciones

Hubo una época en mi vida en la que no soportaba asistir al tipo de servicio de adoración carismática de estilo libre que llevaba a cabo mi iglesia en ese tiempo. Sammy estaba increíblemente enferma, y mi alma estaba demasiado vulnerable como para soportar esa espontaneidad cada semana. De manera que me levantaba temprano los domingos y me escabullía a nuestra catedral anglicana local para participar de un breve servicio anónimo de santa comunión en ese enorme granero antiguo abovedado. Tenía la esperanza de que nadie me reconociera. Se suponía que yo dirigía una de las congregaciones más carismáticas y espontáneas y menos tradicionales de la ciudad. Después del servicio solía taparme la cabeza con la capucha de mi chaqueta como si estuviera saliendo de un club nocturno más que de una catedral. Me daba vergüenza verme imitando e incluso apreciando el tipo de liturgia que yo mismo solía denunciar como «religión muerta» o «vana repetición».

Solía taparme la cabeza con la capucha de mi chaqueta como si estuviera saliendo de un club nocturno más que de una catedral.

Seguí yendo durante varios meses porque valoraba la importancia que cada palabra del servicio parecía tener en ese edificio antiguo. Nada estaba librado al azar. Cuando tienes el alma agotada y te has quedado sin iniciativa e imaginación, es un alivio que alguien en quien confías te indique lo que debes decir. También apreciaba la sensación de formar parte de algo muy antiguo: mayor que mi situación caótica y más firme que mi precaria decisión. Era un alivio estar sedado por la predictibilidad del leccionario, los serenos ciclos circadianos de la rutina eclesiástica.

Fue una temporada importante, pero cuando mi cabeza se recuperó, comencé a extrañar el placer familiar de la adoración libre y fluida, de las relaciones construidas en la iglesia, y del ministerio en el poder del Espíritu Santo. En la actualidad, sigo valorando las oraciones y los servicios prestablecidos junto con los enfoques espontáneos. Mi propia vida de oración combina el hablar en lenguas y cantar a Dios informalmente a lo largo del día con la oración de Ignacio, *el Examen* (ver capítulo 10), retiros monásticos regulares, el Libro de Oración Común del siglo XVI e incluso la membresía a una orden religiosa[17]. Estoy convencido de que la liturgia como expresión de adoración también pertenece tanto a la tradición de la iglesia libre carismática de dos mil años de antigüedad, como a cualquier otra.

La adoración auténtica se basa en realidades bíblicas que son más grandes que nuestros propios temperamentos cambiantes. Lo vemos en la vida de Jesús, quien hacía una pausa tres veces al día para recitar el *sh'ma* («Oye oh Israel») y para dar gracias antes de cada comida[18]. Su propio libro establecido de adoración —los salmos— estaba tan profundamente arraigado en su mente que hasta lo citó desde la cruz[19].

Las oraciones reflexivas escritas por otros, y en especial, las escritas en la Biblia, pueden ayudarnos a expresar cosas que encontramos difíciles y abordar otras que de lo contrario podríamos ignorar. Si solo hablo con Dios de las cosas que tengo en mi corazón, muy rara vez recordaré, por ejemplo, obedecer el mandato de Pablo de sostener en oración a nuestros líderes políticos[20]. En el primer capítulo, les dije que una de las grandes cosas de tener un espacio fijo para orar es que ofrece un lugar para acudir incluso ¡cuando uno no quiere orar! La liturgia puede ser el equivalente verbal de un lugar así. Le da a tus oraciones una cierta arquitectura —un marco consistente—, incluso cuando no quieres orar, no sabes cómo orar, o no puedes encontrar las palabras que expresen tu corazón. Al elegir usar una oración fija, le dices a Dios «No sé qué más decirte ahora mismo, y en realidad no tengo ganas de adorar, pero aquí está mi ofrenda de hoy de todos modos».

«Hay mucho que decir a favor del cristianismo como repetición —expresa Stanley Hauerwas—. El evangelicalismo no tiene suficiente repetición como para formar a los cristianos para sobrevivir en un mundo que nos tienta constantemente a pensar que debemos hacer todo de nuevo desde el principio»[21]. Cuando repetimos oraciones establecidas, varios miles de años de fe comienzan a tomar forma en nosotros y a orar a través de nosotros, proveyendo solidaridad (en todo el sentido de la palabra) con todo el pueblo de Dios, en medio de la subjetividad de nuestra cultura fragmentaria. Practicar los movimientos, como lo sabe todo bailarín, puede ser algo importante.

Nuestra amiga Sabina entrenó duro gran parte de los días de su infancia y hasta la edad adulta con el sueño de ser bailarina. Después de años de duro trabajo, finalmente logró su ambición de llegar a los escenarios del mundo como bailarina del Royal Ballet antes de retirarse a finales de sus veinte años. Pero ahora que Sabina ha cambiado sus zapatillas de danza por las botas Ugg de la maternidad, es fascinante observar la persistente elegancia con que camina. No importa lo que esté haciendo —preparando café o cambiando pañales— se mueve al ritmo de una poesía. La danza ya no es algo que hace, pero sigue siendo algo que es.

Tengo otro amigo cuyo tutor fue un hombre extraordinariamente devoto y elocuente que, con el tiempo, en la vejez, comenzó a tener demencia. Cada vez estaba más confuso y perdía el hilo de la conversación. Cada vez que oraba, sin embargo, ¡parecía que se hubiera sanado! Recuperaba toda la antigua fluidez, sabiduría y energía. De repente, tenía la agudeza de un alfiler. De alguna manera, las oraciones que había recitado una y otra vez durante tantos años, al final, parecían estar hablándole a él.

Como la bailarina que se convierte en la danza misma, y el pastor que se convierte en la oración, todos estamos siendo transformados a la semejanza de Cristo «con más y más gloria por la acción del Señor»[22]. Como una mariposa que emerge de la crisálida, nuestra metamorfosis viene por medio de las limitaciones que nos imponen los hábitos santos, el entrenamiento de las vías neuronales, las oraciones establecidas, y las prácticas espirituales que mantenemos en la vida.

Adorar a tu manera singular

¿Dónde y cuándo fue la última vez que te sentiste cerca de Dios? Intenta identificar y recordar los lugares y las personas específicas, la música y las actividades que hablan la lengua materna de tu corazón. Al priorizar esas cosas vivirás con más alegría. Para el atleta olímpico Eric Liddell, era correr. «[Dios] me hizo rápido» dijo, «y cuando corro ¡siento su placer!»[23]. El rey David se sentía impulsado por el cielo nocturno a adorar: «Cuando miro el cielo de noche y veo la obra de tus dedos [...] la luna y las estrellas que pusiste en su lugar»[24]. El artesano Bezalel, encargado de decorar el tabernáculo, glorificó a Dios con sus habilidades artísticas[25]. En respuesta a la maravilla de su embarazo milagroso, María pronunció su *Magnificat*, una de las mayores oraciones de adoración de todos los tiempos[26]. Los magos fueron guiados hasta Jesús por su curiosidad intelectual[27].

Mi alma despierta cuando escalo montañas, cuando escucho a determinados autores y a ciertos amigos cuya compañía me dirige consistentemente hacia Jesús. El tiempo que dedico a disfrutar de esos placeres es algo que mi alma necesita. No hago esas cosas solo porque son lindas, sino porque las necesito. Por lo tanto, hacer tiempo en mi vida para estar en la naturaleza, para leer a T. S. Eliot, Annie Dillard y R. S. Thomas, para compartir grandes tazas desbordantes de té con amigos como Phil, Jill y Mike, Scot, Ken y Tim, es una cuestión de rigurosa disciplina espiritual. Esa gente me ayuda a santificar el nombre del Padre con profunda humanidad.

Por supuesto, tú has sido diseñado para adorar de manera diferente. Después de haberte alentado (en el capítulo 2) a descubrir tus propias formas particulares de orar, ahora te insto a que hagas lo mismo con la adoración. El salmista nos exhorta en cuatro ocasiones diferentes «cántenle [al Señor] una canción nueva»[28] porque quiere que le adoremos en forma espontánea, creativa y desde el corazón. Tú eres una nueva canción que Dios ha dado al mundo, una canción que nadie más puede cantar. La forma en que piensas, la forma en que ves la vida, y la forma en que adoras ¡son absolutamente únicas! ¿Acaso no es tiempo de que salgas a la calle, alces la cabeza y des al mundo la más singular, la más maravillosa interpretación de ti?

• • •

En este capítulo hemos visto que la manera en que nos acercamos a Dios en oración, y la manera en que lo vemos en la vida, ¡afecta todo sobre todo! Dios es un Padre amoroso que nos recibe con una sonrisa y no con el ceño fruncido, que ve nuestra alma e interpreta nuestras oraciones garabateadas. Pero también está «en el cielo» y «es santificado», es soberano, asombroso y misterioso, lo que significa que podemos confiar en él incluso cuando no lo comprendemos. La invitación a adorar significa saludar a nuestro Padre celestial por nombre, responder a su sonrisa con otra sonrisa, recibirlo como el ser amado que es, responder a su amabilidad con amabilidad, a su presencia con presencia, y a su amor con nuestro amor. ¡Qué gozo podemos producir en el corazón del Padre! Ahora que pasamos de «regocijarnos» al tercer paso de nuestro proceso de oración, «Apelar/Pedir», lo hacemos con una profunda consciencia de que Dios es bueno y que somos amados por él.

MÁS SOBRE LA ADORACIÓN

SESIÓN 2 DE *EL CURSO DE ORACIÓN*: La adoración

HERRAMIENTAS DE ORACIÓN: 5. Cómo orar los Salmos, 6. Cómo practicar la meditación cristiana, 7. Cómo orar de forma creativa y 8. Cómo practicar la presencia de Dios (ElCursoDeOracion.com).

LECTURA ADICIONAL: *La práctica de la presencia de Dios* por el hermano Lawrence

HÉROE DE LA ADORACIÓN

Hermano Lawrence: Practicar la presencia

No hay en todo el mundo un modo de vida más dulce, ni más placentero que la continua conversación con Dios.

HERMANO LAWRENCE, *LA PRÁCTICA DE LA PRESENCIA DE DIOS*

Un soldado herido de mediana edad llamado Nicolas Herman, al observar un árbol en invierno, privado de hojas y desnudo, reflexionó que era así como él también se sentía. Al recordar que, aunque el árbol parecía muerto volvería a cobrar vida en la primavera, experimentó un enorme sentido de esperanza. Nicolas se unió a un monasterio Carmelita en París, en 1651, cambió su nombre por el de hermano Lawrence, y pasó el resto de su vida allí haciendo trabajos manuales en la cocina y más tarde, arreglando sandalias. El que se consideraba a sí mismo como un «sujeto grandote y torpe al que todo se le rompía» aprendió lecciones sobre la vida de adoración y sobre cómo «practicar la presencia de Dios» en la vida diaria, que desde entonces han enriquecido a innumerables cristianos.

«Cada vez que podía —dice—, me ponía delante de él como un adorador, fijando mi mente en su santa presencia, trayéndola de vuelta cuando la descubría alejada de él. Este resultó ser un ejercicio a menudo doloroso, pero yo persistía en medio de las dificultades».

Durante casi quinientos años el hermano Lawrence ha inspirado personas a mantenerse enfocadas en la presencia de Dios en su vida diaria. «¿Acaso no es más rápido y más fácil —se pregunta— hacer nuestras tareas normales totalmente por amor a él? [...] (Porque) incluso el homenaje más pequeño siempre le agradará»[1].

Para estar con Dios no es necesario estar siempre en la iglesia; podemos convertir nuestro corazón en un oratorio donde retirarnos de tanto en tanto a conversar con él [...]. Todo el mundo es capaz de tener una conversación así de familiar con Dios

HERMANO LAWRENCE, *LA PRÁCTICA DE LA PRESENCIA DE DIOS*

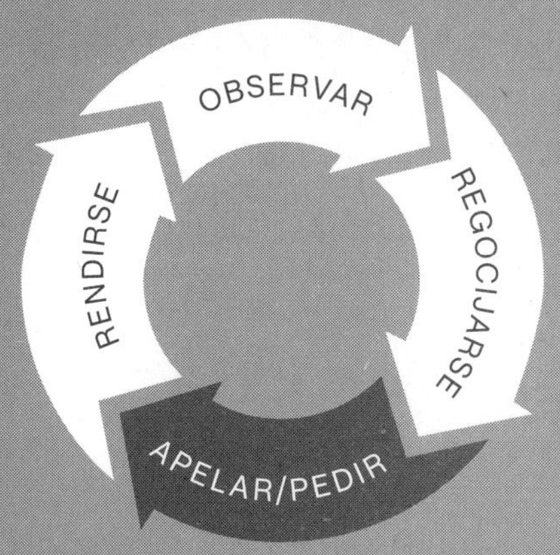

TERCER PASO: APELAR/PEDIR

PETICIÓN, INTERCESIÓN Y PERSEVERANCIA

Que venga tu reino, y se haga tu voluntad, en la tierra y en el cielo. Danos hoy el pan diario.

EL PADRENUESTRO, LIBRO DE SERVICIO ALTERNATIVO DE LA IGLESIA DE INGLATERRA

La oración significa muchas cosas para muchas personas, pero en su sentido más sencillo e inmediato, significa pedirle ayuda a Dios. Es un soldado que suplica por coraje, un amante del fútbol en la final, una madre sola en la capilla de un hospital. El Padrenuestro nos invita a pedirle a Dios todo, desde «el pan de cada día» hasta el «venga tu reino», por nosotros mismos (petición) y por otros (intercesión). En esta sección, exploraremos el poder extraordinario y milagroso de la oración, pero también las preguntas que enfrentamos cuando nuestras oraciones no reciben respuesta.

Capítulo 5

Petición

CÓMO PEDIR A DIOS

Danos hoy el pan diario.

EL PADRENUESTRO, LIBRO DE SERVICIO ALTERNATIVO DE LA IGLESIA DE INGLATERRA

EL PADRENUESTRO COMIENZA y termina con adoración, pero en el medio es una lista de compras para la venida del reino de Dios, la provisión del pan diario, el perdón de pecados y la protección del mal. En esta parte del libro nos enfocaremos en tres aspectos particulares de pedir. Primero, veremos la petición, la cual es pedir a Dios por nuestras necesidades. En el próximo capítulo, analizaremos la intercesión, la cual es pedir a Dios a favor de otros. Y luego, en el capítulo final de esta sección, veremos el tema difícil de las oraciones sin respuesta. Aunque cada frase del Padrenuestro es el pedido de algo, hemos elegido sacar «Danos hoy el pan diario» de la secuencia natural que tiene la oración, porque ilustra perfectamente la petición. Volveremos al orden natural de la oración en los siguientes capítulos, al centrar nuestra atención en la intercesión («venga tu reino») y las oraciones no contestadas («que se haga tu voluntad»).

• • •

Algunos de nuestros amigos más íntimos nos invitaron a ir con ellos a Croacia, navegando en un catamarán por el mar Adriático. Iban a ser *las* vacaciones de nuestra vida. De día cruzamos mares de color zafiro bajo un cielo azul claro, zigzagueando dentro y fuera del espectacular archipiélago de Kornati. De noche, anclamos en ensenadas perfectas donde se podía bucear, nadar y jugar cartas a luz de las lámparas bajo las estrellas más brillosas que jamás hayas visto. Fue una semana mágica.

Una noche, arrojamos el ancla en un puerto natural particularmente bello, y los niños se metieron al mar como de costumbre. Para cuando los sacamos, los envolvimos en suaves toallas y nos dispusimos a cenar, el crepúsculo bañaba toda la bahía de un brillo dorado. Todos nos veíamos relajados, bronceados y felices. Todo era perfecto hasta que una nube negra de mosquitos arremolinados se instaló sobre nuestra cabeza.

Estoy consciente, al relatar esta historia, de que a lo mejor no te sientes solidario por completo con nuestra penuria. ¡A lo mejor hasta estás alabando a Dios por esos mosquitos! Pero en aquel barco nosotros no lo estábamos haciendo. De hecho, mi amigo James comenzó a orar contra ellos de inmediato.

—Señor —dijo, levantando una mano como Moisés cuando se preparaba para dividir el mar Rojo y usando la otra para espantar los mosquitos de su cara—, te pedimos que quites estos miserables mosquitos, ahora mismo, en el nombre de Jesús.

Todos los demás en el barco, dos mamás y cinco niños, acordaron fervientemente con esa oración. Tenían los ojos cerrados mientras asentían con la cabeza y con las manos reprendían a la pequeña milicia aérea de Satanás. Yo ni tenía los ojos cerrados, ni asentí con la cabeza. Parecía una oración muy tonta por tres razones importantes:

Mi primera objeción era *teológica*. Dios de seguro estaría demasiado ocupado con los Grandes Problemas del Mundo (como las guerras en el Medio Oriente, el hambre en el mundo y todo eso) para preocuparse en colaborar con el plan de cena al aire libre de esa gente privilegiada en un yate en el Adriático.

Mi segunda objeción era *ambiental.* Los mosquitos, o jejenes como nos gusta llamarlos, son (supuestamente) parte del orden ecológico finamente ajustado de Dios, y los cristianos no somos inmunes a las leyes de la naturaleza. No renunciamos a nuestros repelentes de insectos al convertirnos. No nos levantamos de las aguas del bautismo elevándonos, libres de las leyes de la gravedad.

Mi tercera objeción era *pastoral.* Nuestros hijos estaban participando de la oración de James, y cuando (no si) no funcionara, se sembrarían pequeñas semillas de dudas y desilusión en sus mentes impresionables, y de seguro crecerían y se convertirían en satanistas.

Y así, mientras todos los demás oraban, reprendiendo al espíritu de mosquito en el nombre de Jesús, yo sonreía estoicamente espantando mosquitos hasta que todos dijeron «Amén». Cuando lo hicieron, ocurrió la cosa más desconcertante e inapropiada para mí: en ese preciso momento se levantó una suave brisa y barrió los mosquitos hacia otro yate (sin duda menos devoto).

Cuando uno ora por las pequeñas cosas de la vida, uno aprende a vivir con mayor gratitud.

Un coro de alabanza estalló en nuestro barco. De repente, todos estaban sonriendo y dando gracias a Dios por escuchar nuestras oraciones, por cuidar de sus hijos y sí, por hacer un poquito más perfecta la cena al aire libre de un privilegiado yate en el Adriático.

Hasta el día de hoy no sé si esa fue una respuesta real y verdadera a la oración o simplemente un golpe de suerte meteorológico disfrazado de oración. Pero esto sí sé, y lo sé con seguridad: cuando uno ora por las pequeñas cosas de la vida, uno aprende a vivir con mayor gratitud.

Si solo oramos por los problemas grandes, feos y complicados que parecen tan serios y pesados como para justificar la intervención divina, rara vez experimentaremos milagros. Cuando aprendemos a orar por cosas insignificantes, imprevistos ridículos (como «No nos dejes caer en tentación, sino líbranos de los mosquitos malignos»), e incluso cosas previsibles (como «danos hoy el pan diario» en un país lleno de pan), comienzas a ver cuántos milagros menores aparecen dispersos a lo largo de un día normal. Como dijo el afamado arzobispo William Temple: «Cuando oro, ocurren coincidencias; cuando dejo de orar, dejan de ocurrir las coincidencias»[1]. Al pedir más por cosas menores redescubrimos cómo vivir con el cándido asombro de los niños. Al llenar nuestros días con oraciones pequeñas, renunciamos a nuestro sentido de derecho y recibimos cada detalle como una bendición, cada coincidencia como un pequeño milagro, entrenando nuestras conexiones neuronales para estar «siempre alegres. Nunca [dejar] de orar. [Ser] agradecidos en toda circunstancia, pues esta es la voluntad de Dios para ustedes, los que pertenecen a Cristo Jesús»[2].

Orar por un lugar para estacionarse

Una de las grandes cuestiones teológicas de nuestro tiempo en el campo de la oración de petición parece ser si deberíamos pedir a Dios un lugar para estacionarnos. He visto salas de oración encenderse por el debate sobre este problema espinoso. Me parece que la respuesta es clara: sí, efectivamente deberíamos pedir a Dios que nos dé lugares para estacionarnos. ¿Por qué? Porque cuando oramos por lugares para estacionarnos, nos convertimos en el tipo de persona que alaba a Dios por un pedazo de cemento fuera del supermercado un lluvioso sábado de invierno.

«Está bien —dices—, ¿pero hubieras conseguido ese lugar para estacionarte si no se lo hubieras pedido a Dios? ¿Solo quedó libre porque oraste?». Mi respuesta a tu excelente pregunta es que honestamente no lo sé, y honestamente no me importa. Estoy seguro de que hay teólogos, filósofos y físicos quánticos inteligentes que podrían iluminarnos, pero mientras ellos afinan sus cálculos y analizan los manuscritos griegos originales, yo estoy tratando de ser menos cínico, de orar más, como mi amigo James cuando reprendió a los mosquitos. James sabe, sin duda, cómo hacer grandes oraciones por el gran sufrimiento humano: trabaja en el frente mismo de la lucha contra la trata de personas. Aunque también hace oraciones pequeñas acerca de cosas triviales con una fe hermosa como la de un niño, que le permite recibir cosas que otros consideran mera coincidencia, como bendiciones de su Padre celestial.

La ley de pedir

La oración significa muchas cosas para mucha gente, pero en su sentido más simple y más obvio, significa pedir la ayuda de Dios. Así es como la entiende la mayoría de los niños y la gente que asiste a la iglesia, y tienen razón. La palabra *orar* en español proviene del latín *orāre* que significa hablar, rogar o pedir. Todo el mundo ora de esa manera de vez en cuando. No hay ateos en un avión que está fallando. En realidad, es la cosa más natural del mundo pedirle a Dios un aterrizaje seguro, salud, guía, perdón, provisión, protección, incluso un lugar para estacionarte en el supermercado un lluvioso día de invierno.

El Padrenuestro se caracteriza justamente por ese tipo de pedido personal y práctico: «Danos... Perdónanos... No nos dejes... Líbranos». En otra parte, Jesús dice: «Pídanme cualquier cosa en mi nombre, ¡y yo la haré!»[3]. Y en otra ocasión «Sigan pidiendo y recibirán lo que piden; sigan buscando y encontrarán; sigan llamando, y la puerta se les abrirá»[4]. El apóstol Santiago es igual de explícito: «No tienen lo que desean porque no se lo piden a Dios»[5]. El profesor de Cambridge, H. H. Farmer, dice: «Si la oración es el corazón de la religión, la petición es el corazón de la oración»[6] y Karl Barth, uno de los teólogos más grandes de los tiempos modernos, agrega enfáticamente:

> El hecho de que [un hombre] se presente ante Dios con su petición es lo que lo convierte en un hombre de oración. Otras teorías sobre la oración pueden ser ricas y profundamente pensadas y muchas suenan muy bien, pero todas sufren de cierta artificialidad porque dejan de lado ese hecho simple y concreto, perdiéndose en las alturas y las profundidades donde no hay lugar para el hombre que realmente ora, que sencillamente hace una petición[7].

Es fascinante observar que la primera mitad del Padrenuestro no fue del todo original de Jesús. Parece haber adoptado y adaptado las líneas de apertura de otra oración contemporánea conocida como el *Kaddish* (una de las tres oraciones más importantes en la liturgia judía)[8], que decía así:

> *Enaltecido y santificado sea Su gran nombre*
> *En este mundo que ha creado de acuerdo con Su voluntad.*
> *Y que establezca Su reino durante tu vida.*

Las similitudes con el Padrenuestro son asombrosas:

Enaltecido y santificado sea Su gran nombre en este mundo que ha creado de acuerdo con Su voluntad. Y que establezca Su reino durante tu vida.	Padre nuestro en el cielo santificado sea tu nombre que venga tu reino que se haga tu voluntad en la tierra como en el cielo.

No debería sorprendernos que Jesús incorporara la liturgia tradicional a su enseñanza, pero es particularmente interesante observar las líneas que él agrega, porque en ellas oímos —con cierta sorpresa de reconocimiento— la voz singular de Cristo destacándose por encima de la religión formal de su tiempo.

Jesús suaviza la preocupación del *Kaddish* por el eje vertical de la grandeza de Dios y su inminente reino («Padre nuestro») y luego agrega su propio eje horizontal: una lista de pedidos simples de alimento, seguridad, protección y perdón. Rodea la reverencia y el anhelo de la oración original con un lenguaje relacional y pedidos prácticos acerca de las preocupaciones diarias de la gente común.

Los milagros

Milagro es solo una palabra que usamos para las cosas que los Poderes nos han engañado haciéndonos creer que Dios es incapaz de hacer

WALTER WINK, *ENGAGING THE POWERS* (ENFRENTAR LOS PODERES)

Muchos expertos con éxitos de ventas sobre la oración dejan de lado casi por completo el tema de la petición. Hablan mucho sobre los aspectos psicológicos de la comunión con Dios —contemplación, meditación, quietud y silencio—, pero dicen muy poco sobre simplemente pedirle ayuda a Dios y esperar que él responda. Se pierden, como indica Barth, «entre las alturas y las profundidades donde no hay lugar para el hombre que [...] está sencillamente haciendo un pedido».

Un monje anciano admitió frente a mí en una ocasión que no ora por sus necesidades prácticas. Le pide a Dios que lo ayude a convertirse en una respuesta a sus propias oraciones, pero no le pide nada ni espera ningún otro tipo de milagro. Fui demasiado respetuoso como para sugerirle que eso podría no ser muy cristiano.

Hay mucho que aprender y disfrutar en la oración contemplativa, como veremos en el capítulo 8, y es cierto que podemos convertirnos en la respuesta a nuestras propias oraciones. La Biblia también insiste en los milagros. Desde el primer día de la creación hasta el último capítulo del Apocalipsis, las Escrituras describen a Dios irrumpiendo, invadiendo el tiempo y el espacio, interrumpiendo y alterando las leyes de la naturaleza. Cuando los enfermos acudían a Jesús, recibían más que consejos y un halo de paz interior. ¡Eran sanados objetiva y físicamente!

Jesús fue crucificado en el cuerpo y resucitó como un hombre que caminaba, hablaba y se dejaba abrazar, que se parecía a un jardinero y asaba pescado en la playa. Cada vez que participamos de la Comunión, celebramos la intervención sobrenatural de Dios entre los átomos, los sistemas, la sustancia física real de nuestro mundo material. No podemos deshacernos ni adaptar con honestidad nuestra creencia en el poder de la oración de petición y aun así reclamar alguna forma de ortodoxia cristiana. Otros aspectos de la oración son maravillosos, pero nuestro principal privilegio como hijos de Dios es pedir con audacia y repetidamente todo lo que necesitamos, con la esperanza de que Dios responda de manera natural o sobrenatural, por cualquier medio que vea conveniente.

Nuestro principal privilegio como hijos de Dios es pedir con audacia y repetidamente todo lo que necesitamos, con la esperanza de que Dios responda de manera natural o sobrenatural.

Pan de cada día significa pan de cada día

Pocas personas en los tiempos modernos han demostrado el poder de la oración de petición con más poder y consistencia que el filántropo del siglo XIX, George Müller, que fundó 117 escuelas, cuidó 10.024 huérfanos, educó 120.000 niños y fue acusado de «elevar a los pobres por encima de su condición natural»[9].

Su legado resulta más notable todavía por el hecho de que, en lugar de pedir dinero y hacer conocida su necesidad de financiamiento, Müller confiaba en Dios para financiar esa vasta actividad puramente a través del poder de la oración, y recaudando de esa manera más de 97 millones de dólares en moneda actual.

Con tantas bocas que alimentar y sin contar con una estrategia convencional de recaudación de fondos, George Müller con frecuencia se veía obligado a tomar de manera literal la oración por el pan de cada día. En una ocasión, se paró frente a trecientos huérfanos hambrientos reunidos para el desayuno, sabiendo que no había comida en la cocina, y dio gracias a Dios con fe por la comida «que vas a dar para comer».

De repente, hubo unos golpes en la puerta y entró el panadero local con tres grandes bandejas de pan fresco, explicándoles que estaba levantado desde las dos de la mañana de ese día horneando pan para ellos. Luego apareció el lechero, anunciando que su carreta se había roto y preguntando si podían aprovechar su cargamento de leche fresca. Cientos de niños recibieron su pan de cada día esa mañana, acompañado de leche cremosa. Fue un desayuno que de seguro recordarían por el resto de sus vidas cada vez que oraran el Padrenuestro[10].

La noción del «pan de cada día» se remonta al Antiguo Testamento, cuando Dios alimentó a su pueblo en el desierto con maná que solo se mantenía fresco durante un día. En esa frase hay un sentido fuerte de pedir por las necesidades de *hoy* en lugar de los *deseos* de mañana. No se trata de que haya algo malo en querer un coche nuevo, la liberación de los mosquitos, o tres jarras de leche fresca. Es solo que no tenemos derecho a esperar o insistir con una lista interminable de lujos. El pan de cada día significa el pan de cada día: la Nutella no está garantizada.

Dios nos invita a pedir las cosas básicas, pero ¡nunca ha prometido convertirnos a todos en millonarios!

Por qué necesitamos pedir

Quizás recuerdas la historia del mendigo ciego Bartimeo, quien clamó a Jesús por ayuda en la ciudad de Jericó. La multitud intentó acallarlo, pero se negó a ser silenciado. Al oír el disturbio, Jesús se acercó y le hizo una pregunta sorprendente:

—¿Qué quieres que haga por ti?

Imagino a Bartimeo haciendo un gesto de fastidio: ¿Acaso su necesidad no era obvia? ¿No era evidente para todo hombre, mujer o niño que pasara frente a él?

—Señor —le dijo—, ¡quiero ver!

Y Jesús lo sanó[11].

La gente a veces se pregunta por qué necesitamos orar. ¿Acaso el Señor no conoce ya nuestras necesidades? ¿No podemos confiar en que él hará lo correcto de todos modos? ¿Por qué diablos tenemos que pedir? La historia de Bartimeo revela que no es suficiente estar sentado en silencio en medio de la multitud anhelando un milagro.

—¿Qué quieres que haga por ti? —le preguntó Jesús. Nos pide que pidamos, nos invita a articular nuestras necesidades específicas. «Nos guste o no», explica el gran predicador bautista Charles Haddon Spurgeon:

> Pedir es la regla del reino. [...] Jehová le dice a su propio Hijo «Pídeme, y te daré por herencia las naciones, y como posesión tuya los confines de la tierra». Si el Hijo real y divino de Dios no fue exceptuado de la regla de pedir para tener, tú y yo no podemos esperar que la regla se relaje a nuestro favor. [...] Si puedes tenerlo todo pidiendo, y nada

sin pedir, te ruego que veas cuán absolutamente vital es la oración[12].

Dios nos pide que pidamos por al menos tres razones. Primero, porque el hecho de pedir es *relacional* de una manera que el mero deseo no lo es. Jesús siempre está más interesado en la amistad que en dispensar bendiciones a almas sin rostro. Cuando una mujer con hemorragia tocó el borde de su manto, Jesús se detuvo para identificarla y hablar con ella. No fue suficiente con responder anónimamente a su oración. Inmediatamente después de eso levantó de la muerte a una niña de doce años, y una vez más, su principal preocupación fue pastoral: le pidió a los padres «que le dieran de comer a la niña»[13]. Si Bartimeo hubiera sido sanado en medio de la multitud por el simple aliento de Jesús al pasar, nunca hubiera conocido a Jesús, y nosotros nunca hubiéramos llegado a conocer su hermosa historia.

La segunda razón es que pedir es un acto *vulnerable*. Hacer un pedido es admitir algún área de necesidad personal. Implica depositar confianza en la persona a la que se pide. Puede tratarse de un acto de fe menor —confiar en un vendedor para la provisión de un kilo de papas— o puede ser muy costoso, como pedirle a alguien en matrimonio o a un médico que sane tu enfermedad. En cualquier caso, pedir es una expresión de fe, una manera de abrir nuestro corazón para creer y nuestras manos para recibir de otra persona.

Hay cosas maravillosas que solo ocurrirán si las pedimos.

En tercer lugar, pedir es *intencional*. Implica la activación de nuestra voluntad. No somos autómatas: robots sin mente preprogramados y sin poder para resistir el código genético del Creador. Dios nos respeta demasiado como para pisotear nuestra libre voluntad, y nos ama demasiado como para obligarnos a hacer lo que él ordena.

Él acude a donde es bienvenido y espera para responder hasta que es llamado.

La libre voluntad y la voluntad de Dios

La oración de petición es una consecuencia lógica y emocionante de la libre voluntad humana. Significa que nuestro destino no está establecido. Las cosas pueden cambiar. Tenemos la libertad para pedir, activar, y promover la bendición de Dios en cualquier situación alineando nuestra voluntad con la voluntad de Dios, orando: «Que se haga tu voluntad». El gran filósofo francés Blas Pascal dijo que «Dios ha instituido la oración para impartir en sus criaturas la dignidad de la causalidad»[14]. Somos los socios de Dios en el gran proyecto de la creación, y ejercemos ese extraordinario privilegio principalmente a través de la ferviente imaginación, y en segundo lugar, por medio de la innovación práctica.

Tendemos a esperar que el Rey de reyes sea un Gran Dictador (y hasta preferiríamos que gobierne de esa manera), pero en realidad es un Gran Delegador cuya naturaleza divina no es dominar, subyugar y controlar, sino servir, escuchar y empoderar. Somos libres para hacer cosas terribles, como lo revelan los noticieros, pero también cosas brillantes y maravillosas: imaginar, inventar y crear en conjunto nuevas realidades por medio de la oración.

«Dios no actúa de la misma manera ya sea que oremos o no —dice Karl Barth—. La oración ejerce una influencia sobre la acción de Dios, incluso sobre su existencia»[15]. Esa palabra, *influencia*, es importante. No podemos controlar a Dios en oración porque Él es Dios y nosotros no lo somos. Aunque, sí permite que influyamos en él. Tampoco podemos anular las elecciones soberanas de otras personas, por mucho que nos gustaría obligar a nuestro amigo a arrepentirse, o impedir que nuestra hermana salga con el canalla de la universidad.

Aun así, aunque no podemos invalidar la libre voluntad de otros, podemos *influir* en sus decisiones mediante la oración.

Hay cosas maravillosas que solo ocurrirán si las pedimos, y cosas indescriptiblemente terribles que prevalecerán a menos que sujetemos nuestra voluntad a la voluntad de Dios para resistirlas en oración. «No estamos encerrados en un futuro preestablecido y determinista —indica Richard Foster—. El nuestro es un universo abierto, no cerrado. Somos "colaboradores de Dios". [...] Trabajamos con Dios para determinar el resultado de los acontecimientos»[16].

Orar en el nombre de Jesús

Pedir es esencial... pero no cualquier tipo de pedido. Jesús dice: «Pídanme cualquier cosa *en mi nombre*, ¡y yo la haré!». Algunas personas toman esa frase como una fórmula mágica. Agregan «en el nombre de Jesús» a todo lo que piden, esperando que eso agregue un poco de pólvora sobrenatural a sus oraciones. Pero eso no tiene nada que ver con lo que Jesús quiso decir. Pedir en el nombre de Jesús significa pedir cosas que sean consistentes con su carácter y estén alineadas con su propósito. Cuando mis oraciones se alinean con el plan de Dios para mi vida, él me dice sí, y cuando no, me dice no. ¡Qué alivio! Si toda oración sincera y ferviente que yo haya hecho hubiera recibido respuesta, yo me hubiera convertido en un guardián de zoológico y me hubiera casado con la mujer equivocada por lo menos cuatro veces antes de conocer a Sammy.

Orar en el nombre de Jesús significa querer lo que Dios quiere, alinear nuestra voluntad con la suya, nuestras palabras con su Palabra, y nuestras preferencias personales con sus propósitos eternos y universales. También habla del privilegio familiar. Pedir en el nombre de Jesús es acercarnos al Padre en compañía de su propio Hijo amado.

Cuando nuestros hijos eran todavía muy pequeños, a veces tenía que dejarlos por un par de semanas para hacer viajes extendidos por los Estados Unidos de América y Asia-Pacífico. En una ocasión, cuando Danny, el menor, parecía estar particularmente angustiado por mi partida, hice un gran espectáculo anotando mi número de teléfono en una nota autoadhesiva y prometí responder cada vez que él llamara. Mirando atrás, prometer eso fue una tontería, no solo porque las llamadas intercontinentales son caras, sino también porque Danny no tenía noción de las zonas horarias. Durante dos semanas acepté llamadas nocturnas para conversar sobre las aventuras de sus juguetes; me retiré de reuniones importantes para recibir actualizaciones detalladas de su entrenamiento para usar el inodoro. Danny disfrutó el acceso directo a mí en cualquier momento del día o de la noche de una manera que nadie más tuvo, porque es mi hijo, y porque yo había prometido aceptar sus llamadas. Nuestro Padre celestial ha hecho la misma promesa y nos ha dado el mismo acceso directo a través de su Hijo Jesús[17].

Orar en fe

En una de las representaciones teatrales de *Peter Pan*, Campanita es envenenada por el cruel capitán Garfio. A la audiencia se le dice: «Ella va a morir a menos que hagamos algo. [...] Aplaudan y digan "¡Creo en las hadas!"». Algunas personas creen que la oración es así: solo fe en la fe, pensamiento positivo, aplaudir a las hadas. Las personas como el ciego Bartimeo y George Müller demuestran que la oración cristiana no es desear, sino pedir, dirigir activamente pedidos específicos a una persona real. Ellos no tenían fe en la fe misma, sino confianza en aquel que dijo: «Si ustedes creen, recibirán todo lo que pidan en oración»[18].

Ciertas facciones de la iglesia han abusado terriblemente de la doctrina de la fe, se ha exaltado la codicia y se ha oprimido a los pobres por una herejía conocida como «evangelio de la prosperidad».

Los predicadores que prometen salud y riqueza reducen la oración a una forma de pensamiento positivo y a Dios mismo a una suerte de algoritmo celestial. Causa gran daño esa enseñanza tan desequilibrada de la fe, pero no debemos reaccionar en exceso. Jesús le dice a Bartimeo: «Tu fe te ha sanado»[19], una frase que usa a lo largo de los Evangelios, y a veces incluso reprende a la gente por su incredulidad. En una ocasión, hace una promesa llamativa: «Si tuvieran fe, aunque fuera tan pequeña como una semilla de mostaza [...] nada sería imposible»[20]. El autor de Hebreos escribe: «Sin fe es imposible agradar a Dios»[21].

Este es un momento extraño en la historia del mundo para estar pensando en la fe. Somos a la vez cínicos y crédulos, temerosos de quedar fuera pero también temerosos del compromiso. En tiempos así, ¿cómo podemos ser menos escépticos y precavidos, más llenos de fe y expectantes, sin decir adiós a nuestro cerebro? Podría decir muchas cosas aquí, y te animo seriamente a realizar tu propio estudio bíblico sobre este importante tema. Pero por ahora, permíteme asegurarte que el don de una gran fe no está menos disponible para ti que para George Müller, primero en la *persona* de Cristo, y segundo en la *práctica* de la confianza.

Encontrar fe en la persona de Cristo

Si careces de fe es inútil intentar avivarla desde adentro. No puedes fingir ni hacer que se materialice contrayendo los glúteos e intentando creer tres cosas imposibles antes del desayuno. La fe se halla en la persona de Cristo. Si quieres confiar más en Jesús, tienes que llegar a conocerlo mejor. Observarlo más, escucharlo más, pasar más tiempo con él. Es así de simple. Cuanto más veas a Jesús, más confiarás en él porque es la persona más confiable, amorosa y poderosa que jamás conocerás. El autor de hebreos nos insta a fijar la mirada en Jesús porque él es quien «inicia y perfecciona nuestra fe»[22]. Su tarea es perfeccionar tu fe imperfecta. La tuya es mantenerte enfocado en él.

Hudson Taylor, el gran apóstol a China, dijo que «el asunto no es tener una fe más grande, sino una fe en el Dios grande»[23]. ¡Y tenía razón! No pongas el foco en la fe, pon el foco en Dios. Es poniendo el foco en su grandeza, recordando su bondad, y alegrándote en su fidelidad que subirá tu coeficiente de fe. Si celebras las cosas pequeñas que Dios ya ha hecho por ti, encontrarás la fe para las cosas que todavía no ha hecho. Registra las respuestas a tus oraciones y vuelve a ellas a menudo. Absorbe las palabras de Dios en la Biblia (en especial, sus promesas). Invierte tiempo con quienes están contagiosamente llenos de su Espíritu. Evita a aquellos cuyas actitudes cínicas debilitan tu fuerza espiritual. Haz estas cosas con regularidad y tu fe crecerá.

Encontrar fe en la práctica de la confianza

La segunda manera de crecer en la fe es *practicando la confianza.* Digo practicando porque eso es precisamente lo que se necesita: práctica, repetición, realineamiento neuronal, memoria muscular acumulada. Con frecuencia se ha descrito la fe en esos términos: como un músculo que adquiere fuerza con el ejercicio regular. Sé que esto es cierto en mi propia vida. Al comienzo del movimiento Oración 24-7, no teníamos nada, ni dinero, ni personal, ni una clave sobre cómo hacer lo que el Señor nos pedía que hiciéramos. Ni siquiera teníamos una computadora, de modo que oré pidiendo una. Parecía una oración absurda, pero Dios nos proveyó puntualmente una PC (lamentablemente, no una Mac). Estábamos muy emocionados, ¡todavía recuerdo la emoción cuando sacamos ese enorme monitor color beige de la caja! Dios siguió respondiendo a nuestras oraciones, y yo descubrí que mi fe en su fidelidad se fortaleció. Ahora que tenemos muchas computadoras —y sí, algunas de ellas son Mac— parece que puedo confiar en Dios por sumas de dinero que al comienzo me hubieran aterrado. ¡Creo que los músculos de mi fe han crecido por medio del ejercicio regular!

George Müller ejerció la fe a escala industrial por miles de personas vulnerables, y con seguridad vio respuestas extraordinarias a la oración, pero también soportó dificultades. Muchas de sus oraciones no recibieron respuestas espectaculares. Otras no recibieron ninguna respuesta. Queda claro que Müller era un hombre de fe, pero también era un hombre de fidelidad que sufrió la desilusión, y se negó a dejar de pedir.

¿Has notado alguna vez la forma en que los niños pequeños piden algo a sus padres una y otra vez? Persisten. Insisten. ¡Fastidian! En cierto sentido, están aprendiendo a interceder. Jesús nos advirtió específicamente que algunas veces tendremos que seguir orando y «nunca darnos por vencidos», relatando una parábola sobre una viuda persistente que siguió molestando al juez insensible hasta que recibió su recompensa[24]. En otra parte, dijo a sus discípulos que pidieran, buscaran y llamaran, y en el griego original, esos verbos fueron escritos en la forma verbal presente imperativa y en voz activa, lo que literalmente significa: «Sigue pidiendo y recibirás [...]; sigue buscando y encontrarás; sigue llamando, y la puerta se te abrirá»[25]. Hay un sentido de hábito, de repetición, de recompensa por la persistencia en la oración.

El «de repente» de Dios ocurre poco a poco. La mayoría de los milagros instantáneos llevan años.

La fe es el regalo de Dios para nosotros; la fidelidad es el nuestro para él. El «de repente» de Dios ocurre poco a poco. La mayoría de los milagros instantáneos llevan años. Estúdialos con atención, y descubrirás que se deben mucho menos a la fe en ese momento dramático que a los años de fiel perseverancia detrás de la escena, pidiendo, esperando y confiando en silencio. Es imposible crecer en la fe sin crecer en fidelidad, y es imposible crecer en fidelidad si todas tus oraciones reciben respuesta de inmediato. Cuando soportamos las demoras, las desilusiones y los desánimos sin renunciar o retroceder, cuando seguimos «golpeando la puerta del cielo en la oscuridad y con los nudillos magullados»[26], como lo describe George Buttrick, nuestra fe se transforma en fidelidad.

Semáforos

Por supuesto, algunas de tus oraciones no requerirán perseverancia. Recibirán respuesta en el momento en que las pidas. ¡Obtendrás una *luz verde* inmediata de Dios! Otras no recibirán jamás una respuesta, no importa cuánto perseveres. Obtendrán una *luz roja*, y esto puede ser profundamente doloroso y desconcertante (más sobre esto en el capítulo 7). Pero hay otras oraciones, quizás la mayoría, que no reciben un sí inmediato ni un firme no. Son *luces amarillas* que requieren que esperemos y perseveremos.

El gran predicador D. L. Moody murió quince años antes de la invención de semáforos, de modo que no hubiera entendido esta analogía, pero ciertamente sabía todo sobre esperar y perseverar en la oración. En efecto, llevaba una lista de cien no cristianos por los que oraba a diario. Con los años, cada vez que uno de ellos se entregaba a Cristo, Moody tachaba su nombre de la lista. Para el momento de su muerte, no menos de 96 de esas cien personas habían llegado a ser seguidoras de Jesús. ¡Qué asombroso testimonio del poder de la perseverancia! Lo que es más notable, las otras cuatro personas entregaron su vida a Cristo en el funeral de Moody[27]. Las cien se salvaron simplemente por la determinación de Moody, su decisión de no ceder a lo largo de las semanas, los meses y los años. (Ver Herramientas de oración: «Cómo mantener una lista de oración»).

Si apareciera un ángel esta noche y dijera que tu próxima oración será respondida, ¡sospecho que estarías de rodillas de inmediato! Pero

¿cómo reaccionarías si ese mismo ángel te dijera que ores a diario con la promesa de recibir la respuesta a la 365.[a] vez que pidieras? ¿Lo harías? ¡Es probable! La verdad es que ninguno de nosotros sabe cuánto llevará que una oración en particular reciba respuesta. Puede llevar el resto de nuestra vida, como fue para los últimos cuatro de la lista de Moody. Lo único que sabemos con seguridad es que Jesús nos dijo que perseveremos en la oración, que no abandonemos el coche en cada semáforo amarillo, mantengamos el motor andando, pidiendo fielmente hasta que llegue la respuesta.

• • •

En este capítulo, hemos explorado varios principios clave de la oración de petición, como la comunión y la perseverancia, la importancia de orar «en el nombre de Jesús» y cómo crecer en fe y fidelidad. En el próximo capítulo, aplicaremos esos mismos principios a un horizonte más grande, el de la oración de intercesión. ¿Cómo nos paramos en la brecha entre el cielo y la tierra, orando a favor de otra gente, otros lugares e incluso otras naciones que: «venga tu reino»?

MÁS SOBRE LA ORACIÓN DE PETICIÓN

SESIÓN 3 DE *EL CURSO DE ORACIÓN*: La Petición

HERRAMIENTAS DE ORACIÓN: 9. Palmas arriba, palmas abajo, 10. Cómo mantener una lista de oración y 11. Cómo orar las promesas de Dios (ElCursoDeOracion.com).

LECTURA ADICIONAL: *J. Hudson Taylor: A Man in Christ* (J. Hudson Taylor: Un hombre en Cristo) por Roger Steer

HEROÍNA DE LA PETICIÓN

Corrie ten Boom: Peticiones en el infierno

La oración ¿es tu volante o tu rueda de auxilio?

CORNELIA «CORRIE» TEN BOOM

La familia de Corrie ten Boom ayudó a judíos holandeses a escapar del holocausto nazi durante la Segunda Guerra Mundial. Finalmente fueron atrapados, y Corrie fue enviada al campo de concentración de Ravensbrück con su hermana Betsie, quien más tarde murió allí. Corrie sufrió horrores inimaginables, pero su vida estuvo marcada por una confianza inquebrantable en su Padre celestial y por la oración. Corrie parece haber vivido en una permanente conversación con Dios pidiendo y confiando en él para todo. «Si una preocupación es demasiado pequeña para convertirla en oración —decía—, es demasiado pequeña para convertirla en una carga»[1].

Al orar de esa manera, las dos hermanas lograron vivir con extraordinaria alegría, hasta el día en que fueron transferidas a una barraca infectada de pulgas. Finalmente, comenzaron a desesperarse. ¿Qué posible propósito podría tener su amoroso Padre celestial para permitir que esas condiciones extremas empeoraran todavía más? Pero luego, al observar que los brutales guardiacárceles se negaban a entrar a esas nuevas barracas por temor a las pulgas, comprendieron que Dios estaba usando las pulgas para proveerles un lugar seguro donde ministrar sin problemas a otras prisioneras. De alguna manera, esas dos hermanas indomables, incluso, comenzaron a dar gracias a Dios por las pulgas.

Cuando escucho historias así, me avergüenza admitir cuán a menudo no confío porque pienso que Dios me ha abandonado o dejo de adorar porque no siento deseo de hacerlo. Con qué rapidez me quejo de las dificultades de la vida mientras doy por sentado las múltiples bendiciones de Dios. La capacidad de Corrie y Betsie ten Boom para adorar en cualquier circunstancia revela la profundidad con que habían absorbido las primeras palabras del Padrenuestro. Estaban tan seguras de la paternidad de Dios como para encontrar evidencias de su amor dondequiera que miraran. Y así, confiadas en la santidad de Dios, confiaban en su control absoluto sobre todo: desde los nazis hasta las pulgas.

Varios años después de la guerra, Corrie ten Boom estaba relatando sus experiencias en Munich cuando uno de sus antiguos guardias de la S. S. se le acercó al final del servicio en la iglesia:

> —Cuán agradecido estoy por su mensaje, *Fraulein* —dijo—. Pensar que, como usted dijo, ¡Dios ha lavado todos mis pecados!
>
> El hombre extendió su mano para saludarme. Pero yo, quien había predicado tanto sobre la necesidad de perdonar, retuve mi mano al costado.
>
> Incluso cuando los pensamientos enojados y vengativos hervían en mi interior, vi el pecado de eso. Jesucristo había muerto por ese hombre, ¿acaso debía pedir más? *Señor Jesús*, oré, *perdóname y ayúdame a perdonarlo.*
>
> Intenté sonreír, luché para extender la mano, pero no podía hacerlo. No sentía nada, ni la más mínima chispa de calor o caridad. De manera que volví a hacer una oración en silencio: *Jesús, no logro perdonarlo. Dame tu perdón.*
>
> Cuando tomé su mano ocurrió la cosa más increíble. Desde mi hombro, por mi brazo y a través de mi mano, pareció pasar una corriente de mí hacia él, a la vez que en mi corazón brotó un amor sobrecogedor por ese desconocido.
>
> Así descubrí que la sanidad del mundo no depende de nuestro perdón ni de nuestra bondad, sino solo de Dios. Cuando nos dice que amemos a nuestros enemigos, nos da, junto con el mandamiento, el amor para cumplirlo[2].

Capítulo 6

Intercesión

CÓMO PEDIR A DIOS POR OTROS

Que venga tu reino.

EL PADRENUESTRO, LIBRO DE ORACIÓN ALTERNATIVO DE LA IGLESIA DE INGLATERRA

La historia pertenece a los intercesores, quienes creen en el futuro y lo hacen realidad. [...] Por medio de nuestras intercesiones arrojamos verdaderamente fuego sobre la tierra y anunciamos con nuestras trompetas el futuro.

WALTER WINK, *THE POWERS THAT BE* (LOS PODERES ESTABLECIDOS)

UN ARTÍCULO DE FE CRISTIANO y un tema consistente de la experiencia cristiana universal es que, a veces, las enfermedades pueden ser sanadas, las maldiciones pueden romperse, las iglesias pueden revivir, las comunidades pueden moldearse, las catástrofes pueden evitarse, los gobiernos pueden reorientarse y el futuro puede formarse mediante el simple poder de la oración de intercesión. Es muy probable que la mayoría de mis oraciones sean acerca de mí, pero la intercesión requiere que mi centro de gravedad se aleje de mis necesidades personales hacia las de otros. En palabras de Richard Foster: «Si realmente amamos a las personas, desearemos para ellas más de lo que está en nuestro poder otorgarles, y esto nos llevará a la oración. La intercesión es una manera de amar a los demás»[1].

• • •

En un pequeño pueblo de Texas, el dueño de un bar pidió autorización para ampliar su local, pero los miembros de la iglesia local se opusieron decididamente a sus planes y lanzaron una sonora campaña de protestas, artículos de prensa, peticiones e incluso reuniones de oración. Aun así, el dueño obtuvo la autorización y comenzó la labor de construcción. Los cristianos se sintieron amargamente desilusionados hasta la semana anterior a la apertura, cuando un rayo golpeó el bar y se incendió por completo.

Los miembros de la iglesia estaban fuera de sí de alegría. ¡El Señor había respondido sus oraciones! ¡Había defendido su causa! Entonces el dueño del bar, furioso, decidió demandar a la iglesia como «Responsable del daño material de su propiedad a través de acciones o medios directos o indirectos»[2].

De repente, todo el mundo cambió el tono. Todos aquellos que habían estado festejando un milagro unos días antes, ahora se unieron para negar toda culpabilidad. La causa llegó a la corte, donde un juez estudió el informe.

—No sé cómo voy a decidir esto —dijo, suspirando—. Parece que tenemos un propietario de bar que cree fervientemente en el poder de la oración, y toda una congregación de iglesia que ha perdido la fe en ella por completo.

¡La oración de intercesión puede ser confusa en el mejor de los casos! En secreto, nos preguntamos si nuestras pequeñas oraciones pueden marcar una diferencia real frente a la inmensidad de problemas intrincados, como un familiar que es totalmente resistente al evangelio, o un diagnóstico terminal, o un gobierno que oprime a los ciudadanos, o la tragedia de un desastre natural. Las oraciones que susurramos pueden parecer débiles, insensatas e inútiles contra la enorme escala de esos problemas de la vida, una mariposa frente la pared de un acantilado.

La Biblia nos enseña que nuestras oraciones son inmensamente poderosas. Es por eso que, en el Padrenuestro, Jesús no solo nos instruye a orar personalmente por el pan de cada día, sino también por un cambio de régimen: que venga el reino de Dios a la Tierra. En otra parte, el apóstol Pablo nos insta a interceder «por los reyes y por todos los que están en autoridad»[3]. Y en el Antiguo Testamento Dios nos hace una asombrosa promesa en relación con la importancia de la oración en tiempos de desastre nacional: «Si mi pueblo, que lleva mi nombre, se humilla y ora, busca mi rostro y se aparta de su conducta perversa, yo oiré desde el cielo, perdonaré sus pecados y restauraré su tierra»[4]. El perdón de pecados y la restauración de la tierra dependen enteramente de la intercesión del pueblo de Dios. ¿Qué tarea podría ser más importante, más urgente para nuestro mundo hoy?

Una de las ilustraciones más llamativas del poder de la intercesión se encuentra en la vida del gran intercesor Moisés. Cuando los amalecitas atacaron al pueblo de Israel, Moisés ordenó a Josué que dirigiera la pelea mientras él trepaba la montaña a supervisar la batalla y levantar las manos en oración por la victoria.

> Mientras Moisés sostenía en alto la vara en su mano, los israelitas vencían; pero, cuando él bajaba la mano, dominaban los amalecitas. [...] Aarón y Hur le pusieron una piedra a Moisés para que se sentara. Luego se pararon a cada lado de Moisés y le sostuvieron las manos en alto. Así sus manos se mantuvieron firmes hasta la puesta del sol. Como resultado, Josué aplastó al ejército de Amalec en la batalla[5].

Esta historia es un ejemplo de la guerra espiritual que ocurre detrás de las batallas físicas de la vida (más sobre esto en el capítulo 11). Quizás el apóstol Pablo estaba recordando eso cuando escribió: «Pues no luchamos contra enemigos de carne y hueso, sino contra gobernadores malignos y autoridades del mundo invisible, contra fuerzas poderosas de este mundo tenebroso y contra espíritus malignos de los lugares celestiales»[6].

Tal vez todo esto suene un poco etéreo, pero es sumamente terrenal y hasta común. Habla con cualquier cristiano durante suficiente tiempo y tendrá una historia que contar sobre alguna ocasión en la que sus oraciones hicieron una enorme diferencia en la vida de otra persona. Por ejemplo, hace apenas algunos días oí sobre Jonathan, un miembro de nuestra iglesia que trabaja en Londres. Una mañana de agosto llegó muy temprano para una reunión en Westminster. Mientras cruzaba el río Támesis por el puente de Westminster hacia el edificio del Parlamento con dos horas y media para hacer tiempo, se encontró pensando en el ataque terrorista que había ocurrido allí mismo el año anterior. Mientras lo hacía sintió un nuevo e inminente peligro de manera tan poderosa que comenzó a orar por protección (algo que no solía hacer). Continuó caminado por esas calles y orando toda una hora.

—Era muy extraño y muy fuerte —recordó—. Caminé en torno a esa área orando por la seguridad de quienes trabajan en el Parlamento y las oficinas próximas, el hospital del otro lado del puente y la cantidad de gente que iba a sus trabajos. Finalmente, a las 7:30 a. m. dejé de orar y entré a una cafetería cerca del puente. Solo siete minutos más tarde y a menos de cien metros de donde yo estaba sentado, un terrorista condujo su coche contra ciclistas y transeúntes en el preciso lugar donde yo había estado orando entre el puente Westminster y el Parlamento.

Nunca sabremos con seguridad, de este lado de la eternidad, qué diferencia hicieron las oraciones de Jonathan ese día. Pero sí sabemos que el ataque sobre el puente Westminster el año anterior había dejado cincuenta personas heridas y cinco muertas, en cambio, este incidente no mató a nadie y dejó solo tres personas con heridas leves. Esas tres personas heridas recibieron asistencia segundos después del ataque porque el vehículo que venía justo atrás del terrorista era una ambulancia. Es más, la grabación de las cámaras reveló que el terrorista había estado conduciendo por esas calles dando vueltas durante una hora, mientras que Jonathan había estado caminando por las mismas, sintiendo el peligro, orando por protección precisamente contra ese tipo de ataque.

Hay una notable «coincidencia» más, la esposa de Jonathan, Linda, se había despertado inusualmente temprano esa mañana, (algo que no acostumbraba) con la urgencia de orar por él en su camino al trabajo. Era extraño porque él viaja a su trabajo todos los días a otra parte de Londres, y ella había olvidado que ese día tenía una reunión especial.

La Biblia describe a Josué superando un ataque directo del enemigo mientras Moisés, sostenido por Aarón y Hur, oraba por la victoria. Tal vez ese día en Londres ocurrió algo similar cuando las oraciones de un trabajador común, impulsadas sobrenaturalmente camino al trabajo, parecen haber sido usadas para neutralizar el mal inminente, con el apoyo de su esposa que oraba desde la casa.

Cuidado con la brecha

Estrechar las manos en oración es el comienzo de un levantamiento contra el desorden del mundo.

KARL BARTH, COMO LO OYÓ DECIR JAN MILIČ LOCHMAN

Los usuarios del subterráneo de Londres están familiarizados con la frase: «Cuidado con la brecha». Esas tres palabras, pintadas en el borde de los andenes curvos, se anuncian cada vez que llega el tren a una estación, para recordarles a los pasajeros que deben tener cuidado con el espacio entre el andén y el tren. Interceder es «cuidar la brecha» entre el cielo y la tierra. Es intervenir o mediar entre dos partes como amigo de las dos. En la época de Ezequiel, Dios buscó en vano «*a alguien que se pusiera en la brecha* de la muralla para que [...] no tuviera que destruirlos, pero no encontr[ó] a nadie»[7]. Los intercesores son aquellos que se paran en la brecha, mediando entre el cielo y la tierra como amigo de ambos, suplicando a Dios a favor de la gente, y a la gente a favor de Dios.

Vemos a Moisés cuidando la brecha de esa manera cuando el pueblo de Israel se inclinó ante el becerro de oro. Dios le dice: «Ahora quítate de en medio, para que mi ira feroz pueda encenderse contra ellos y destruirlos». Pero Moisés se niega a retroceder. No se da por vencido y responde: «Bueno. Supongo que sabes más. Si es eso lo que quieres en realidad, ¿quién soy yo para interponerme en tu camino?». Firme y desafiante, suplica a Dios que cambie de idea: «Abandona tu ira feroz; ¡cambia de parecer en cuanto a ese terrible desastre con el que amenazas a tu pueblo!». ¡Y su desafío funciona! Su intercesión parece hacer que Dios mismo cambie de idea. Sus oraciones reescriben la historia. «Entonces el Señor cambió de parecer»[8]. Cuando leemos esta notable historia a la luz de Cristo, vemos que el corazón de Dios nunca busca destruir, sino salvar, y que las oraciones de Moisés en ese momento son un presagio de las de Jesús mismo, quien «vive para siempre, a fin de interceder»[9] por nosotros, con infinito amor.

Los intercesores son aquellos que se paran en la brecha, mediando entre el cielo y la tierra como amigo de ambos.

Moisés y el becerro de oro pueden parecer muy alejados de tus esfuerzos cotidianos en la intercesión, de modo que busquemos ejemplos más cercanos. Imagina un padre y una madre sentados un día contándole a su única hija que han decidido divorciarse. Para esa pequeña niña, todo lo cierto y estable, todo lo que ha hecho sentirse segura a esa niña, de repente amenaza fragmentarse. Con solemnidad, casi susurrando, su madre le explica que se ha enamorado de otro hombre. Su padre está llorando.

—¿Y qué pasará conmigo? —dice sollozando la niña—, ¿dónde viviré?

Con amabilidad sus padres le preguntan qué le gustaría.

—Lo que me gustaría —dice gritando—, es que seamos una familia.

Toma la mano de la madre y extiende la otra hacia el padre, intentando juntarlas con todas sus fuerzas.

—Mamá, solo pídele perdón a papá. —Con ojos muy abiertos, mira a su padre y dice—: Papá, solo perdona a mamá.

De esa manera, se queda de pie en medio de ambos, incapaz de tomar partido, sintiendo que pertenece a ambos, suplicando con cada fibra de su ser que uno se arrepienta y el otro cambie de idea, intercediendo por la reconciliación.

Ese es el corazón de la intercesión. No siempre experimentaremos esos extremos de emoción, pero todos habitamos el espacio intermedio entre el cielo y la tierra, entre el Creador y la creación, entre la gloria y el polvo. Al pertenecer a ambos somos incapaces o no estamos dispuestos a tomar partido, por el contrario, anhelamos su reconciliación.

De todas maneras, por favor no lleves esta analogía demasiado lejos. No estoy sugiriendo que Dios está perpetuamente enojado, exigiendo que aplaquemos su ira con oración. Eso sería espantoso. De hecho el pasaje más famoso de la Biblia nos asegura que «Dios amó tanto al mundo que dio a su único Hijo» no «para condenar al mundo, sino para salvarlo por medio de él»[10]. Habiendo muerto en la cruz, Jesús «resucitó por nosotros, y está sentado en el lugar de honor, a la derecha de Dios, e intercede por nosotros»[11]. En su muerte en la cruz y ahora en el cielo, Jesús es el principal intercesor. También lo es el Espíritu Santo que «intercede por nosotros con gemidos que no pueden expresarse con palabras»[12]. Aquí tenemos una notable visión del cielo como un lugar de fuerte intercesión. Estar en Cristo es participar de su intercesión por el mundo. Estar lleno del Espíritu es estar lleno de un espíritu de intercesión. Donde antes podíamos ignorar los problemas de los otros, comenzamos a preocuparnos profundamente. Nos volvemos sensibles al quebranto del mundo. Anhelamos que nuestros amigos conozcan a Jesús. Nuestra vida adquiere la forma de una sola oración: «Venga tu reino».

Karl Barth dijo que cuando intercedemos «se nos lleva junto a Dios y se nos pone junto a él, y por lo tanto, al lugar donde se toman las decisiones de los asuntos de su gobierno»[13]. ¿Acaso no es asombroso? Imagina lo sorprendido que estarías si el presidente o el primer ministro te llamaran para decirte que, en el interés de una mayor democracia, tu nombre ha sido seleccionado al azar de una lista de todo el electorado para pasar un día compartiendo tus puntos de vista sobre toda una gama de temas. Estoy casi seguro que encontrarías el tiempo para asistir. De hecho, es probable que cancelaras cualquier otra cosa para poder asistir. Podría ser uno de los mayores honores de tu vida.

Como cristiano, has recibido una invitación todavía mejor. El Rey de reyes solicita tu presencia en una silla del gobierno mismo. Te ofrece un lugar permanente en su equipo ejecutivo para que puedas influir en sus acciones por el bien de las naciones. Es un honor indescriptible, pero muchas veces estamos muy ocupados, muy descreídos o demasiado inseguros como para aceptar la invitación de nuestra vida. Como escribe Oswald Chambers: «La verdadera ocupación de tu vida como alma salvada es la oración de intercesión [...]. La oración no nos prepara para las grandes obras, la oración *es* la gran obra»[14].

• • •

Hemos visto que la intercesión significa cuidar la brecha entre el cielo y la tierra y mediar en favor de los demás, pero tal vez todo esto suena un poco abrumador. De modo que quiero darte cuatro pasos simples para ayudarte a crecer en este aspecto vital de tu llamado:

1. Informarte
2. Inspirarte
3. Indignarte
4. Ponerte en sintonía

1. Informarte: Involucrarte con los hechos

Enviemos espías a que exploren la tierra.

DEUTERONOMIO 1:22

El primer paso en la oración intercesora es informarse. Hacer un pequeño reconocimiento. Averiguar los hechos del problema que quieres abordar.

Recuerdo haber escuchado un reportaje de cinco minutos acerca de un líder corrupto en Medio Oriente que me hizo sentir mucho enojo. Comencé a pedir en oración que Dios lo sacara del poder. Cuando hablé con cristianos de su país, sin embargo, me informaron que estaban orando ¡justamente lo contrario! Sí, su presidente era corrupto, pero también estaba preservando un delicado equilibrio en el poder que permitía que el evangelio floreciera. «La alternativa a su liderazgo corrupto sería mucho peor», dijeron. Me sentí avergonzado de no haber hecho una pausa para estar adecuadamente informado.

Es posible que haya personas, lugares y situaciones particulares que Dios ha puesto en tu corazón. Obtener información acerca de ellos puede ser sencillamente llamar a un amigo para preguntarle: «¿Cómo puedo orar por ti hoy?». O puede significar escuchar con atención a alguien en el trabajo hasta entender su dilema más allá de las habladurías de la oficina del tipo «Su matrimonio acaba de estrellarse contra una roca». O «Él siempre está faltando con la excusa de una migraña». Puede significar suscribirte al boletín de una ONG que trabaja en un área de tu interés, o investigar las necesidades de la nación que Dios ha puesto en tu corazón, o incluso visitar ese lugar para que los hechos se conviertan en rostros y los problemas sean personas reales en lugares reales[15].

(Ver Herramientas de oración: «Cómo interceder por una crisis de gran escala»).

2. Inspirarte: Involucrarte con la Palabra de Dios

Aquello que Dios hace objeto de sus promesas en abundancia, el pueblo de Dios debería hacerlo objeto de sus oraciones en abundancia.

JONATHAN EDWARDS, *MOTIVES TO A COMPLIANCE WITH A CALL TO EXTRAORDINARY PRAYER* (MOTIVOS PARA COMPROMETERSE CON UN LLAMADO A LA ORACIÓN EXTRAORDINARIA)

Una vez que estés informado sobre los problemas, el paso siguiente es sentirte inspirado por las posibilidades. ¿Qué pasaría si los propósitos de Dios para una persona, lugar o situación en particular comenzaran a hacerse realidad?

Alguien me desafió un día a orar en forma más específica por nuestros dos hijos.

—En primer lugar —me aconsejaron—, necesitas averiguar por qué Dios creó a tus muchachos; el llamado que ha puesto en sus vidas cuando los formó en el vientre de Sammy; las oraciones que Dios mismo está haciendo por sus vidas. Y entonces, en lugar de decirle a Dios lo que tú piensas que debería hacer por ellos, sencillamente podrás unirte a sus oraciones, lo cual es mucho más fácil y mucho más efectivo.

Para mí, esa fue una manera radicalmente nueva de ver las cosas. Me recordó un versículo bíblico: «Pues todas las promesas de Dios se cumplieron en Cristo con un resonante "¡sí!", y por medio de Cristo, nuestro "amén" (que significa "sí") se eleva a Dios para su gloria»[16]. ¿Qué ocurriría si yo dejara de intentar que Dios diga «amén» a mi agenda de oración para nuestros hijos y, en lugar de eso, comenzara a usar mis momentos de oración para decir un gran «amén» a las promesas de Dios para sus vidas?

De modo que decidí dedicar un tiempo a preguntarle a Dios qué quería, en lugar de decirle lo que yo quería. Hasta ese punto, admito que mis oraciones se habían vuelto un poco vagas:

—Bendice a los muchachos en la escuela hoy; protégelos, que duerman bien esta noche, que conozcan tu amor. —Ese tipo de cosas.

Puedo imaginar al Señor diciendo:

—Bien, sí, pero en realidad, ¿qué me estás pidiendo que haga por ellos?

De manera que encontré algunas promesas en la Biblia que parecían relevantes a los dones que él les había dado a mis hijos y a las esperanzas que habíamos alimentado en su vida. Y comencé a reclamar esas cosas para los muchachos de manera específica en oración. Parecía una buena idea, pero no me imaginaba lo asombrosos que serían los resultados.

Una de las palabras que comencé a reclamar para nuestros hijos vino de Lucas 2:52, donde se dice algo hermoso acerca de Jesús cuando era niño: «Jesús crecía en sabiduría y en estatura, y en el favor de Dios y de toda la gente». Tomé esas palabras y comencé a orar que nuestros hijos crecieran en *sabiduría*: académicamente «con la gente» y también espiritualmente «con Dios». Que crecieran en el favor: de sus pares y maestros pero también del Señor. Mis oraciones comenzaron a ser menos vagas, más enfocadas de lo que jamás habían sido.

Un par de semanas más tarde, ocurrió algo llamativo. Los muchachos estaban acostados cuando uno de ellos gritó, y lo encontramos sentado derecho en la cama.

—Necesito a Dios —dijo—. ¡Quiero orar esa oración!

Qué alegría fue esa noche arrodillarnos junto a él mientras entregaba su vida a Jesús. Delante de nuestros ojos estaba creciendo en sabiduría, en estatura y en favor.

Al día siguiente, llamó la hermana de Sammy para decir que había tenido un sueño muy vívido en relación con ese hijo nuestro en particular. Sin saber nada sobre la decisión que él había tomado esa noche, ni el versículo de la Biblia que yo había comenzado a reclamar para su vida, describió a un hombre que aparecía en nuestro estudio para decir que «había encontrado el favor de Dios».

Sammy y yo quedamos anonadados. En pocos días de haber comenzado a pedir sabiduría, estatura y favor, uno de nuestros hijos había entregado su vida al Señor y esa misma noche su tía había recibido un sueño, a más de sesenta kilómetros de distancia, en el que un visitante angelical confirmó que efectivamente había encontrado el favor de Dios.

He dudado mucho en compartir esta historia, porque ser padres es complicado y ciertamente la vida no siempre ha sido fácil o con viento en popa desde entonces. Pasaron años antes de contarle a nuestro hijo acerca del sueño de su tía, y hay muchas otras promesas que todavía no se han cumplido. Quiero que comprendas, sin embargo, cuán poderoso es dejar de orar nuestras propias oraciones basadas en nuestras propias inclinaciones ¡y en lugar de eso comenzar a orar las oraciones de Dios basadas en sus planes! Al identificar las promesas relevantes en la Palabra de Dios y enfocarlas en una persona, lugar o situación particular, ten por seguro que estás intercediendo por ellos según los propósitos de Dios y, por lo tanto, en el nombre de Jesús.

Al identificar las promesas relevantes en la Palabra de Dios y enfocarlas en una persona, lugar o situación particular, ten por seguro que estás intercediendo por ellos según los propósitos de Dios y, por lo tanto, en el nombre de Jesús.

Este principio se aplica a cualquier contexto de intercesión. Por ejemplo, antes de hacer las obvias oraciones por alguna persona enferma, intenta preguntarle a Dios cómo quiere que ores por ella. ¡Puede ser que su respuesta te sorprenda! O antes de interceder por la ciudad donde vives, *infórmate* haciendo un poco de investigación histórica para establecer por qué Dios permitió que creciera, en primer lugar, y luego *inspírate* intentando identificar las promesas de Dios para su futuro. Mi ciudad fue alguna vez la sede de la Casa de la Moneda británica real: todo el dinero del país se hacía en Guildford, y yo creo que todavía tenemos un llamado para producir y entregar riqueza al país. Guilford también creció en torno a un asentamiento monástico (nuestro mayor centro comercial se conoce como «El Convento»). Habiendo identificado esta raíz redentora en nuestro pasado y recibido muchas palabras proféticas respecto a ser casa de oración para las naciones, lo estamos reclamando para el futuro de nuestra ciudad, y además estamos haciendo todo lo que podemos para hacer realidad las oraciones y activar los pactos de esos antiguos monjes fieles.

(Ver Herramientas de oración: «Cómo orar las promesas de Dios»).

3. Indignarte: Comprométete con tu corazón

La oración intercesora es un desafío espiritual a lo que está obstruyendo el camino de lo que Dios ha prometido.

WALTER WINK

Ocurre algo extraño cuando uno en realidad acepta las promesas de Dios y comienza a ver el futuro que él tiene planeado para una persona o lugar en cuestión: comienzas a sentir indignación por la forma en que sus propósitos están siendo socavados y resistidos. ¡Te resulta intolerable! Pasas de las lindas oraciones a un lugar de contienda espiritual, como Moisés que mantuvo las manos levantadas durante horas y horas o como Jacob, quien luchó toda la noche por la bendición de Dios.

Uno de los secretos más asombrosos del Padrenuestro es que el original en griego traduce cada verbo —santificar, venir, hacer, dar, perdonar— en el modo imperativo, lo que indica un tono de súplica enérgico, asertivo y dominante[17]. El erudito bíblico Darrell Johnson llega a la conclusión de que «decir la oración del Padrenuestro es ordenar, no pedir, sino mandar»[18]. Debemos orar con autoridad, no como tímidos siervos suplicando al amo, sino con un tono de confianza combinada con reverencia que nos corresponden como hijos e hijas del Rey.

Cuando el amigo de Martín Lutero, Phillip Melanchthon, cayó gravemente enfermo, Lutero oró a Dios con sorprendente audacia: «Lo ataqué con sus propias armas, citando todas la promesas que podía recordar de las Escrituras, que las oraciones debían ser concedidas, le dije que debía conceder lo que pedía para que de ahí en más pudiera tener fe en sus promesas»[19]. El tono de Lutero es impactante, pero el Padre le concedió el pedido.

El teólogo escocés P. T. Forsyth sostuvo que ese tipo de contienda es esencial en la oración: «Si pierdes el hábito de luchar y la esperanza de prevalecer ante Dios, si la conviertes en un mero caminar con Dios charlando como amigos, por valioso que eso sea, al final tiendes a perder la realidad de la oración. En principio, la conviertes en mera conversación en lugar de ser la gran acción del alma»[20].

Ni Forsyth ni Lutero estaban defendiendo la irreverencia ni el sentimentalismo innecesario en la oración, sino que daban testimonio de ese aspecto de la intercesión que es militante, apasionado y desafiante. Entendieron que hay un momento y un lugar para orar con lágrimas, para gemir con el Espíritu Santo, para suplicar a Dios hasta quedar sin voz, para aceptar sus promesas e insistir en su cumplimiento, para estar sin comer, para expresar la ira justa, para clavar los talones en una situación particular de injusticia y clamar con puños cerrados «Señor, que venga tu reino». (Ver Herramientas de oración: «Cómo ayunar»).

4. Ponerte en sintonía: Compromiso con los santos

También les digo lo siguiente: si dos de ustedes se ponen de acuerdo aquí en la tierra con respecto a cualquier cosa que pidan, mi Padre que está en el cielo la hará. Pues donde se reúnen dos o tres en mi nombre, yo estoy allí entre ellos.

MATEO 18:19-20

Según Jesús, una de las claves para pedir con éxito en la oración es el acuerdo con otras personas. Es por eso que decimos Amén —que así sea— cuando oramos: es una manera de expresar nuestro acuerdo. Y también por eso es que son tan importantes las reuniones y las salas de oración. Si cada uno ora solo en privado en su casa, no es lo mismo. Hay un poder único invertido en la intercesión conjunta del pueblo de Dios.

Este principio es claro en la poderosa reunión de oración de Hechos 4. Habiendo sido advertidos en términos nada inciertos que dejaran de predicar, Pedro y Juan informaron a la iglesia y, de inmediato, «cuando los creyentes oyeron las noticias, todos juntos alzaron sus voces en oración a Dios». Como resultado, «el lugar donde estaban reunidos tembló y todos fueron llenos del Espíritu Santo. Y predicaban con valentía la palabra de Dios»[21].

El milagro de Dunkerque

Uno de los ejemplos más poderosos del poder de la intercesión unida en los tiempos modernos ocurrió en mayo de 1940, cuando la Segunda Guerra Mundial estaba entrando en su capítulo más oscuro y peligroso. Las fuerzas aliadas quedaron atrapadas por las fuerzas nazis que avanzaban con la espalda hacia el mar en Dunkerque. El alto mando alemán había anunciado que sus tropas procederían a aniquilar el ejército británico, Winston Churchill se preparaba para admitir una catástrofe militar sin precedentes, y los generales aliados anticipaban en secreto la pérdida de un tercio de millón de soldados. En total desesperación, el Rey Jorge VI habló por la radio ese jueves 23 de mayo de 1940, llamando al pueblo de Gran Bretaña a un día nacional de oración para el domingo siguiente. Viejas fotografías en blanco y negro muestran sombrías multitudes ese domingo esperando para entrar a las iglesias, capillas, catedrales, toda una nación unida buscando a Dios para una liberación nacional.

Al día siguiente una flota de alrededor de 860 buques —la mayoría de tripulación civil— zarpó para cruzar el Canal de la Mancha en una intento desesperado y desvencijado de rescatar a los soldados aliados asediados. Churchill esperaba que pudieran salvar alrededor de 30 mil hombres, el 10% del ejército acosado.

Cuando los buques llegaron a Francia, eran sumamente vulnerables a los ataques aéreos. También lo era el ejército aliado amontonado como un blanco fijo en la playa de Dunkerque. Sin embargo, se levantaron vientos no estacionales que golpearon con tanta violencia el continente europeo que la fuerza aérea alemana en esa región tuvo que permanecer en tierra, incapaz de atacar. Mientras tanto, Hitler había ordenado inexplicablemente un alto a sus fuerzas terrestres. Durante tres días no se movieron. Sus generales estaban furiosos, y los historiadores siguen desconcertados hasta el día de hoy con ese claro error táctico. Así, con la fuerza aérea alemana en tierra por una tormenta inesperada y el ejército alemán frenado por sus propios comandantes, la evacuación en Dunkerque se pudo llevar a cabo sin interrupciones hasta que la fuerza aérea alemana reinició sus ataques el 29 de mayo.

El miércoles, tres días después del día nacional de oración, y en agudo contraste con la tormenta del día anterior, una calma extraordinaria descendió sobre el Canal de la Mancha, precisamente las condiciones benignas que necesitaban ahora los buques sobrecargados mientras navegaban de regreso a Inglaterra. Para cuando el ejército alemán finalmente reinició sus ataques, más de 338 mil hombres habían sido rescatados, diez veces más que el número esperado, incluyendo 140 mil soldados franceses, belgas, holandeses y polacos.

No es de sorprender que los eventos de ese día memorable llegaran a conocerse como «el milagro de Dunkerque». En su famoso discurso ante el parlamento, el 4 de junio de 1940, Churchill anunció «un milagro de liberación». Se convocó un segundo día de oración para dar gracias a Dios por la liberación de un tercio de millón de vidas, por desbaratar los planes del enemigo, y redireccionar toda la trayectoria de la Segunda Guerra Mundial.

Debemos ser muy cuidadosos al reclamar el apoyo partidario o la evidente bendición de Dios en cualquier escenario de guerra. Aunque no cabe duda que una serie de elementos fundamentales en el éxito de la evacuación de Dunkerque estaban tan fuera del alcance del poder de los aliados que pueden ser catalogados de una escala más que extraordinaria de suerte o como respuestas a las oraciones concertadas y sin precedentes de toda una nación que ascendieron al cielo el día que todo comenzó.

Exactamente cuatro años después del milagro de Dunkerque, los soldados eran trasladados de nuevo por el Canal de la Mancha pero, esta vez, en la otra dirección para liberar a Europa. Con la guerra en sus últimos estertores, el rey Jorge VI convocó a la nación para un último esfuerzo de intercesión: «Deseo llamar solemnemente a mi pueblo a orar», escribió en un mensaje que se imprimió en todos los periódicos británicos:

> Espero que durante la actual crisis de la liberación de Europa se ofrezcan oraciones fervientes, continuas y extendidas. Si desde cada lugar de adoración, desde cada hogar, y cada fábrica, hombres y mujeres de todas las edades y muchas razas y ocupaciones elevan oraciones e intercesiones, entonces, si a Dios le place... se cumplirán las predicciones de un antiguo Salmo: «Jehová dará poder a su pueblo; Jehová bendecirá a su pueblo con paz»[22].

• • •

En este capítulo hemos estudiado la prioridad y el poder de la oración de intercesión y hemos recomendado cuatro pasos prácticos: informarse, inspirarse, indignarse y ponerse en sintonía con otros cristianos. Esta es una tarea emocionante e importante, pero ¿qué debemos hacer cuando nuestras peticiones e intercesiones parecen no recibir respuesta? En el próximo capítulo, analizaremos en profundidad las preguntas difíciles que debemos hacernos y las desilusiones que todos experimentamos cada vez nuestro corazón clama a Dios y parece ser ignorado.

MÁS SOBRE LA ORACIÓN DE INTERCESIÓN

SESIÓN 4 DE *EL CURSO DE ORACIÓN*: La intercesión

HERRAMIENTAS DE ORACIÓN: 12. Cómo dirigir una reunión de oración no aburrida, 13. Cómo interceder en una crisis de gran escala y 14. La oración en círculo (ElCursoDeOracion.com).

LECTURA ADICIONAL: *The Soul of Prayer* (El alma de la oración) por P. T. Forsyth

Conde Zinzendorf: El noble fanático de Jesús

El conde Nikolaus Ludwig von Zinzendorf nació en 1700 en una familia austro-germana aristocrática. Y llegaría a dejar una profunda huella a lo largo del siglo XVIII como reformador social, obispo, autor de himnos, viajero incansable, padre del movimiento misionero moderno, artífice de varias ciudades de Europa y América, fundador de una orden religiosa, benefactor de la famosa villa morava en Herrnhut, y, sobre todo, como un hombre de oración. El estudioso George Forell lo resumió mejor cuando describió a Zinzendorf como el «noble fanático de Jesús»[1].

Al dejar la academia Halle a los dieciséis años, Zinzendorf entregó a su profesor una lista de siete sociedades de oración que había organizado durante su tiempo en la escuela: ¡Todo un intercesor ya en la adolescencia!

A los veintidós años, cuando una banda heterogénea de refugiados llegó a su propiedad en Berthelsdorf cerca de Dresden, Zinzendorf les permitió construir una aldea en sus tierras, a la que llamaron Herrnhut, «Bajo la mirada del Señor».

El 13 de agosto de 1727, Zinzendorf reunió a los pobladores de Herrnhut en la iglesia de Berthelsdorf y los desafió a pedirse perdón unos a otros por las peleas que habían llegado a caracterizar a su incipiente comunidad. Mientras lo hacían, el Espíritu Santo bajó sobre ellos de manera sobrecogedora. Dos semanas después, veinticuatro hombres y veinticuatro mujeres, inspirados por Levítico 6:13 —que explica que nunca se debía permitir que el fuego sagrado se apagara en el altar—, hicieron un pacto juntos de orar continuamente durante una hora cada uno, a lo largo del día y la noche. Y así comenzó la reunión de oración que duró sin interrupción, de noche y de día, por más de cien años. Zinzendorf recordó más tarde la transformación que se produjo como resultado: «Todo el lugar en verdad representaba una morada visible de Dios entre los hombres[2].

Después de cinco años de Oración 24-7, Zinzendorf comenzó a enviar misioneros. Herrnhut se convertiría en la primera gran base misionera del siglo XVIII. Con enorme costo personal, los moravos, impulsados por la oración, llevaron el mensaje a muchas naciones donde el nombre de Jesús nunca se había proclamado. Cada misionero que salía de Herrnhut tenía una familia compañera que prometía interceder por él y sostenerlo financieramente. En un sentido muy práctico, la intercesión y la misión trabajaron codo a codo con eficacia extraordinaria.

La vida del conde Zinzendorf, «el noble fanático de Jesús», nos inspira audazmente a una vida de amor total por Jesús y nos recuerda que la vida de oración de intercesión no solo nos cambia a nosotros, sino que en realidad cambia el mundo.

Tengo una sola pasión, es Él, solo Él.

CONDE ZINZENDORF

Capítulo7

Oración no contestada

CÓMO AFRONTAR LA DECEPCIÓN

Que se haga tu voluntad.

EL PADRENUESTRO, LIBRO DE SERVICIO ALTERNATIVO DE LA IGLESIA DE INGLATERRA

HASTA AHORA, EN ESTE LIBRO, nos hemos enfocado en las maravillas de la oración, la paz de *centrarnos* en Jesús, la alegría de *adorar* a «nuestro Padre en el cielo», las bendiciones de *pedir* «nuestro pan diario» y el poder de la *intercesión* que sacude el mundo y marca la historia para que «venga [su] reino». Dicho eso, la oración no siempre es maravillosa. A veces nos decepciona en lo profundo.

Escribo este capítulo recordando a mi amigo y mentor Floyd, quien ha estado en coma durante más de un año en Sudáfrica a pesar de la incesante oración, desde todas partes del mundo. Estoy llorando la muerte de mi amigo Tom, quien fue diagnosticado de cáncer en julio y murió justo antes de Navidad, a los cuarenta años. Nuestras apasionadas oraciones por Tom sencillamente no funcionaron, y no hay ningún propósito redentor evidente en que un joven padre haya sido arrancado de sus hijos, ninguna acción humana a la que podamos culpar con facilidad.

Estas son mis preguntas mientras escribo y tú tendrás las tuyas al leer. De modo que ahora debemos detenernos en las sombras del Getsemaní para reconocer cuán doloroso puede ser a veces orar «Que se haga tu voluntad»[1].

• • •

Un domingo, cuando me detuve nervioso frente a una iglesia grande en Florida, me llevaron adentro para desayunar con el anciano pastor fundador, y luego a un auditorio para presentar el primer servicio del día acerca de la oración. Ansioso por agradar, les di a todos mi mejor material, pero la congregación se quedó mirándome sin expresión, desinteresada y nada impresionada. Estaba fracasando rotundamente.

El pastor de la adoración me llevó a un lado al final del primer servicio.

—¡Un gran trabajo, hombre!

—Mmm, gracias.

—Mira, creo que te debemos una explicación. Hace algunos años, la esposa del pastor se enfermó de cáncer. La iglesia se puso de pie y oró como nunca antes. Fue increíble. Tuvimos la fe para que ella sanara. Había palabras proféticas. Reuniones especiales de oración. La gente ayunó. Los niños, los adolescentes. Pero luego —dijo susurrando—, ella murió.

—Lo lamento —dije—. No lo sabía.

—El pastor se tomó una licencia compasiva. Luego volvió al púlpito. Comenzó una nueva temporada. La vida continuó como si nada hubiera pasado. Aunque creo que todos seguimos doloridos —dijo mirándome a los ojos por primera vez—. Nos preguntamos por qué nuestras oraciones no funcionaron. Cómo se lo explicamos a nuestros niños. Por qué no se cumplieron las profecías. Cómo vamos a volver a confiar en Dios de la misma manera. De manera que cuando alguien como tú viene —dijo con una sonrisa pesarosa—, y comienza a hablar sobre lo maravillosa y poderosa que es la oración, bueno, perdóname, pero no podemos entender...

Se le fue apagando la voz. Todo tenía sentido. Esta era una iglesia con el corazón roto y un nido de avispas de preguntas no contestadas que ni siquiera se atrevían a articular. Nunca podrían seguir adelante en la fe hasta que supieran que estaba bien admitir su desilusión para poder enfrentar sus dudas.

Es probable que estés leyendo este libro con preguntas similares acerca de la oración. Cada historia milagrosa que he compartido hasta aquí, cada mención que he hecho sobre el gran amor del Padre, puede haber provocado un pequeño e involuntario «Lo sé, pero...» dentro de ti. Tal vez, como esa iglesia en Florida, apenas te atreves a expresar tus dudas.

Las oraciones no contestadas de Jesús

La Biblia es más honesta que la iglesia en cuanto a las oraciones no contestadas. Los autores de los Evangelios no intentan ocultar el hecho de que Jesús mismo experimentó desilusiones en la oración. En una ocasión, un hombre ciego por el que oró solo fue sanado a medias. Podía ver a las personas, pero las veía como árboles. De manera que Jesús tuvo que volver a orar[2]. En el huerto de Getsemaní, suplicó a su Padre celestial «Te pido que quites esta copa de sufrimiento de mí»[3], pero el Padre dijo no. En la cruz clamó, en la agonía del completo abandono «Dios mío, Dios mío, ¿por qué me has abandonado?», pero los cielos permanecieron en silencio[4]. Y hay al menos una de sus oraciones que sigue sin respuesta hasta hoy. En su gran oración del Sumo Sacerdote, Jesús oró por nosotros: «Que gocen de una unidad tan perfecta»[5]. Aunque, clara —y lamentablemente— sigamos divididos. Es un pensamiento extraordinario que Jesús mismo esté sentado a la diestra del Padre hoy, cargando con el dolor de una oración no respondida. Entonces, ¿podemos ser honestos acera de nuestras frustraciones y desilusiones con Dios?

• • •

Si has leído alguno de mis otros libros, sabrás que este capítulo es profundamente personal para mí. El tema de las oraciones no contestadas toca de cerca a nuestra familia porque mi esposa Sammy fue diagnosticada con un tumor cerebral justo unos meses después del comienzo del movimiento de Oración 24-7 y semanas después del nacimiento de nuestro segundo hijo. En cuestión de días, pasé de creer que mis oraciones podían salvar todo el planeta a dudar de que pudieran salvar a mi esposa.

Estamos indeciblemente agradecidos de que Sammy haya sobrevivido y estamos muy conscientes de que muchos otros no tienen tanta suerte. Aun así, ella sigue sufriendo de un tipo de epilepsia que requiere un arsenal diario de drogas anticonvulsivas que destruyen su sistema inmunológico y la dejan permanentemente agotada. No estoy buscando tu compasión. Cada uno tiene su propio conjunto de luchas, y estas son solo algunas de las nuestras. Lo que quiero que comprendas es lo mucho que me importa y lo mucho que he luchado con los temas planteados en este capítulo.

En el huerto de Getsemaní, somos testigos del sufrimiento de Jesús en todo nivel posible: físico, psicológico y espiritual. «Mi alma está destrozada de tanta tristeza, hasta el punto de la muerte», dijo. El pasaje indica que «estaba en tal agonía de espíritu que su sudor caía a tierra como grandes gotas de sangre»[6]. Jesús estaba padeciendo una rara condición médica conocida como hematidrosis, en que los vasos capilares que rodean las glándulas sudoríparas se rompen ante la ansiedad y el estrés extremos. Aquí tenemos entonces a un hombre que sufre niveles inimaginables de estrés. Ya sea que tu lucha con oraciones no contestadas se relacione con una enfermedad física, salud mental o vacío espiritual en los que Dios parece haberte abandonado, Jesús en realidad lo entiende . Él ha estado ahí antes y nos ha mostrado cómo soportar la desorientación y el dolor.

Elige ser vulnerable con tus amigos

Se llevó a Pedro, a Santiago y a Juan y comenzó a afligirse y angustiarse profundamente. Les dijo: [...] «Quédense aquí y velen conmigo».

MARCOS 14:33-34

Jesús quería que sus tres mejores amigos estuvieran junto a él en su hora más oscura. No intentó mostrarse valiente. No fingió estar bien. Eligió incluirlos en su angustia, e incluso les pidió que vigilaran mientras oraba. Hay una fuerte tentación hacia el autoaislamiento cuando tenemos el alma abrumada. Queremos cerrarnos como un erizo o escondernos lejos y solos. Pero Jesús mostró lo contrario: involucró activamente a sus amigos, los hizo partícipes de su dolor privado y les pidió apoyo en la oración.

Elige profundizar en la oración

Estaba en tal agonía de espíritu que su sudor caía a tierra como grandes gotas de sangre.

LUCAS 22:44

Después de haber convocado a sus amigos, Jesús «se adelantó un poco más» y «se inclinó rostro en tierra mientras oraba»[7]. La tentación de aislarnos de los demás en tiempos de dificultades también se puede aplicar a nuestra relación con Dios. Nuestros amigos son esenciales pero no suficientes. Nuestra mayor necesidad es aferrarnos al Señor en oración. Una palabra clara del Padre puede traer más claridad y consuelo que mil palabras de amigos. Estaba en Hong Kong cuando recibí la noticia de que mi padre había fallecido de repente de un ataque al corazón en una playa de Inglaterra. En un estado de shock, me tambaleé hasta mi pequeña habitación, me arrodillé junto a la cama y oré el Salmo 23 en medio de las lágrimas. «Aunque ande en valle de sombra de muerte, no temeré mal alguno, porque tú estarás conmigo; tu vara y tu cayado me infundirán aliento»[8]. A nueve mil kilómetros de mis amigos y mi familia, sintiéndome terriblemente solo, experimenté el consuelo de la presencia de Dios allí, en el «valle de sombra de muerte».

Me parece extraordinario que los Evangelios nos permitan escuchar la verdadera oración que hizo Jesús en su hora más oscura: «*Abba*, Padre [...], todo es posible para ti. Te pido que quites esta copa de sufrimiento de mí. Sin embargo, quiero que se haga tu voluntad, no la mía»[9]. No es de sorprender que esas palabras tengan mucho para enseñarnos sobre cómo orar en los momentos difíciles.

«*Abba*, Padre»: Aférrate al amor de Dios

Cuando su alma estaba abrumada, Jesús se anclaba decididamente en el amor del Padre. Su punto de partida en la oración era «*Abba*, Padre». No decía: «Si en realidad te preocuparas por mí, no me harías pasar por esto». El amor del Padre no era negociable.

Cuando nuestros hijos eran muy pequeños y Sammy estaba muy enferma, yo me convertí en su principal cuidador. No fue fácil lidiar con dos niños menores de tres años, las incesantes exigencias de un ministerio en crecimiento, y el trauma de los viajes frecuentes al hospital en ambulancia. Apenas sobrevivíamos. Y entonces, justo cuando pensaba que habíamos llegado al punto más bajo, Danny contrajo varicela. De repente, su perfecto cuerpecito de bebé se cubrió de puntos rojos con comezón irritante.

Era horrible ver a Danny tan molesto. Yo ansiaba poder decirle que todo estaría bien, que no se sentiría así para siempre, que algunas personas decían que adquiriría inmunidad para el resto de la vida. Pero, por supuesto, un bebé de cinco meses no entiende palabras, mucho menos conceptos como el paso del tiempo y la ciencia de la inmunidad viral. Todo lo que podía hacer para aliviar su angustia era bañarlo y acunarlo, esperando los días y las interminables noches mientras gritaba, se rascaba y lloraba hasta quedar dormido en mis brazos.

Cuando nos encontramos en medio del dolor, luchando por encontrar sentido en las oraciones no contestadas, quizás nos preguntamos por qué Dios no chasquea los dedos y mejora todas las cosas.

En esos momentos de incertidumbre, cuando no tiene nada bueno el dolor y nos sentimos tan abandonados e impotentes como un bebé con varicela, es tentador dudar de la bondad de Dios y querer soltarnos de los brazos del Padre. Pero ese es justamente el momento en el que necesitamos su consuelo más que nunca.

Es importante recordar que somos perfectamente capaces de confiar en aquello que no podemos comprender: «"Porque mis pensamientos no son los de ustedes ni sus caminos son los míos", afirma el Señor»[10]. Tal vez no entendemos por qué Dios permite que una situación continúe, pero, como Danny que lloraba sin entender en mis brazos, todavía podemos elegir confiar en el amor de nuestro *Abba* Padre. Su consuelo viene a nosotros a través del apoyo de los demás, a través de las palabras de seguridad y esperanza en la Biblia,

Somos perfectamente capaces de confiar en aquello que no podemos comprender.

y a través de la paz de la oración. El apóstol Pablo expresa: «No se preocupen por nada; en cambio, oren por todo. Díganle a Dios lo que necesitan y denle gracias por todo lo que él ha hecho. Así experimentarán la paz de Dios, que supera todo lo que podemos entender. La paz de Dios cuidará su corazón y su mente mientras vivan en Cristo Jesús»[11]. Hay paz para quienes oran.

«Todo es posible para ti»: Aguarda el poder de Dios

Tras dirigirse con cariño a Dios como Padre, Jesús ahora afirma inequívocamente la soberanía de Dios. «Todo es posible para ti». Si la primera tentación cuando sufrimos es aislarnos de nuestros amigos, y la segunda es cuestionar el amor del Padre, la tercera es dudar de su poder. Al reducir nuestras expectativas en la oración, intentamos protegernos del dolor de las esperanzas frustradas. Pero eso no es lo que hace Jesús. Se aferra a la omnipotencia del Padre incluso en su hora más oscura.

No importa lo difícil que sea seguir confiando cuando nuestras oraciones más profundas y desesperadas no reciben respuesta, deshacernos del amor de Dios y del poder de Dios no ayuda en realidad. De hecho, empeora mucho más las cosas. Cuando intentas remover a Dios de la ecuación de tu sufrimiento, te reduces a un animal altamente evolucionado en un universo sin sentido cuyo sufrimiento carece de propósito, de resultado y de esperanza. Al aferrarte a Dios cuando las cosas se ponen bravas, retienes la posibilidad de ser rescatado y recibir consuelo en tu angustia, un sentido de propósito en tu dolor, y en definitiva, la esperanza de una vida después de la muerte.

«No me hagas beber este trago amargo»: Sé honesto

Después de afirmar tanto el amor de Dios («*Abba*, Padre») como su poder («Todo es posible para ti»), Jesús usa siete de las palabras más sorprendentes de toda la Biblia. Le pide a Dios una alternativa a la cruz. Ese es Jesús en su momento más vulnerable, y hasta parece estar orando de una manera «no bíblica».

Es fascinante observar que la oración de Cristo en el Getsemaní repite la forma de su propio Padrenuestro:

Nuestro Padre en el cielo,	*Abba*, Padre,
santificado sea tu nombre,	Todo es posible para ti.
venga tu reino,	No me hagas beber este trago amargo.
y se haga tu voluntad,	Pero no sea lo que yo quiero,
en la tierra como en el cielo.	Sino lo que tú quieres.

Aun así, aunque la primera y segunda línea reflejan en forma casi idéntica el Padrenuestro, en la tercera línea Jesús parece salirse del guion. Lo invierte, intercambiando «venga tu reino» por su opuesto «no me hagas beber este trago amargo». Jesús sabe que la venida de ese reino significará beber el trago amargo del sufrimiento insoportable, y sencillamente no quiere hacerlo. El contraste entre lo que se supone que *debería* orar y lo que en realidad dice es asombroso. Yo imagino un suspiro audible en el cielo y lágrimas en los ojos del Padre mientras mira a su Hijo sufrir y se siente tentado a retroceder. Allí está Jesús, frágil y desconectado, diciendo, en efecto «*Abba*. Estoy asustado. ¡Ayúdame! No quiero sufrir».

La mayoría de las oraciones no contestadas se pueden atribuir al *mundo de Dios*, a la guerra de Dios o a la *voluntad de Dios*.

Algunas personas intentan poner cara de valientes cuando sufren. Fingen que todo está bien cuando, de hecho, están aterrados y se están viniendo abajo. Otros tratan de manipular a Dios jugando juegos religiosos, diciendo las cosas que creen que Dios quiere que digan. (¿Quién no ha intentado hacer un trato, ofreciendo a Dios todo tipo de piedad a cambio del milagro que ansiamos? En el primer capítulo, escribí sobre la importancia de la honestidad radical en la oración, y eso se vuelve incluso más necesario cuando estamos pasando por algún sufrimiento. Es difícil exagerar el alcance al que esas siete palabras, en el corazón de la oración de Cristo en Getsemaní, han autorizado desde entonces a la gente a orar de manera imperfecta, honesta, e incluso inapropiada en tiempos de tribulación.

• • •

Al orar «*Abba*, Padre» afirmamos que él quiere lo mejor para nosotros, al agregar «todo es posible para ti» declaramos que tiene el poder para intervenir. Pero, por supuesto que si esas dos cosas son ciertas, si Dios en realidad es todo amor y todopoderoso ¿por qué diablos permite tanto sufrimiento innecesario en este mundo? ¿Por qué arrancó a mi amigo Tom de sus hijos? ¿Por qué Floyd sigue en coma? ¿Por qué Dios todavía no ha sanado a mi esposa por completo? Es obvio que estas son preguntas amplias y vitales, las cuales intento responder de manera más completa en mi libro *God on Mute* (Dios en silencio), pero por ahora, permíteme solo sugerir que la mayoría de las oraciones no contestadas se pueden atribuir al *mundo de Dios*, a la guerra de Dios o a la *voluntad de Dios*[12].

El mundo de Dios

Comencemos por lo fácil. Algunas oraciones no reciben respuesta por razones bastante obvias. Por ejemplo, si estoy parado junto a un estadio de fútbol, orando que mi equipo gane, y un fanático del lado opuesto está orando que su equipo gane, ¿a quién debe responder Dios? ¿Y qué clase de Dios sería si constantemente se entrometiera en los miles de eventos deportivos a pedido de cualquiera que estuviera orando? ¿Acaso no es obvio que él haya establecido leyes y principios en la naturaleza que hacen girar al mundo? Si un jugador del Portsmouth F. C. patea una pelota con la velocidad correcta, en la dirección correcta, en el momento correcto, apuntará un gol. Si no lo hace, lamentablemente, no lo hará. Mis oraciones son completamente irrelevantes.

Dios ha establecido ciertos principios de gobierno que hacen que el mundo funcione mejor para la mayoría de las personas, en la mayoría de los lugares, la mayor parte del tiempo. La mayor parte de la humanidad no experimenta los devastadores desastres naturales. La mayoría de los bebés nacen saludables. La naturaleza caída todavía contiene mucha más belleza que fealdad. Así es que Dios no tiende a meter mano en esas reglas extraordinariamente delicadas, complejas y efectivas cada vez que oramos[13].

Leí en alguna parte que cuando Jimmy Carter era presidente también armaba el cronograma de la cancha de tenis de la Casa Blanca[14]. Dios no es como Jimmy Carter. Se niega a controlar el mundo de manera excesiva. Simplemente no lo encuentras metiendo mano en las leyes de la ciencia cada vez que una persona insatisfecha cita un versículo bíblico en oración. Cuando dejas caer un ladrillo sobre el dedo de tu pie, te duele. Sí, tu Padre te ama. Sí, sabe el número de cabellos que tienes en la cabeza y, por lo tanto, supuestamente por extensión, también valora el estado de tus dedos de los pies. No, no quiere que sufras un dolor innecesario. Pero se quedará quieto y dejará que la gravedad haga lo suyo. Los ladrillos no se quedan suspendidos sobre los dedos de los queridos creyentes.

El Creador no es una máquina tragamonedas cósmica que está esperando retribuir nuestras oraciones con una lata de Coca Cola o la paz de Medio Oriente. Tampoco es un inventor loco que está continuamente arreglando sus propios inventos. Y tampoco es uno de esos horribles padres helicóptero que se precipitan desde el cielo cada vez que cometemos un error o nos hacemos daño.

Dios está relajado respecto a quien juega qué en las canchas de tenis el próximo jueves. No es que esté demasiado ocupado con los problemas del mundo como para organizar campeonatos de tenis. Una de las ventajas de ser omnipotente, omnisciente y omnipresente es que puede cumplir con un cronograma de tenis con facilidad mientras que, al mismo tiempo, está atento a las amenazas de aniquilación nuclear y asiste a la última conferencia de adoración. Pero Dios ha diseñado intrincadamente las leyes de la ciencia para que funcionen de la mejor manera para la mayoría de la gente, la mayor parte del tiempo. Si todas las novias tuvieran un día soleado para su boda, todo agricultor estaría orando en vano por una lluvia.

El Creador no es una máquina tragamonedas cósmica que está esperando retribuir nuestras oraciones con una lata de Coca-Cola o la paz de Medio Oriente.

Las leyes de la ciencia son explicaciones de las formas en que Dios elige actuar, pero a veces ejerce su derecho a salirse del libreto. Cuando Jesús convirtió el agua en vino, rompió las leyes de la química. Cuando caminó sobre el agua, desafió a la ley de la gravedad. Incluso rompió la segunda ley de la termodinámica al levantarse de la muerte. Como escribe C. S. Lewis: «Que Dios pueda, y lo haga en ciertas ocasiones, modificar la conducta de la materia y producir lo que llamamos milagros, es parte de la fe cristiana». Agrega también que «la noción misma de un mundo común, y por lo tanto estable, exige que esas ocasiones sean extremadamente raras»[15].

La guerra de Dios

Cuídense de su gran enemigo, el diablo, porque anda al acecho como un león rugiente, buscando a quién devorar.

1 PEDRO 5:8

Algunas oraciones no reciben respuesta porque hay un enemigo activo en nuestro mundo que obra atacando y oponiéndose a la obra de Dios. Vivimos en un campo de batalla. Como cristianos no somos inmunes al daño colateral, y, con frecuencia, somos el blanco mismo. Por lo tanto, Jesús nos instruye a orar «que se haga tu voluntad en la tierra como en el cielo», porque no es una realidad presente ni una certeza inminente. Dios no siempre se sale con la suya a pesar de que sea Dios. Cuando un niño es víctima de la trata o una mujer es violada, esa no es la voluntad de Dios. Es el mal manifiesto en acción. Por lo tanto, debemos aprender cómo ejercer autoridad espiritual en oración, blandiendo «la espada del Espíritu, la cual es la palabra de Dios»[16], contra los ataques de Satanás, trastocando activamente sus sistemas y sus estrategias, aceptando que, aunque no ganaremos todas las batallas en esta vida, y que habrá dolor, un día la guerra pronto será ganada para siempre. Se puede decir mucho más sobre este importante tema de la guerra espiritual, que abordo en el capítulo 11.

La voluntad de Dios

Dicho esto, que algunas oraciones quedan sin respuesta porque se oponen a las leyes de la naturaleza y otras porque reciben la oposición de poderes satánicos, hay todavía otras que quedan sin respuesta porque reciben la oposición de Dios mismo. Recuerda que Jesús solo prometió responder las oraciones que estuvieran alineadas con su voluntad y su propósito.

Los astrónomos descubrieron recientemente siete planetas que orbitan alrededor de una estrella que está a unos cuarenta años luz de la Tierra. El telescopio espacial Hubble ha encontrado hasta ahora cien mil millones de galaxias en el universo. ¿No parece lógico que quien hizo y sostiene este vasto cosmos haga cosas que no comprendamos, y que puede ser confiable respecto a los patrones y los propósitos de nuestra pequeña vida? Hay muchas oraciones sin respuesta que tal vez yo nunca entienda, la persistente epilepsia sin sanar de Sammy, el coma de Floyd, la repentina muerte de Tom, por mencionar solo algunas. Pero, en definitiva, Jesús me invita a confiar en su sabiduría, su amor y su poder más allá de mi limitada capacidad de comprensión, a orar con él la oración más difícil y más poderosa de todas: «No sea lo que yo quiero, sino lo que quieres tú».

«No sea lo que yo quiero, sino lo que quieres tú»: La oración de renuncia

En extrema agonía y sudando sangre, Jesús renuncia al control. Puede no gustarle la voluntad de Dios, pero de todas maneras la elije. Aquí hay una invitación a un tipo de confianza más oscura: rendirnos a la voluntad de Dios, no solo cuando le vemos sentido y se siente bien, sino también cuando no tiene ningún sentido y además nos duele en lo profundo.

Leemos la oración de Getsemaní con el beneficio de la retrospectiva, pudiendo entender con exactitud por qué las oraciones de Cristo no fueron contestadas. Y la Biblia nos asegura que un día, miraremos hacia atrás en nuestra vida, tal como miramos la vida de Cristo ahora y por fin entenderemos por qué el Padre nos negó algunos de nuestras peticiones más sinceras. Como lo expresa P. T. Forsyth: «Un día llegaremos a un cielo donde sabremos con agradecimiento que las grandes negativas de Dios fueron, a veces, las verdaderas respuestas a nuestras oraciones más sinceras»[17].

No puedo pensar en una manera mejor de terminar este difícil capítulo que con las maravillosas palabras pronunciadas por John Newton, el antiguo traficante de esclavos y autor del himno «Maravillosa gracia»:

> Algunos cristianos están llamados a soportar una cantidad desproporcionada de sufrimiento. Esos cristianos son un espectáculo de gracia en la iglesia, como zarzas ardientes que no se consumen, y nos hacen preguntarnos, como Moisés: «¿Por qué no se consume la zarza?». La fuerza y la estabilidad de esos creyentes solo se puede explicar por el milagro de la gracia sostenida de Dios. El Dios que sostiene a los cristianos en medio del dolor incesante es el mismo Dios, con la misma gracia, que me sostiene a mí en mis sufrimientos más pequeños. Nos maravillamos ante la perseverante gracia de Dios y crecemos en confianza en él a medida que gobierna nuestra vida[18].

UNA ORACIÓN DE RENUNCIA

Señor, no sé lo que debería pedirte. Tú eres el único que sabe lo que necesito. [...] Todo lo que puedo hacer es presentarme ante ti.
Señor, te abro mi corazón [...].
Ya no tengo otro deseo que el de cumplir tu voluntad.
Enséñame a orar.

FRANÇOIS FÉNELON

MÁS SOBRE LA ORACIÓN NO CONTESTADA

SESIÓN 5 DE *EL CURSO DE ORACIÓN*: La oración no contestada

HERRAMIENTAS DE ORACIÓN: 15. La oración de renuncia y 16. La oración de lamento (ElCursoDeOracion.com).

LECTURA ADICIONAL: *Luminous Dark* (Luminosa oscuridad) por Alain Emerson; *Cuando Dios guarda silencio* por Pete Greig

HEROÍNA DE LA ORACIÓN NO CONTESTADA

Joni Eareckson Tada: Cuando el foco no brilla sobre ti

Él no ha elegido sanarme, sino abrazarme. Cuanto más intenso el dolor, más cercano su abrazo.

JONI EARECKSON TADA, *UN LUGAR DE SANIDAD*

Joni Eareckson Tada era una jovencita de diecisiete años, activa, amante del deporte, enamorada de lo que el mundo que la rodeaba le ofrecía y encantada de lo que la vida le deparaba. Un día de verano de 1967, fue a la playa con su hermana. Al zambullirse en la bahía, calculó mal la profundidad del agua y se rompió trágicamente la columna vertebral. Durante más de cincuenta años ha estado paralizada desde los hombros hacia abajo.

Joni clamó a Dios con absoluta fe para que la sanara. «Cumplí cada mandato escritural: fui ungida con aceite, recurrí a los ancianos, confesé mi pecado. Llamaba a mis amigos por teléfono e insistía: "¡Vamos!, la próxima vez que me veas estaré sobre mis pies. Tengo fe, tienes que creer, crean conmigo"»[1].

Pero la sanidad que anhelaba no llegó, llevándola a la depresión y a la batalla contra los pensamientos suicidas y las dudas espirituales. En una ocasión, Joni asistió a una reunión de sanidad. Mientras escuchaba predicar a Kathryn Kuhlman y a la gente que compartía testimonios de sanidad, pudo ver un haz de luz centrado en la esquina del salón de baile donde ocurrían las sanidades. Su corazón comenzó a acelerarse con adrenalina llena de esperanza. En sus propias palabras conmovedoras: «El haz de luz se movió a otra esquina del salón y yo me entusiasmaba cada vez más, pensando que se acercaría e impactaría en mi silla de ruedas. Pero nunca ocurrió». ¡Nunca ocurrió! ¿Qué hacer cuando el foco de luz no te ilumina? ¿Cuando sientes que ciertas oraciones nunca reciben respuesta, o no de la manera que quieres que sea?

La discapacidad de Joni es consecuencia de la columna vertebral fracturada entre la cuarta y la quinta vértebra cervical, la cual sufrió cuando se zambulló en aguas poco profundas en la playa de la bahía Chesapeake. No fue un ataque espiritual, no fue la *guerra de Dios*. Su herida es trágicamente consistente con las leyes y principios del *mundo de Dios*. Aun así, ¿por qué Dios no la ha sanado? ¿No hubiera sido un testimonio increíble? Creo que Joni diría que fue la voluntad de Dios traer consuelo, esperanza y apoyo a millones de personas —muchas de ellas con discapacidades— a través de su testimonio de no haber sido sanada. Joni todavía piensa que algún día arrojará otra piedra en el pantano, hará otra oración, y caminará fuera de su silla de ruedas sana, pero es probable que no sea de este lado del cielo. Y así, mientras tanto, continúa repitiendo la dolorosa oración de renuncia de Cristo «*Abba*, Padre, todo es posible para ti [...] pero que no sea lo que yo quiero, sino lo que quieras tú». Después de años de luchar con Dios, Joni puede decir de alguna manera: «Esta parálisis es mi mayor misericordia»[2].

En *Cuando Dios llora*, Joni escribe:

> Dios usa el sufrimiento para limpiar el pecado de nuestra vida, fortalecer nuestro compromiso con él, forzarnos a depender de su gracia, unirnos con otros creyentes, producir discernimiento, fomentar la sensibilidad, disciplinar nuestras mentes, usar sabiamente nuestro tiempo, extender nuestra esperanza, hacer que conozcamos mejor a Cristo, hacer que anhelemos la verdad, guiarnos al arrepentimiento de pecado, enseñarnos a dar gracias en tiempos de dolor, aumentar nuestra fe y fortalecer nuestro carácter[3].

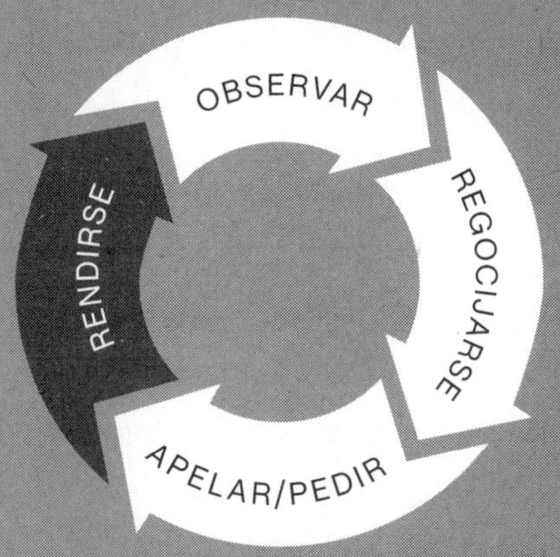

PASO 4: RENDIRSE

CONTEMPLACIÓN, ESCUCHA, CONFESIÓN Y GUERRA ESPIRITUAL

Entreguen su cuerpo a Dios [...]. Que sea un sacrificio vivo y santo [...]. Esa es la verdadera forma de adorarlo.

ROMANOS 12:1

El último paso en el baile de la oración es rendirse. Es como un puño cerrado que se abre lentamente; un atleta que se sumerge en un baño de hielo; un campo de amapolas de California mirando hacia el sol. Nos rendimos a la presencia de Dios «en la tierra como en el cielo» a través de la *oración contemplativa* y al *escuchar* su Palabra, que es «nuestro pan de cada día». Nos rendimos a la santidad de Dios a través de la *confesión* y la *reconciliación*, orando: «Perdónanos nuestros pecados como nosotros perdonamos a quienes pecan contra nosotros». Y nos rendimos a su poder en una *guerra espiritual* pidiendo a nuestro Padre que «nos libre del mal». Así, por medio de todo eso es que, rindiéndonos a Dios vencemos, al vaciarnos somos llenados y al rendir la vida en oración, ella misma finalmente se convierten en una oración, el Padrenuestro.

Capítulo 8

Contemplación

CÓMO ORAR SIN PALABRAS

En la tierra como en el cielo.

EL PADRENUESTRO, LIBRO DE SERVICIO ALTERNATIVO DE LA IGLESIA DE INGLATERRA

Estás aquí para arrodillarte
donde la oración ha sido válida.
Y la oración es más que un orden de palabras, la tarea consciente
de la mente que ora, o el sonido de la voz que ora.

T. S. ELIOT, «LITTLE GIDDING»

ESTABA COMIENDO UNA PIZZA HAWAIANA en un restaurante italiano con un anciano sacerdote franciscano llamado Brennan Manning. Era en la época que se inició *Oración 24-7* y él me estaba bombardeando a preguntas. Estábamos usando cuchillos y tenedores, lo cual no es la forma en que se supone se come la pizza.

—Entonces, ¿ustedes oran día y noche? —Yo asentí.

—¿Todo el tiempo? —Capté un brillo travieso en sus ojos—. Dime, entonces, ¿cómo sabes cuándo has orado lo *suficiente*?

Intenté una respuesta, tratando de explicar nuestro modelo y la forma en que orábamos por turnos en salas dedicadas. Intentando no sonar a la defensiva. Tratando de ignorar su diversión mal disimulada.

La verdad es que estábamos orando sin parar porque estábamos desesperados por ver más personas salvas, más personas sanadas, más milagros, la activación de cientos de profecías que languidecían.

Estábamos en puntas de pie, procurando con toda nuestra fuerza alcanzar un gran interruptor rojo llamado «AVIVAMIENTO». De seguro, todo el asunto de orar día y noche era porque representaba la máxima cantidad de oración que uno podía hacer. Era el dial subido a once, la salsa secreta que requería nuestra mediocridad.

El sacerdote dejó a un lado su tenedor y tomó una porción de pizza con las manos, visiblemente más interesado en ella que en cualquier cosa que yo estuviera diciendo.

—¿Quieres que te diga cómo vemos la oración en la tradición contemplativa? —me preguntó.

—Sí, por favor —dije con un suspiro.

—Digamos que dedicas sesenta minutos a orar en la sala de oración. Es tu tiempo de quietud, ¿verdad? Tu oportunidad para leer algo de la Biblia e ir tachando tu lista de oración para el día.

Asentí. Una hora de oración me parecía muy bien. Francamente, pensé que él estaría impresionado. Ninguno de nosotros había pensado en orar tanto.

—Bueno, si es así como piensas que funciona la oración, supongo que debes considerar tu tiempo en la sala de oración como una hora libre. La hora del día en que *no oras*.

—¡Vaya! —dije con demasiado entusiasmo. No tenía idea de lo que quería decir.

El sacerdote suspiró, empujó su silla hacia atrás, y me miró.

—Mira ¿qué pasaría si pasaras tu hora en la sala de oración simplemente centrándote en el Señor? Disfrutando su presencia. Escuchándolo en silencio. No bombardeándolo con palabras y listas y... —dijo mientras agitaba su pizza distraídamente— ¡toda esa diligente y seria *actividad* religiosa!

De repente, extendió el brazo sobre la mesa y me dio una palmadita en el pecho.

—¿Quieres saber cómo te cambia Dios *ahí dentro*, Pete? ¡Silencio! ¡Contemplación! Así es como se ora continuamente. Es como María sentada a los pies de Jesús haciendo lo único necesario mientras su hermana se acalora y se molesta en la cocina.

—Te escucho —dije lentamente, y esta vez era sincero— Entiendo, pero... —*¿Cuán honesto podía ser?* —. Pero si todos nos quedamos sentados escuchando el silencio, ¿cómo ocurrirá algo alguna vez? ¿Y qué pasaría con la intercesión? ¿Y qué hay de la forma en que oraba la iglesia del primer siglo? ¿Y de todos los problemas del mundo?

El sacerdote bebió un trago de su Pepsi.

—No estoy en contra de la intercesión y todos esos tipos de oración —dijo—. En realidad, creo que son esenciales. Aunque no son suficientes. El mundo está lleno de necesidades. Uno mira las noticias, y hay tantas tragedias. ¿Cuántas cosas tienes que agregar a tu lista de oración después de eso? Y luego están tus amigos: matrimonios que se están rompiendo, niños que sufren acoso, preocupaciones financieras, familiares que se mueren. Es agotador. Es abrumador. Tiene que haber otra manera. Es por eso que te pregunté si alguna vez sabes cuándo has orado lo suficiente. No me estaba haciendo el gracioso.

—¿Y piensas que la manera de abordar los problemas del mundo es el *silencio*? —continué yo.

—No. Creo que la manera de enfrentar los problemas del mundo es la *presencia*.

Me quedé mirándolo en forma inexpresiva.

—¿Qué pasaría si la hora que pasas en la sala de oración la dedicas a poner el foco en Jesús para que puedas llevar su presencia contigo las otras veintitrés horas del día, con una mayor consciencia de que él está contigo, que está a tu favor, que le gustas, que escucha tus pensamientos? Comienzas a orar en tiempo real. Por instinto, elevas situaciones al Señor en el momento mismo que las experimentas:

mientras estás mirando ese informe de noticias preocupante, o escuchas sobre la última crisis de tu amigo. Ya no estás postergando todas tus oraciones para un momento posterior, más santo, más sagrado, porque toda tu vida se está convirtiendo en ese momento más santo.

Este era un terreno desconocido para alguien criado en una tradición que tiende a relegar la oración a un devocional diario importante, una reunión de oración semanal opcional y un servicio de noventa minutos los domingos. Así y todo, era seductor pensar que podía haber una manera más satisfactoria y más profunda de orar todo el día, no solo diciendo muchas oraciones, sino *convirtiéndonos* en esas oraciones las veinticuatro horas por día. No solo intercediendo en ocasiones para que el reino de Dios venga «en la tierra como en el cielo», sino convirtiéndonos en esa parte de la tierra donde llega el reino.

Esa conversación resultó ser muy formativa en el desarrollo del movimiento 24-7, en especial cuando varios de nuestros líderes clave pasaron tiempos difíciles que nos provocaron hacernos preguntas importantes acerca de la naturaleza de la oración y cómo funciona en realidad. Comenzamos a estudiar la vida de los místicos y monjes como Antonio del Desierto en el Egipto del siglo IV, Teresa de Ávila en la España del siglo VI, Amy Carmichael en la India del siglo XIX y Henri Nouwen en la Canadá del siglo XX. Estas personas vivieron en diferentes partes del mundo, en diferentes momentos de la historia, y provenían de diversas tradiciones cristianas, pero cada una de ellas fue un modelo de la belleza de una vida contemplativa y su poder para cambiar el mundo al cambiar a la persona que ora. Si la petición es la oración en su expresión más simple, y la intercesión es la oración en su forma más poderosa, la contemplación es la oración en su más profunda y personal expresión de transformación.

La observación de los astros y el jazz

Apartarse de todo y volverse hacia un solo rostro
es encontrarse cara a cara con todo.

ELIZABETH BOWEN, *THE HEAT OF THE DAY* (*EL FRAGOR DEL DÍA*)

Teresa de Ávila, la monja española del siglo XVI cuyo libro *The Interior Castle* (*Las moradas: El castillo interior del alma*) es un clásico de la oración contemplativa, la describe como «la oración silenciosa» y «una comunión íntima entre amigos»[1]. El psicólogo canadiense David Benner la llama «una apertura confiada y sin palabras al Dios que habita en el centro de nuestro ser y en el centro del mundo»[2]. Richard Foster la describe como «la amorosa atención a Dios» en la que «el habla retrocede a un segundo plano y el sentimiento aflora al primer plano»[3]. Esas tres definiciones giran en torno a los mismos tres temas. Primero, que la oración contemplativa se centra en el amor de Dios. Segundo, que es principalmente una forma de meditación «silenciosa», «sin palabras», de meditación en Cristo en la que solo disfrutamos de su presencia sin decir ni hacer nada. Y tercero, que es experimental más que lógica: una «comunión íntima», una «apertura confiada», un «sentimiento [que] aflora al primer plano». La contemplación es observación de astros más que astronomía[4], es escuchar jazz en lugar de oír una conversación.

Algunas personas temen que esto pueda ser una vía de ida hacia la herejía, una puerta peligrosa al engaño de la Nueva Era, y es prudente que sean cautelosos. La oración contemplativa es poderosa y altamente subjetiva. Cuando oramos de esa manera, tenemos que seguir discerniendo, estar enfocados bíblica y radicalmente en Jesús. Es la misma Biblia la que nos enseña cómo hacerlo. El rey David ora: «Que [...] la meditación de mi corazón [sea] de tu agrado»[5]. En otra parte, declara: «Espero en silencio delante de Dios, porque de él proviene mi victoria»[6]. El Señor mismo nos dice: «¡Quédense quietos y sepan que yo soy Dios!»[7].

Es imposible que Jesús haya hablado sin parar durante esas largas noches que pasaba en oración. De seguro pasaba mucho tiempo en silencio, adorando, meditando, escuchando y disfrutando del amor del Padre. En otras palabras, debe haber orado de manera contemplativa.

Cuando el tiempo de oración del apóstol Pedro dio lugar a una visión de comida no *kosher* que descendía del cielo y una voz que decía «mátalos y come de ellos», tuvo que reescribir su teología y toda la misión de la iglesia fue redefinida[8]. El apóstol Pablo describe haber sido «llevado al paraíso» donde oyó «cosas tan increíbles que no pueden expresarse con palabras, cosas que a ningún humano se le permite contar»[9]. El apóstol Juan dice: «yo estaba adorando en el Espíritu», «era el día del Señor» cuando «oí detrás de mí una fuerte voz, como un toque de trompeta, que decía: "Escribe en un libro todo lo que veas y envíalo a las siete iglesias"»[10]. Y así es como comienza el libro del Apocalipsis.

Esas experiencias místicas no son comunes, pero tampoco son raras. Algunas son extáticas, pero otras son menos dramáticas. Todas son expresiones legítimas de la oración contemplativa. Una y otra vez la Biblia describe encuentros con Dios que son mucho más grandes y más misteriosos que las expresiones tradicionales de petición e intercesión. Como dice T. S. Eliot: «La oración es más que un orden de palabras / la tarea consciente de la mente que ora / o el sonido de la voz cuando se ora»[11]. Los seguidores de Jesús tienen todas las razones para esperar y desear encuentros con Dios en oración que están más allá del ámbito del lenguaje y la lógica.

Se nos pide amar a Dios con todo nuestro corazón, toda nuestra alma y toda nuestra mente[12], pero la mayoría de nosotros solo usamos la mitad de nuestra mente —el hemisferio izquierdo de la corteza cerebral para ser precisos— cuando nos acercamos a Dios en oración. Esta es zona de la mente responsable de las palabras y los procesos racionales. La exhortación apostólica «nunca dejen de orar»[13] es imposible a menos que involucremos ambas mitades de nuestro cerebro para orar conscientemente usando palabras (lado izquierdo) pero también subconscientemente, practicando la presencia de Dios cuando nos distraemos o cuando estamos pensando en otras cosas (lado derecho).

Estoy consciente de que todo esto puede sonar un poco místico e inalcanzable. Aunque creo —con bastante pasión— que la oración contemplativa es para todo el mundo. De hecho, creo que la mayoría de los cristianos comunes ya practican la contemplación y experimentan la presencia de Dios mucho más de lo que se dan cuenta. Tal vez hayas tenido momentos de adoración conjunta en los que la letra de una canción pareció retroceder y el tiempo se detuvo. Te encontraste, en la hermosa frase de Charles Wesley, «perdido en la maravilla, el amor y la alabanza»[14]. O quizás hayas estado sentado solo y en silencio orando o caminando al aire libre, y la paz de Dios te ha rodeado suavemente de tal manera que las palabras parecían innecesarias e incluso inapropiadas. A lo mejor has sido llenado del Espíritu Santo y recibido el don de lenguas, y eso te introdujo en la realidad de la espiritualidad no verbal, no literal, sino experiencial[15]. Con solo empezar con las cosas que ya conocemos y hacemos, todos podemos crecer y profundizar la oración contemplativa de manera natural y placentera. No deberíamos tratar de saltar a lo más alto de la escalera de una sola vez.

Un fragmento del caleidoscopio del cielo

En realidad, las dimensiones experimentales no verbales del hemisferio derecho de la oración surgen de manera más natural en muchas personas que la variedad verbal, racional y mecánica que hemos venido explorando en este libro. Eso es particularmente cierto en los niños y en quienes encuentran engorroso el lenguaje, como personas con dificultades de aprendizaje o con algún tipo de demencia, por no mencionar a quienes están agotados, desconcertados o mentalmente exhaustos en este mundo brutal de palabras y la actividad lineal. La oración contemplativa nos asegura que está bien simplemente presentarse en oración. Que no tiene por qué ser falso cumplir con formalidades si esas formalidades son la única manera de expresar algo que no podemos decir de ninguna otra manera. Que algunas de las oraciones más bellas del mundo son los dibujos de los niños, los suspiros de madres cansadas, la música libre de palabras.

No tiene por qué ser falso cumplir con formalidades si esas formalidades son la única manera de expresar algo que no podemos decir de ninguna otra manera.

En la segunda página de su libro de memorias premiado, *Just Kids* (*Éramos unos niños*), Patti Smith (la «madrina del punk») describe cómo aprendió a orar cuando era niña:

> Mi madre me enseñó a orar; ella me enseñó la oración que su madre le enseñó: *Ahora que a dormir me acuesto / a orar que el Señor me cuide yo me apresto.* De noche me arrodillaba junto a mi pequeña cama mientras ella, de pie con su siempre presente cigarrillo, escuchaba mientras yo repetía lo que ella decía. Lo que más deseaba hacer era mis oraciones. [...]
>
> Me agradaba imaginar una presencia por encima nuestro, en continuo movimiento, como estrellas líquidas.
>
> No satisfecha con mi oración de niña, pronto pedí a mi madre que me permitiera hacer una oración por mi cuenta. Me sentí aliviada cuando ya no tuve que repetir las palabras: *Si antes de despertar debo morir /oro que el Señor se lleve mi*

> *alma al partir*, y en su lugar podía decir lo que tenía en mi corazón. Así liberada, me quedaba acostada en la cama junto a la estufa de carbón articulando enérgicamente largas cartas a Dios. Siempre me costaba dormirme de modo que debo haber irritado a Dios con mis interminables votos, visiones y planes. Pero con el paso del tiempo comencé a experimentar un tipo diferente de oración, una silenciosa, que requería más escuchar que hablar.
>
> Mi pequeño torrente de palabras se convirtió en un sentido elaborado de expansión y a la vez retroceso. Era mi entrada al resplandor de la imaginación. [...] Desde muy al fondo de mi ser, con la simetría de un copo de nieve que flotaba sobre mí, que se intensificaba a través mis párpados, atrapé un recuerdo muy valioso, un fragmento del caleidoscopio celestial[16].

La evolución de Smith desde la liturgia deprimente de la hora de acostarse hasta el descubrimiento de «un fragmento del caleidoscopio celestial» es una de las mejores descripciones que he leído de la oración contemplativa.

Cómo practicar la oración contemplativa (y otras experiencias cinemáticas)

Puede ser útil pensar en la oración contemplativa como un viaje que pasa por tres etapas diferentes, desde la meditación (yo y Dios) a la contemplación (Dios y yo) hasta la comunión (solo Dios)[17].

1. La meditación: La etapa del «yo y Dios»

Como dice la primera frase del primer Salmo: «Dichoso es quien [...] en la Ley del Señor se deleita y día y noche medita en ella» (versículos 1 y 2, NVI). La contemplación comienza con la meditación, fijar la mente en una figura, un objeto o con mayor frecuencia en una frase de la Biblia. Siéntate en silencio. Reflexionando sobre un versículo, explorándolo desde cada ángulo de tu mente. Cada vez que te distraigas, vuelve a poner tus pensamientos en foco en esa sencilla frase o afirmación. La meditación es trabajo duro, pero se facilita con la práctica. El pastor Rick Warren expresa: «Ningún otro hábito puede hacer más para transformar tu vida y hacerte más semejante a Jesús que la reflexión diaria sobre las Escrituras»[18]. La poetisa Mary Oliver dice que solo debemos «prestar atención» a la maravilla del mundo —incluyendo sus partes menos hermosas— para atravesar el umbral de la puerta hacia el silencio contemplativo «en el que otra voz puede hablar».

Orar
no necesita ser
el lirio azul, podrían ser
yuyos en un terreno desocupado,
o algunas piedras pequeñas;
solo presta atención,

luego junta unas pocas palabras,
y no intentes hacerlas elaboradas,
no se trata de un concurso,
sino de la puerta
al agradecimiento y a un silencio en el que otra voz puede hablar[19].

Al entrar en la contemplación por medio de la meditación, bien podríamos sentir esas preocupaciones particulares que comienzan a llamar a la puerta de nuestra mente. Cuando eso ocurre, el enfoque de la contemplación no consiste en dejarlas afuera ni comenzar a interceder por ellas, sino simplemente recibirlas como visitas y elevarlas al Señor en oración silenciosa. Reconocemos la situación que está preocupando a nuestra mente o la persona que nos pesa en el corazón y las elevamos al Señor.

«La oración intercesora no consiste principalmente en pensar que sé lo que la otra persona necesita e intentar conseguirlo de Dios —sugiere Ruth Haley Barton—. Más bien, es estar presente ante Dios en favor del otro, escuchando la oración del Espíritu Santo que ya se está elevando ante el trono de la gracia por esa persona, y en estar dispuestos a unirnos a Dios en esa oración». Al referirse a la descripción del apóstol Pablo del Espíritu Santo que intercede por nosotros con gemidos que están más allá del vocabulario humano, Ruth continúa: «Al entrar en la quietud de una verdadera oración, es suficiente experimentar mi propio gemido por la situación o la persona que nos preocupa y percibir el gemido del Espíritu a favor de ellas»[20].

2. Contemplación: La etapa «Dios y yo»

Mientras medito en el Señor y tomo consciencia de su presencia, mi centro de gravedad cambia de «yo y Dios» a «Dios y yo». Dios asume el papel central. Ya no tengo que trabajar duro intentando fijar mi atención en él, usando ese hemisferio izquierdo lógico de mi corteza cerebral, porque ahora puedo ver que la atención de Dios ¡ya está fijada en mí! «Solo permanece ahí, tan simple y honesto como te sea posible —enseña Jesús—. El foco cambiará de ti a Dios, y comenzarás a sentir su gracia»[21]. Las palabras se vuelven menos necesarias a medida que la oración deja de ser algo que estoy haciendo y pasa a ser algo que estoy *siendo* en la presencia de Dios. «El descubrimiento del corazón de la contemplación no es que yo estoy contemplando el amor divino —dice el obispo Stephen Verney—, sino que el amor divino me está contemplando a mí. Dios me ve, me comprende y me acepta»[22].

3. La comunión: La etapa de «solo Dios»

A veces es posible quedar tan absorbido por la realidad de Dios que uno se olvida de uno mismo por completo. Ya no estoy ni orando ni adorando conscientemente. Las palabras son inadecuadas e incluso inapropiadas. Es como si se hubiera detenido el tiempo y de alguna manera hubiera puesto un pie en la eternidad. Como mencioné en el capítulo 3, Antonio del Desierto describió esa experiencia más de 1700 años atrás como: «La oración perfecta consiste en no saber que uno está orando»[23].

Quizás te sorprenda saber que es probable que te embarques precisamente en este tipo de viaje meditativo y contemplativo cada vez que vas al cine. Primero, al comienzo de la película, eres «tú y la película». Comes rosetas de maíz, te esfuerzas por prestar atención, haces callar a cualquiera que conversa, intentado captar todas esas escenas de apertura que son tan importantes. Pero luego, si la película es buena, comienza a afectarte. Te atrapa. Ríes y lloras. Te encuentras preocupándote por los personajes, olvidando que son actores. Ya no necesitas esforzarte por estar en la película porque la película está dentro de ti. La meditación se ha convertido en la contemplación.

Si la película es muy buena —si en realidad es genial— en algún momento estarás metido en la trama por completo, absorbido por completo y afectado en lo profundo. Te habrás olvidado de las rosetas de maíz. Ya no será «yo y la película» y tampoco «la película y yo», sino «solo la película». La historia te habrá transportado a un lugar que parece más real que la realidad.

Esas experiencias muy atrapantes y el deseo abrumador que sentimos por ellas —en el arte, en el sexo, en la naturaleza, en momentos de euforia deportiva, en conversaciones profundas con amigos— son rumores de otro mundo. Nos susurran que estamos hechos para la eternidad, diseñados para la adoración, que somos más felices cuando nos abandonamos a nosotros mismos a algo más grande y más hermoso que nuestra pequeña vida.

Por qué es importante la oración contemplativa

Hemos visto *qué* es la oración contemplativa y *cómo* hacerla, pero *¿por qué* deberíamos molestarnos en hacerla en realidad? ¿No podríamos solo ponerla en la sección «lindo, pero no estrictamente necesario» en el fondo de nuestro cerebro?

Permíteme decir esto con la mayor claridad posible: tu alma clama por un encuentro más profundo con Cristo, y si quieres que tu fe florezca por mucho tiempo, si quieres que sobreviva a períodos de oscuridad y dolor, si quieres conocer y ser conocido por Jesús de una manera más rica y satisfactoria, si quieres seguir comprometiéndote con él cuando las palabras carezcan de sentido, si quieres ser la persona amorosa que él quiere que seas y ver el mundo como él lo ve, debes hacer lugar en tu ajetreada vida para la meditación regular, la contemplación y la comunión con Dios.

1. La contemplación como una manera de ser

«Eres [...] una combinación de lo que permites que entre en tu vida», dice Austin Kleon en su libro éxito de ventas *Steal Like an Artist* (*Roba como un artista*)[24]. Si estás todo el tiempo mirando tu teléfono, tus conexiones neuronales se alinearán para reflejar esa realidad. Si llenas tu mente con imágenes pornográficas, te volverás más (no menos) sexualmente frustrado y ansioso. Numerosas investigaciones científicas han mostrado que, si te rodeas de gente amable y positiva, te volverás más optimista y alentador. Los niños, de manera natural y subconsciente imitan el acento y los gestos de su principal cuidador. Y así, cuando meditamos con regularidad en la bondad de Dios y llenamos nuestra consciencia de su amor, nos volvemos más como él. En palabras de

Pablo: «Todos nosotros, con el rostro descubierto, *contemplando* como en un espejo la gloria del Señor, estamos siendo transformados en la misma imagen de gloria en gloria»[25]. Cuanto más contemplamos el rostro de Dios en oración como lo hizo Moisés en la montaña, nuestra vida comenzará a reflejar más esa misma gloria en el valle que está abajo.

Estar presente, estar callado y mirar hacia arriba.

Es fácil que mi vida de oración se vuelva egocéntrica: una cámara de resonancia unipersonal de peticiones egoístas. Pero cuando oro de manera contemplativa, debo estar presente, estar callado y mirar hacia arriba. Es mucho menos egoísta. En otras ocasiones, mis oraciones pueden resultar un poco utilitarias, una secuencia de intercesiones áridas y obedientes a favor de otras personas y lugares. Cuando eso ocurre, es el impulso contemplativo que me lleva de regreso al lugar de la gracia y el sometimiento, en el que solo «gasto tiempo» con Dios, disfrutando y devolviendo su amor sin condición.

Uno de los exponentes más brillantes de la oración contemplativa en los tiempos modernos fue el sacerdote holandés, Henri Nouwen. Después de una distinguida carrera académica en la que ocupó cargo de profesor en Notre Dame, Yale y Harvard, se mudó a una pequeña comunidad de adultos con discapacidades intelectuales y de desarrollo. Fue un paso para alejarse de lo que él llamaba «ser competente» hacia una manera alternativa contemplativa:

> Esta gente quebrantada, herida y totalmente sin pretensiones me forzó a hacer a un lado mi yo competente —el yo que puede hacer cosas, mostrar cosas, demostrar cosas, construir cosas— y me obligó a reclamar ese yo sin adornos en el que soy vulnerable por completo, abierto a recibir y dar amor independientemente de cualquier realización. Les

> estoy diciendo todo esto porque estoy profundamente convencido de que el líder cristiano del futuro está llamado a ser completamente incompetente y estar en este mundo sin nada que ofrecer salvo su yo vulnerable. Así fue como Jesús vino a revelar el amor de Dios. [...] A través de la oración contemplativa, evitamos ser tironeados de un asunto urgente a otro y de convertirnos en desconocidos para nuestro propio corazón y el de Dios. La oración contemplativa nos mantiene en casa, arraigados y a salvo, incluso cuando estamos en el camino, moviéndonos de un lugar a otro[26].

2. La contemplación como una manera de ver

La contemplación nos cambia y, por lo tanto, también cambia la manera en que vemos el mundo. La Madre Teresa lo expresó así en su discurso en ocasión del premio Nobel: «Podemos estar haciendo trabajo social a los ojos de la gente, pero en realidad somos contemplativas en el corazón del mundo. Porque estamos tocando el cuerpo de Cristo las veinticuatro horas. Tenemos veinticuatro horas en su presencia»[27]. Hasta el día de hoy su orden, Misioneras de Caridad, sirve entre la gente más pobre del mundo como «contemplativas en el corazón del mundo». Su motivación, a fin de cuentas, no es el trabajo social, sino la adoración porque han aprendido a ver la belleza de Jesús en los lugares más oscuros y a servirlo en cada persona que encuentran, en especial, en los pobres. El gran poeta Gerard Manley Hopkins, un sacerdote jesuita, dice algo similar en uno de sus poemas más famosos:

> *Porque Cristo está en diez mil lugares,*
> *y es hermoso para el Padre en los cuerpos*
> *y hermoso en los ojos que no son suyos, en los rasgos del rostro de los hombres*[28].

Este es el don contemplativo: ver a Cristo no solo en los contextos religiosos enrarecidos, sino «en diez mil lugares, [...] en los rasgos del rostro de los hombres». Cuanto más vemos a Cristo en la oración, más lo vemos dondequiera que vayamos y en todas las personas con las que nos encontremos. La vida entera se convierte en una invitación a adorar.

• • •

Habiendo comenzado este capítulo con una historia sobre el padre franciscano llamado Brennan Manning, parece apropiado terminarlo con una de sus historias más conmovedoras sobre un hombre llamado Dominique Voillaume con quien vivió y ministró en un pequeño monasterio sin clausura (abierto) en Saint Remy, Francia.

> Dominique, un hombre delgado y musculoso, de un metro ochenta y siete, quien siempre llevaba una boina marinera azul, supo a los cincuenta y cuatro años que tenía un cáncer inoperable. Con el permiso de su comunidad, se mudó a un barrio pobre en París y tomó un empleo como vigilante nocturno de una fábrica. Al volver a casa cada mañana a las 8:00, iba directamente a un pequeño parque del otro lado de la calle donde vivía y se sentaba en un banco de madera. En el parque, merodeaba gente marginada: hombres sucios, vagabundos, borrachines, «venidos abajo», que miraban con lujuria a las muchachas que pasaban.
>
> Dominique nunca los criticaba ni los reprendía ni los regañaba. Se reía, contaba historias, compartía alguna golosina, los aceptaba tal como eran. A pesar de haber vivido tanto tiempo fuera del santuario interior, emanaba una paz, un sereno sentido de compostura y una hospitalidad de

corazón que hacía que jóvenes cínicos y hombres mayores derrotados gravitaran a su alrededor como moscas a la fruta. Su sencillo testimonio radicaba en aceptar a los demás como eran, sin cuestionarlos, y permitiéndoles que se sintieran como en casa en su corazón. Dominique era la persona menos prejuiciosa que haya conocido jamás. Amaba con el corazón de Jesucristo.

Un día, cuando el heterogéneo grupo de marginados le pidió que hablara de sí mismo, Dominique les dio un breve resumen de su vida. Luego les dijo con tranquila convicción que Dios los amaba tierna pero obstinadamente, que Jesús había venido por los marginados y los parias como ellos. Su testimonio era creíble porque la Palabra estaba encarnada en sus huesos. Más tarde, un anciano dijo: «Las bromas sucias, el lenguaje vulgar, y las miradas lascivas a las muchachas desaparecieron».

Una mañana, Dominique no apareció en su banco del parque. Los hombres se preocuparon. Unas horas después lo encontraron muerto en el piso frío de su apartamento. Murió en la oscuridad de un suburbio parisino.

Dominique Voillaume nunca trató de impresionar a nadie. Nunca se preguntó si su vida era útil o su testimonio significativo. Nunca sintió que tenía que hacer algo grande para Dios. Sí mantenía un diario. Fue encontrado poco después de su muerte en el cajón de la mesa de luz junto a su cama. Su última memoria es una de las cosas más asombrosas que he leído.

Nada que no sea el amor de Dios tiene sentido para mí. Puedo decir con sinceridad que no tengo interés en nada que no sea el amor de Dios, que es en Cristo Jesús. Si Dios lo quiere, mi vida será útil a través de mi palabra y mi testimonio. Si Dios así lo quiere, mi vida dará fruto a través de mis oraciones y sacrificios. Pero la utilidad de mi vida es asunto suyo, no mío. Sería indecente que me preocupara por eso.

En Dominique Voillaume vi la realidad de una vida vivida enteramente para Dios y para los otros. Después de una vigilia de oración que duró toda la noche, sus amigos lo enterraron en un sencillo cajón de pino en el patio trasero de la Pequeña Casa de los Hermanos en Saint-Remy. Una sencilla cruz de madera sobre su tumba con la inscripción «Dominique Voillaume, un testigo de Jesucristo», lo decía todo. Más de siete mil personas se juntaron de toda Europa para su funeral[29].

La vida y la muerte de Dominique Voillaume testifican poderosamente la belleza y el propósito de la manera contemplativa de vivir. A través de años de mirar al Señor en silenciosa oración, él había llegado a ser «más y más parecido a él [Jesucristo] a medida que somos transformados a su gloriosa imagen»[30]. A los ojos de Dominique, ese suburbio de París se había convertido en un lugar santo, no solo un campo de misión, sino un santuario poblado de gente rota cuyas vidas ordinarias le recordaban a Jesucristo.

Él mismo es mi contemplación;
él es mi deleite.
A él, en su propio nombre,
busco sobre mí;
de él mismo alimento mi interior.
Es el campo en que trabajo,
es el fruto por el que me esfuerzo.

Él es mi causa,
él es mi efecto.
Él es mi principio,
y es mi fin sin fin.
Él es, para mí, la eternidad.

ISAAC DE STELLA

MÁS SOBRE LA ORACIÓN CONTEMPLATIVA

SESIÓN 6 DE *EL CURSO DE ORACIÓN*: La contemplación

HERRAMIENTAS DE ORACIÓN: 17. La oración silenciosa, 18. Cómo hacer un retiro de un día y 19. Cómo emprender un peregrinaje (ElCursoDeOracion.com).

LECTURA ADICIONAL: *The Sacred Year* (El año sagrado) de Michael Yankoski

HÉROE DE LA CONTEMPLACIÓN

Blas Pascal: Noche de fuego

El corazón tiene razones que la razón no tiene [...].
Es el corazón el que percibe a Dios, no la razón.

BLAISE PASCAL, *PENSAMIENTOS*

Blas Pascal fue uno de los más grandes matemáticos, físicos e ingenieros de todos los tiempos. Cuando todavía era adolescente, inventó la primera calculadora mecánica, precursora de las actuales computadoras. Creó por lo menos dos nuevos campos de investigación matemática. Su ley de la probabilidad todavía es utilizada por los economistas en la actualidad. Su nombre indica una unidad de presión y un lenguaje de programación. Incluso desarrolló la primera ruta de colectivos de París. El momento decisivo de la vida de Pascal fue el 23 de noviembre de 1654, entre las 10:30 y las 12:30 de la noche. Con frecuencia se denomina como su «Noche de fuego»; aunque solo sabemos de ella por algunas palabras escritas en secreto en una tira de papel cosida en su chaqueta, descubierta finalmente por un sirviente curioso después de la muerte del gran hombre:

> *Fuego.*
> *«Dios de Abraham, Dios de Isaac, Dios de Jacob», no de filósofos ni de eruditos.*
> *Certeza, certeza sincera, gozo, paz.*
> *Dios de Cristo Jesús.*

Ese misterioso encuentro con Jesús cambió la vida de Pascal. Desde entonces, viró su intelecto a la teología y la filosofía. Su libro

Pensamientos es considerado una obra maestra de la prosa. Incluye la famosa «apuesta» de Pascal, la cual argumenta que tiene más sentido vivir como si Dios existiera, porque si uno está equivocado, la pérdida solo será finita, pero si uno está en lo cierto, su ganancia será inconmensurable. Pero, en definitiva, este intelecto brillante no fue un racionalista, sino un místico que sostenía que «casi invariablemente la gente llega a sus creencias no sobre la base de pruebas, sino sobre la base de lo que encuentran atractivo»[1].

Capítulo 9

Escucha

CÓMO OÍR LA VOZ DE DIOS

Danos hoy el pan de cada día.

EL PADRENUESTRO, LIBRO DE SERVICIO ALTERNATIVO DE LA IGLESIA DE INGLATERRA

Un hombre oraba, y al comienzo pensaba que orar era hablar, pero se fue volviendo cada vez más callado hasta que al final comprendió que orar era escuchar.

SØREN KIERKEGAARD

LA ORACIÓN ES UNA CONVERSACIÓN viva con el amoroso Dios, lo que significa que debemos escuchar además de hablar. En su libro *The Universe Within* (El universo interior), Morton Hunt informa que los bebés que nacen sordos hacen exactamente los mismos sonidos que los bebés que pueden oír, pero lamentablemente, sus intentos de hablar pronto se van apagando[1]. Todo el mundo comienza la vida tratando de orar, pero solo aquellos que aprenden a escuchar alcanzan fluidez. «El niño aprende a hablar porque sus padres le hablan —dice Dietrich Bonhoeffer—. Así es que aprendemos a hablar con Dios porque Dios nos ha hablado y nos habla»[2]. Pero ¿cómo funciona esto? ¿Es posible oír al Creador del universo hablarnos en forma personal? Y si es así, ¿cómo lo hacemos en realidad?

• • •

Me quedé varado en Chicago. Todos los aviones habían sido retenidos en tierra por la erupción del volcán de Islandia, y no podía llegar a casa en Inglaterra. Le pregunté a Dios cómo quería que aprovechara esa interrupción. Varios amigos estadounidenses ya habían tenido la amabilidad de invitarme a quedarme con ellos, pero a medida que oraba, me encontré pensando en un amigo en particular que vivía a más de 200 kilómetros al oeste en Madison, Wisconsin. «Amigo, estoy en Chicago —le escribí por correo electrónico—. ¿Puedo caer a dormir en tu sofá?». Yo no sabía que Joe acababa de recibir una noticia terrible ni que su preocupada esposa le había preguntado: «¿A quién te gustaría tener en tu sofá en este momento?». Esas habían sido exactamente sus palabras. Ni que él había respondido: «Quisiera que Pete estuviera ahora en mi sofá, pero sé que es una locura porque está en Inglaterra, y nunca ha estado en nuestra casa». El profeta Malaquías indica que «los que temían al Señor hablaron entre sí y el Señor escuchó lo que dijeron»[3]. A veces Dios oye nuestras conversaciones informales y las recibe como oraciones. A pocas horas de ese comentario al pasar de Joe, yo me había materializado sobre su sofá.

A veces Dios oye nuestras conversaciones informales y las recibe como oraciones.

Mi amigo Roger estaba conduciendo por una concurrida autopista de carriles separados. Era un caluroso día de verano, y tenía la ventanilla abierta, disfrutando la brisa hasta que un repentino impulso irracional lo impulsó a cerrarla. Segundos después, un camión que pasaba dejó caer un ladrillo que pegó en el vidrio de la ventana donde momentos antes había estado el brazo desnudo de Roger.

Sammy y yo acabábamos de mudarnos a Guildford y estábamos conversando con otras dos parejas sobre la posibilidad de comprar juntos una casa grande. Habíamos visitado una propiedad fascinante y estábamos entusiasmados por las posibilidades que ofrecía para las familias, la hospitalidad y la misión. Pero una hora o dos después de esa visita, recibí de la nada un mensaje de texto de mi amiga Hanneli de Sudáfrica, quien no sabía nada de nuestro plan. «Siento que estás considerando un nuevo proyecto, formar una nueva asociación, y el Señor te dice que tengas cuidado. No creo que esté bien». Minutos después, uno de los otros me llamó entusiasmado:

—Entonces, ¿qué piensas de la casa, Pete? ¿Hacemos una oferta?

En calma, pero con firmeza, le respondí:

—No, no creo que sea bueno. No creo que Dios esté en esto.

Mirando atrás, ¡todos nos salvamos por un pelo!

Yo estaba al borde del agotamiento por estrés, intentando mantener tres trabajos —pastorear una iglesia en crecimiento, dirigir un ministerio internacional y servir como director de oración de una iglesia anglicana grande en Londres— además de llevar adelante una agenda de conferencias y tratar de ser un buen padre y esposo. Asistí a un retiro de dos días, con la necesidad de que Dios me hablara, desesperado por saber qué hacer, preguntándome cuál de los tres trabajos debía dejar. El segundo día, recibí una imagen mental clara de un gran velero viejo que cruzaba un mar tormentoso de noche. Yo estaba al timón, intentando con toda mi fuerza mantener el velero encaminado. Y con esa imagen vinieron cuatro palabras: «Mantén la calma, hijo». Así fue. Así de claro. Inesperado. Nada más. No me ayudó en ningún sentido práctico, pero con la Palabra de Dios vino una nueva fuerza, energía y resiliencia. Volví a casa sabiendo que Dios había hablado, que solo debía aguantar y mantenerme firme. Nada había cambiado por fuera, pero todo había cambiado en mi interior. No podía hacer mucho por mis circunstancias abrumadoras en ese momento. La Palabra de Dios había recalibrado por completo mi relación con esas circunstancias.

¡Dios habla!

Mis ovejas escuchan mi voz; yo las conozco, y ellas me siguen.

JUAN 10:27

Cada uno de nosotros puede aprender a reconocer por sí mismo la voz del Buen Pastor. ¿Qué puede ser más hermoso o más importante que eso? Cuando lo escuchamos, nos envía a aventuras inesperadas como cuando me puso en el sofá de Joe. Su sabiduría nos instruye y nos guía, a veces frenándonos de decisiones tontas, como comprar esa gran casa. Su corazón de Padre nos consuela y nos fortalece cuando no sabemos qué hacer, como cuando yo luchaba con el estrés en ese retiro. Como dice el salmista: «Tu palabra es una lámpara que guía mis pies y una luz para mi camino»[4].

Aunque por supuesto, reconocer la voz del Buen Pastor no siempre es fácil. Es probable que todos hayamos sido heridos por personas que entendieron mal o tergiversaron la Palabra de Dios. Otras han soportado temporadas largas y áridas en las que Dios parecía totalmente callado. ¿Cómo podremos entonces discernir la voz de Dios con integridad, humildad y una saludable dosis de sentido común?

• • •

A los diecisiete años abandoné el cristianismo. Me había ido mal en los exámenes, mi novia me había dejado, todos mis amigos se habían ido a la universidad y yo estaba trabajando en la limpieza de los baños de un hospital local. Dolido y deprimido, necesitaba a Dios, pero él parecía estar a miles de kilómetros. Clamaba y él no respondía. Pedí consejo, y no me dijo una sola palabra. Leía mi Biblia con diligencia, pero no le encontraba sentido a nada. Asistía obedientemente a la iglesia, pero todos me parecían falsos. O bien, Dios no estaba ahí, o a él no le importaba nada. De manera que abandoné.

Más o menos un mes después, se me acercó un desconocido al final de un concierto disculpándose, y se presentó como cristiano. Dijo que había estado mirando la parte posterior de mi cabeza la mayor parte del concierto y todo el tiempo veía la imagen mental recurrente y extraña de una vela que parpadeaba. Cuando la vela se apagó, todo quedó a oscuras. Cuando volvió a encenderse, iluminó toda la sala. Eso era todo. ¿Significaba algo para mí? ¿Le encontraba yo algún sentido? Asentí de mala gana. El hombre simplemente sonrió y se alejó.

Un par de meses después estaba repasando unas tarjetas de Navidad cuando un versículo bíblico impreso en una de ellas pareció querer saltar del papel: «Alimenten a los hambrientos [...]. Entonces su luz resplandecerá desde la oscuridad»[5]. Recordé la vela y supe, con absoluta certeza, que ese versículo bíblico inesperado era para mí.

Un mes después, fui a buscar el consejo de una mujer sabia llamada Nicole y le hablé de mi abandono de la fe, de la vela parpadeante y del versículo de Isaías 58. ¿Qué pensaba ella que yo debía hacer? Nicole salió de la sala y volvió con la carta de una misionera en Hong Kong llamada Jackie Pullinger. Tenía todo Isaías 58 impreso en la carta. Nicole me dijo que tomara el vuelo siguiente, y así fue que allí en Hong Kong mi vela comenzó a resplandecer de nuevo. Estaba sanado, cambiado y comisionado para hacer lo mismo que vengo haciendo desde entonces.

Dios había hablado. Había vuelto a irrumpir en mi vida. Pero había llevado buena parte del año, y ese tiempo me había parecido eterno. Dios me había hablado de cinco maneras diferentes: a través de la visión de un desconocido inesperado (a quien le debo todo), un pasaje de la Biblia impreso en una tarjeta de Navidad, un proceso significativo de reflexión personal, el consejo sabio de una cristiana mayor y la disposición de mi parte a obedecer (en algún momento). No es una mala lista de las diversas maneras en que Dios nos habla;

- Escuchar a Dios en la Biblia.
- Escuchar a Dios en sueños o visiones.
- Escuchar a Dios en consejos o sentido común.
- Escuchar a Dios en la reflexión personal.
- Escuchar a Dios en acción.

Escuchar a Dios en la Biblia

«Hijo de hombre, cómete el rollo que te estoy dando hasta que te sacies». Me lo comí y era tan dulce como la miel.

EZEQUIEL 3:3, NVI

Cuando Jesús nos enseñó a orar por nuestro «pan de cada día», se estaba refiriendo a la provisión material (como vimos en el capítulo 5) pero también al alimento espiritual diario de la Palabra de Dios. Por ejemplo, cuando Jesús estaba ayunando en el desierto y el diablo lo tentó a hacer pan (la variedad material). Jesús respondió citando el libro de Deuteronomio y señalando otro tipo de pan y otro tipo de hambre (la variedad espiritual): «Las Escrituras dicen: "La gente no vive solo de pan, sino de cada palabra que sale de la boca de Dios"»[6].

La Biblia es nuestra principal fuente de revelación y la autoridad suprema en la que pesamos todas las demás palabras. Como expresa el apóstol Pablo: «Toda la Escritura es inspirada por Dios y es útil para enseñarnos lo que es verdad y para hacernos ver lo que está mal en nuestra vida. Nos corrige cuando estamos equivocados y nos enseña a hacer lo correcto»[7]. Contrastamos profecías, sueños, visiones, visitaciones angelicales, premoniciones, voces audibles, intuiciones sobrenaturales y toda clase de corazonadas efímeras con la absoluta verdad de las Escrituras. Si no están a la altura, no pasan la puerta. Tan simple como eso.

Pero la Biblia es más que un libro de texto doctrinal inspirado. También es viva y poderosa y, como dice el autor de Hebreos, «deja al descubierto nuestros pensamientos y deseos más íntimos»[8]. En otras palabras, mientras leemos la Biblia, ella nos está leyendo a nosotros, discerniendo «los pensamientos y deseos» de nuestro corazón. No debemos solo *aprender* de la Biblia. También debemos *escucharla*. Es una manera totalmente diferente de encarar el texto: mientras que aprender acerca de Dios *a partir* la Biblia requiere estudio, escuchar a Dios *a través de* la Biblia requiere meditar en oración.

Mientras que aprender acerca de Dios *a partir* la Biblia requiere estudio, escuchar a Dios *a través* de la Biblia requiere meditar en oración.

El pastor Mark Batterson menciona que «la Biblia es la manera en que Dios inicia una conversación; la oración es nuestra respuesta. El cambio de paradigma ocurre cuando comprendes que la Biblia no fue diseñada para *ser leída*; la Biblia fue diseñada para *ser orada*. Y si oras la Biblia nunca te quedarás sin cosas de qué hablar»[9]. ¿Cómo se hace eso? ¿Cómo «oramos la Biblia» de la manera que recomienda Batterson? Primero, intenta leerla poco a poco y, mejor, en voz alta. Cuando alguna palabra o frase llame tu atención, demórate un poco, saboreándola como una copa de vino o una pieza favorita de música. Nuestros sistemas educativos, e incluso nuestras iglesias, no nos han enseñado a leer de esa manera —lenta y meditativamente—, pero es algo excepcionalmente simple y poderoso que hacer.

Si exploras esas frases, personalízalas y aplícalas a tu vida. Permítele a tu mente irse por las ramas. No te aferres demasiado al sentido literal, este es un ejercicio subjetivo. Intenta procesar el texto intuitivamente de la manera en que observarías una gran obra de arte. O acércate a ella como a un crucigrama encriptado donde las palabras en la página son claves que esconden un significado y un mensaje justo para ti. Intenta convertir tus pensamientos, tus preguntas e incluso tus distracciones en oraciones.

Probemos este enfoque con uno de los versículos más conocidos de la Biblia, Juan 3:16. «Pues Dios amó tanto al mundo que dio a su único Hijo, para que todo el que crea en él no se pierda, sino que tenga vida eterna». Al principio, puede ser que te sientas cautivado por las seis primeras palabras: «*Pues Dios amó tanto al mundo*». Puedes repetirla algunas veces y sentir el peso de esa pequeña palabra «tanto», Dios amó *tanto* al mundo. No nos amó un poco. Nos amó mucho. Es extraordinario. Te imaginas al apóstol Juan subrayando la palabra *tanto* en el rollo original. Puedes imaginar al Señor pronunciando tu nombre, diciendo: «Te amo *tanto*». Por instinto, repites: «Gracias, Señor». La conversación ha comenzado.

A medida que continúas masticando esas seis palabras, te impacta el hecho de que Dios ama tanto «al mundo». Tu mente se dirige a tu pedacito de mundo y a tu vecino molesto. Le pides a Dios que te ayude a ser un poco más amable hoy. Piensas en tu amigo Johnny: «Pues Dios amó tanto a Johnny que entregó a Jesús». Suspiras sin querer. «Johnny no quiere saber nada contigo por ahora —dices, sintiendo la profunda tristeza que eso te genera—. Pues Dios amó tanto a Judith que está internada ahora mismo en ese hospital». No tenías planeado orar por Judith. Pero apareció en tu mente. ¿Tal vez el Espíritu Santo está pidiéndote que ores por ella? Le envías un breve mensaje de texto: «¿Cómo estás? Estoy orando por ti».

Podríamos seguir, pero ni siquiera hemos ido más allá de las seis primeras palabras. Cada vez que nos acercamos a la Biblia de esta manera, comienzan a ocurrir tres cambios internos. Primero, descubrimos que hay disparadores de oración e iniciadores de conversación dispersos casi en cada página de la Biblia (incluso si la conversación a veces comienza con «Señor, ¡ayúdame a entender esto!»). Segundo, nuestras oraciones se alejan de nuestras prioridades personales para dirigirse a temas que de otra manera nunca hubiéramos abordado. El Señor está estableciendo su propia agenda para nuestro tiempo de oración. Tercero, lo escuchamos hablar cada vez más claro a medida que dejamos de leer la Biblia y, en lugar de eso, comenzamos a orar la Biblia. (Si quieres saber más sobre cómo enfocar la Biblia en oración meditativa, revisa nuestra Herramienta para la oración en la *Lectio Divina*).

Escuchar a Dios en sueños y visiones

Sus hijos e hijas profetizarán. Sus jóvenes tendrán visiones, y sus ancianos tendrán sueños.

HECHOS 2:17

Algunos cristianos piensan que Dios solo habla por medio de la Biblia. ¡Pero la Biblia misma nos enseña que Dios también habla de otras maneras! Nos habla a través de sueños y visiones, como la figura que recibí de una vela parpadeante, ¡también habla por medio de la intuición! Como el impulso de Roger de cerrar la ventanilla de su coche; habla a través de profecías y palabras de conocimiento, como ese texto de advertencia que recibí desde Sudáfrica. También habla a través de la creación, a través de nuestra conciencia, a través de visitaciones angelicales, a través de las predicaciones e, incluso, en una ocasión, ¡a través de un burro que hablaba![10].

Alguien en nuestra iglesia tuvo un sueño hace algunos años acerca de un bote de rescate que era arrastrado por las calles mientras la gente se ahogaba en el mar. Era una imagen desafiante, pero cuando una de nuestras ancianas, Liz, tuvo un sueño casi idéntico pocos días después, supimos con toda seguridad que Dios nos estaba hablando. En respuesta a esos dos sueños, revisamos y redistribuimos nuestros recursos para priorizar alcanzar y rescatar a los pobres y los perdidos. Unas semanas más tarde, Liz y su esposo Dave vinieron a verme porque sentían un llamado a trabajar con Oración 24-7 en la isla española de Ibiza. Los alenté a que fueran a Ibiza a escuchar al Señor, y así, unas semanas después, se encontraban sentados en un restaurante en la isla, preguntándose si Dios en realidad los estaba enviando allí. De repente, hubo una conmoción afuera, y vieron asombrados cómo un bote de rescate —exactamente el mismo que Liz había visto en su sueño— era arrastrado por la calle. Ahora sabían con certeza que Dios les estaba hablando, llamándolos a mudarse con su familia a esa isla para rescatar a quienes se estaban ahogando.

Por supuesto, los sueños, las visiones y las profecías son muy subjetivas, de manera que debemos contrastarlas con las Escrituras y aplicar el sentido común. Si señalan alguna dirección, también debemos buscar consejo sabio. El apóstol Pablo dice que debemos profetizar por «turno» y recomienda «que evalúen lo que se dice» en la profecía[11]. Eso sí, también indica en el mismo capítulo que debemos «desear [...] sobre todo la capacidad de profetizar»[12], de manera que para nada está siendo despectivo. La palabra griega para expresar «desear sobre todo» es *zeloute* de donde nos viene la palabra celoso con su gama de sentidos. Conozco a muchas personas que están pasivamente abiertas a la profecía, pero el apóstol Pablo dice que debemos desear con celo oír a Dios de esa manera fascinante porque anhelamos traer aliento, edificación y revelación a otros.

Escuchar a Dios a través de los consejos y el sentido común

Al necio le parece bien lo que emprende,
pero el sabio escucha el consejo.

PROVERBIOS 12:15, NVI

Estoy convencido de que el principal don que Dios quiere darles a algunos cristianos es el sentido común. No es menos espiritual buscar el consejo piadoso que recibir un sueño sobrenatural o una visitación angelical y hasta puede ser más útil.

Largas temporadas de escuchar y esperar la voz de Dios invariablemente concluyen en el camino de Damasco, con una revelación inequívoca de su voluntad, o en el camino de Emaús, con algo menos dramático[13]. Cuando Dios elige *no* hablar de maneras extraordinarias —no llegan visitaciones angelicales ni revelaciones proféticas— es probable que sea porque quiere hablar de manera más común, a través de conversaciones con amigos, la reflexión bíblica y el consejo de personas confiables.

Estoy convencido de que el principal don que Dios quiere darles a algunos cristianos es el sentido común.

Recuerdo haber ido a ver a un anciano santo llamado Ishmael con un dilema largo y complejo. Sammy y yo estábamos tratando de escuchar a Dios, leyendo nuestras Biblias, pidiendo visión profética y francamente, no nos poníamos de acuerdo. Yo decidí abrirle mi corazón y él me escuchó con paciencia durante casi media hora. Cuando terminé, me miró con bondad y me dijo:

—Pete, hijo, necesitas mantener contenta a tu esposa —diciendo eso, se levantó, se puso el abrigo y se fue. Hice lo que me dijo y puse los deseos de Sammy en primer lugar. Ahora veo que era justamente lo que había que hacer. Fue uno de los consejos más sencillos, sensatos y breves que jamás he recibido.

Escuchar a Dios en la reflexión personal

María guardaba todas estas cosas en el corazón y pensaba en ellas con frecuencia.

LUCAS 2:19

La mayoría de las personas, hoy en día, no oyen la voz de Dios, no porque sea demasiado extraña, sino porque es demasiado familiar. Esperan que el Todopoderoso suene dramático, grandilocuente, inequívoco y un poco espeluznante. Cuando Elías estaba escondido en una cueva y experimentó «un viento fuerte e impetuoso [que] azotó la montaña» seguido de un terremoto, y luego un incendio, se nos dice que el Señor no estaba en ninguno de esos grandes eventos. Aunque, «después del incendio hubo un suave susurro» y esa era la voz de Dios[14].

El «suave susurro» de Dios a veces me llega como una idea o una impresión mental durante mi tiempo de oración en silencio, pero con más frecuencia me llega después, en algún momento siguiente de distracción. Es probable que hayas observado con qué frecuencia algún detalle que habías olvidado —el nombre de una persona, dónde dejaste las llaves del coche— aparecen de repente en tu cabeza cuando ya no estás pensando en eso más tarde. De manera similar, una vez que hayas pedido al Señor que te hable acerca de algún asunto en particular, a menudo es buena idea dejar de esforzarte demasiado por escucharlo y en lugar de eso, ocuparte con algún tipo de actividad que te absorba lo suficiente, pero no demasiado, para que tu mente tenga un poco de espacio para vagar. Puede ser la jardinería, pasar la aspiradora, pasear al perro o salir a correr. Los psicólogos cognitivos y los neurólogos explican que ese tipo de actividades hacen que la mente vuelva a su «modo predeterminado», un estado en el que estamos en mejores condiciones para acceder a nuestro subconsciente, conectar ideas dispersas, y resolver problemas molestos. Períodos de aburrimiento de bajo nivel son esenciales para nuestro bienestar psicológico y espiritual. Pensar demasiado no es productivo. La intensidad y el fervor rara vez atraen al Espíritu Santo. Bien podemos volvernos más receptivos al susurro de Dios ocupándonos de actividades menos espirituales.

El oficio de Pablo como fabricante de tiendas[15] por lo general se describe por los predicadores con cierto desprecio, como si fuera solo un medio para ganarse la vida y poder seguir adelante con su verdadera tarea de proclamar el evangelio. De hecho, la expresión *hacer tiendas* se ha convertido en un eufemismo para cualquier empresa que financie el ministerio. Pero el largo, lento y laborioso proceso de hacer tiendas en silencio también debe haber otorgado a Pablo el espacio que necesitaba para la reflexión contemplativa. Es muy probable que las extraordinarias percepciones y los exquisitos giros de expresión que llenan las epístolas de Pablo en realidad le vinieran mientras trabajaba como artesano haciendo tiendas.

Como la guía de Dios a menudo puede llegar a mí disfrazada de un pensamiento común o una ocurrencia, tiendo a hacerme dos preguntas antes de actuar sobre la base de esos impulsos:

- *¿Sería esto propio de Jesús?* Si obedezco esta idea, la acción resultante ¿reflejaría el carácter y el propósito de Cristo? ¿Es el tipo de cosa que él haría?

- *¿Qué sería lo peor que podría suceder si estuviera equivocado?* Si la respuesta es: «En realidad sería un desastre si estuvieras equivocado», ¡se encienden las luces rojas! Hago una pausa y oro. Pido consejo a otros, me tomo cierto tiempo para discernir el mejor camino. Mi regla de oro general es ser cauteloso con las palabras duras, intensas o direccionadas.

Cuando me quedé varado en Chicago por ese volcán islandés, no estaba del todo seguro de que mi idea contraria al sentido común de visitar a Joe venía del Señor. Fue solo una idea fugaz que me vino mientras oraba, pero cumplía con mis dos criterios. Visitar a un amigo y comer en su casa parecía el tipo de cosa que hubiera hecho Jesús. Y si en realidad no era Dios quien me estuviera enviando a ver a Joe, no sería el fin del mundo. De manera que decidí actuar según mi intuición, le mandé un correo electrónico y, al hacerlo, descubrí que mi intuición había sido en realidad un susurro de Dios.

Al procurar discernir la voz de Dios, llevar un diario puede ser una herramienta valiosa para la memoria personal y la reflexión en oración. Al registrar nuestras oraciones e impresiones de esta manera, seguimos el ejemplo de María quien «guardaba todas estas cosas en el corazón y pensaba en ellas con frecuencia»[16]. La relativa lentitud y la naturaleza solitaria de llevar un diario nos insta a un estado más creativo y menos reactivo en el que se discierne con más facilidad la mano de Dios y los susurros de su Espíritu, con mayor claridad. (Ver Herramientas de oración: «Cómo mantener un diario de oración»).

Escuchar a Dios en acción

Bendito es todo el que escucha la palabra
de Dios y la pone en práctica.

LUCAS 11:28

Solemos pensar que escuchar es una actividad pasiva, pero esa no es la actitud de Hebreos. Jesús dijo: «Ustedes son mis amigos si hacen lo que yo les mando»[17]. Hay una conexión directa entre la obediencia y la revelación. De hecho, la palabra latina *obedire*, de la cual deriva «obedecer», significa literalmente «prestar atención, escuchar». Escuchar significa rendirnos por voluntad propia a cualquier cosa que Dios nos pida hacer.

Muchas personas quieren que Dios les revele su plan maestro completo antes de comprometerse, pero, por lo general, Dios se niega a dar más que solo los próximos pasos. Cuando María, la madre de Jesús, les dijo a los sirvientes en la boda de Caná: «Hagan lo que él les diga», es poco probable que ella supiera exactamente lo que su hijo estaba por hacer[18]. Aun así, ella sabía lo suficiente como para confiar en él. Entendió que, si los sirvientes solo servían, Jesús los sacaría del apuro de alguna manera. No es sino hasta que hemos cumplido lo último que Dios nos pidió que estamos listos para recibir su siguiente revelación. Esto nos mantiene junto a él, obedientes a su voz, caminando «por lo que creemos y no por lo que vemos»[19].

Hace algunos años, algunos queridos amigos nuestros recibieron en su hogar en Tulsa, Oklahoma, a un bebé de dos meses. Casi de inmediato, notaron que Anthony no lloraba y que tenía un punto plano al costado de la cabeza donde había estado apoyado en su portabebés donde lo habían dejado un largo período sin atender. Otra preocupación era que la madre biológica de Anthony, Rhonda, había desaparecido sin completar todo el formulario necesario para renunciar a sus derechos parentales. Sin eso, Roger y Donna no podían adoptar definitivamente al pequeño niño que enseguida había llegado a ser parte de su familia. De hecho, todavía podían quitárselo en cualquier momento.

Supieron que Rhonda se había dirigido a la ciudad de Oklahoma, a ciento cincuenta kilómetros al suroeste, sin dejar una dirección.

Sin saber qué más hacer, Roger imprimió un puñado de volantes y condujo hasta la ciudad de Oklahoma, orando y esperando que de alguna manera pudiera encontrar a esa mujer en tránsito, perdida en medio de una de las ciudades más grandes de los Estados Unidos de América, entre su millón cuatrocientos mil habitantes. Sabía que era una locura, una aguja en un pajar, pero no les quedaban otras opciones, y el bienestar y el destino de un niño dependían de encontrar a Rhonda antes de que fuera demasiado tarde.

Hay un versículo en la Biblia que dice: «Tus oídos lo escucharán. Detrás de ti, una voz dirá: "Este es el camino por el que debes ir", ya sea a la derecha o a la izquierda»[20]. Roger entró en la ciudad ese día pidiéndole al Señor que lo guiara «a la derecha o a la izquierda» en cada cruce, cada semáforo, cada esquina. De esta manera tan precaria, Roger se topó con una pequeña iglesia misionera blanca en una fea zona de la ciudad, rodeada de parcelas vacías. Era un domingo por la mañana, y era evidente que acababa de terminar un servicio porque la gente se apiñaba afuera, a la espera de una comida caliente. Roger aparcó su coche y se dirigió con aprensión a una de las cocineras que estaba fuera de la iglesia. Ella miró el volante, se encogió de hombros y le sugirió ver al pastor.

Roger todavía se ríe de asombro cuando recuerda lo que ocurrió después:

> El pastor miró la fotografía, hizo una breve pausa, y dijo unas palabras que apenas podía creer. Sí. ¡Reconoció a Rhonda! Sabía su nombre. Incluso sabía dónde estaba viviendo.
>
> Me invadió un enorme alivio. De todos los distritos, calles, iglesias, casas y gente en esa enorme ciudad en expansión, había sido guiado directo al hombre correcto en la dirección correcta en el barrio correcto exactamente

en el momento correcto, justo cuando la iglesia se estaba vaciando. Me había llevado menos de treinta minutos encontrar a Rhonda en la segunda ciudad más grande de los Estados Unidos de América por área total.

Una hora después de conocer al pastor, Rhonda había firmado el formulario necesario, y en pocas semanas, Anthony era oficialmente nuestro hijo. Fue uno de los milagros más grandes del que he participado y, desde entonces, Anthony viene siendo un miembro amado de nuestra familia y de la comunidad de nuestra iglesia.

Habla Señor, que tu sierva oye.
Concédenos oídos para oír,
ojos para ver,
voluntad para obedecer,
corazones para amar.
CHRISTINA ROSSETTI

MÁS SOBRE ESCUCHAR A DIOS

SESIÓN 7 DE *EL CURSO DE ORACIÓN*: Escuchar

HERRAMIENTAS DE ORACIÓN: 20. Cómo hablar en lenguas, 21. Cómo practicar la Lectio Divina, 22. Cómo mantener un diario de oración y 23. Cómo convertir la crianza de los hijos en oración (ElCursoDeOracion.com).

LECTURA ADICIONAL: *Escuchar a Dios* por Dallas Willard

HEROÍNA DE LA ESCUCHA

Amy Carmichael: Niña pájaro salvaje

¿Quieres orar? Detente y ora ahora mismo, no sea que el deseo se convierta en sentimiento y el sentimiento se evapore.

AMY CARMICHAEL

Mucho antes de que alguien hablara de la trata de personas, una notable misionera irlandesa llamada Amy Carmichael estaba rescatando niños de la prostitución forzada en los templos hindúes de la India.

Con extraordinaria resiliencia, esta mujer soltera, quien se describía a sí misma como «niña pájaro salvaje», se enfrentó a los poderosos sacerdotes del templo y estableció dos hogares para niñas y niños, en la ciudad de Dohnavur, en el estado de Tamil Nadu. También fundó un hospital financiado por la reina de Inglaterra. Amy Carmichael vivió en la India durante cincuenta y cinco años y murió allí sin regresar a Irlanda del Norte.

También fue una prolífica escritora y poeta que publicó alrededor de treinta y cinco libros. Sus obras devocionales, místicas y desafiantes, también son sorprendentemente honestas acerca de sus luchas personales. A menudo adquieren la forma de conversaciones con Dios.

De niña, solía extender sus sábanas en el suelo a la hora de dormir e invitaba al Señor a venir a sentarse junto a ella. Esos momentos íntimos con Dios fueron profundizándose a lo largo de la vida ejemplar de Amy a medida que se familiarizaba con la voz de Dios. Sus escritos han inspirado a muchos otros a nutrir sus propios ritmos diarios de oración y escucha.

Amy Carmichael nos enseña que escuchar a Dios no nos aísla de la realidad, sino más bien nos impulsa a aventuras extraordinarias, entregados a lo que ella llama un «amor de calvario».

Fue enterrada en Dohnavur en una tumba sin lápida, a pedido de ella misma. Las niñas y niños que ella había rescatado colocaron un bebedero para pájaros sobre su tumba, con una inscripción de una sola palabra en tamil: *Amma*, que significa madre.

> *Que podamos oír las palabras simples; nuestro Señor habla simple: «Confía en mí, hija/hijo mío —dice—. Confía en mí con un corazón más humilde y con una entrega mayor que nunca antes a mi voluntad. Confía en mí para derramar mi amor a través tuyo minuto a minuto.*
>
> AMY CARMICHAEL, IF

Capítulo 10

Confesión y reconciliación

CÓMO ESTAR BIEN CON DIOS

Perdónanos nuestros pecados, como nosotros perdonamos a quienes pecan contra nosotros.

EL PADRENUESTRO, LIBRO DE SERVICIO ALTERNATIVO DE LA IGLESIA DE INGLATERRA

Confesar tus pecados a Dios no es decirle a Dios algo que él no sepa ya. Sin embargo, hasta que los confiesas, son el abismo entre ustedes. Cuando los confiesas, se convierten en el Puente Golden Gate (Puerta de Oro).

FREDERICK BUECHNER, *WISHFUL THINKING* (ILUSIÓN)

POR FIN LLEGAMOS A LA PARTE más dura y desafiante de todo el Padrenuestro. ¿Quién no quiere tener un amoroso Padre en el cielo, que venga el reino de los cielos, y una hogaza de pan fresco cada mañana? Pero entonces aparece esto. Viene sigilosamente y golpea donde duele. Primero, una punzada en el estómago: «Perdónanos nuestros pecados». No hay excusas. No sirven los «si...» ni los «peros». Nos pescan con las manos en la masa. Y luego la zancadilla: «*como nosotros perdonamos a quienes pecan contra nosotros*». La única línea del Padrenuestro que conlleva una condición, grande y conspicua. Si no perdonamos, no seremos perdonados.

«¡Eso no es justo!», exclamamos. «¡Fue él quien comenzó!»; «¡Ella tiene la culpa!»; «¡Vamos, la víctima soy yo!». Los puños cerrados y los dedos acusadores cierran nuestras manos a la gracia. El teólogo vivo más grande de los Estados Unidos de América, Stanley Hauerwas dice; «Justo ahí es donde el Padrenuestro es más difícil de orar. Tal vez por eso esta es la petición más larga y más comprometida del Padrenuestro»[1].

De seguro has oído la hermosa historia de un hombre paralítico a quien sus amigos bajaron en una camilla por un hueco en el techo[2]. Lo primero que Jesús le dijo fue: «Hijo mío, tus pecados son perdonados». Después sanó también su cuerpo pero solo para demostrarles que «el Hijo del Hombre tiene autoridad en la tierra para perdonar pecados». Interesantes las prioridades, ¿no hubiéramos sanado primero al enfermo nosotros?

Nuestra mayor necesidad y el mayor regalo de Dios es lo mismo: el perdón de nuestros pecados. Y para recibirlo, solo tenemos que pedirlo y pasarlo. Aunque para pedirlo, primero tenemos que admitir que lo necesitamos. Tratamos de escabullirnos por instinto. Queremos esquivar el bulto. El hombre culpa a la mujer. La mujer culpa a la serpiente. Cualquier cosa, cualquier otro, pero no nosotros. Shakespeare escribe: «Culpamos de nuestros desastres al sol, a la luna y a las estrellas como si fuéramos canallas por necesidad, [...] borrachos, embusteros y adúlteros por forzosa sumisión al influjo planetario»[3].

Esta es la línea más difícil del Padrenuestro, pero también es, por mucho, la más inquietante. Nada de «por favor». Nada de «discúlpame». Solo ese pedido audaz, que suena sospechosamente como exigencia: «Perdónanos nuestros pecados». En el Evangelio de Mateo se traduce por «Perdónanos nuestras *deudas*» porque la palabra griega *opheilemata* es un término comercial, no uno religioso, que denota «algo que se debe, que se espera de alguien, algo que es un deber o una obligación dar o pagar. En otras palabras, significa una deuda en el sentido más amplio del término»[4]. La palabra *perdonar* tiene connotaciones comerciales similares, significa literalmente «borrón y cuenta nueva». Aunque, inténtalo con el gerente de tu banco, el prestamista de tu hipoteca, tu proveedor de la tarjeta de crédito: «A quien corresponda: Parece que mi familia y yo hemos sacado mucho más crédito del que podemos devolver. Por lo tanto, escribo para que borre de su computadora todo registro de lo que debemos al momento. Perdónenos nuestras deudas. Dejémoslo así. Sinceramente suyo, etcétera». Sería ridículo. Ingenuo. Ni en lo más mínimo es así como funciona el mundo.

Por supuesto. Algunas personas murmurarán con indignación ante todo esto. Señalarán, con bastante razón, que el perdón puede ser sencillo, pero no es gratis. «Costó la cruz». Jesús les enseñó esta oración y los discípulos comenzaron a repetirla por lo menos un año antes de su muerte. Quizás cuando oraban «perdónanos nuestros pecados», recordaban la historia del hijo pródigo, que volvió tropezando, maloliente por el camino, con su puñado de explicaciones dudosas y esa disculpa endeble en el bolsillo: «Padre, he pecado». Y aun antes de que pudiera entregarla, su padre lo abrazó, le entregó la tarjeta de crédito y lo recibió en la casa. No fue el discurso. Nunca es el discurso. Fue solo el haber venido[5].

No importa ni lo que hayas dicho ni lo que hayas hecho; ni lo que hayas pensado decir o hacer; ni dónde hayas estado o con quién hayas estado, hay más gracia en Dios que pecados en ti. «Dios nunca se cansa de perdonar —dice el Papa Francisco—; somos nosotros los que nos cansamos de pedir perdón»[6]. No puedes ser

No importa ni lo que hayas dicho ni lo que hayas hecho; ni lo que hayas pensado decir o hacer; ni dónde hayas estado o con quién hayas estado, hay más gracia en Dios que pecados en ti.

demasiado malo, estar demasiado roto o ser demasiado aburrido para el amor incondicional de Dios, solo demasiado orgulloso como para reconocer con cuánta desesperación lo necesitas. Pídele y recibirás. Da un paso hacia el Padre y él vendrá corriendo hacia ti. Balbucea esa disculpa poco convincente y él te abrazará en silencio. Ora: «Perdónanos nuestros pecados como nosotros perdonamos a quienes pecan contra nosotros», once palabras, y él lo hará. Te perdonará. Así nomás. Borrón y cuenta nueva. Este es el evangelio en el corazón de la declaración de Jesús: si confesamos nuestro pecado al Padre, pidiéndole su gracia, seremos perdonados. O, como lo expresa en otra parte el apóstol Juan: «Si confesamos nuestros pecados a Dios, él es fiel y justo para perdonarnos nuestros pecados y limpiarnos de toda maldad»[7].

Pasé una larga y triste tarde con un amigo que había engañado a su esposa. Su matrimonio se estaba desmoronando. Su familia se estaba destruyendo. Era un líder cristiano y había perdido su ministerio. Había confesado pero solo porque había sido descubierto. Describía su situación repetidamente como «la tormenta perfecta» y como «crisis de la mediana edad». Explicaba que había estado estresado en el trabajo y que era infeliz en su matrimonio. Hablaba de traumas no resueltos en la infancia. En más de dos horas de conversación, sin embargo, nunca dijo las únicas dos palabras que más necesitaba decir: «Pete, he pecado».

Cuando el consejero especial y «operador sucio» del presidente Nixon, Chuck Colson, fue imputado en el famoso escándalo de Watergate que conmovió los Estados Unidos de América en la década de 1970, su instinto fue defenderse. Pero una noche visitó un amigo que le habló directamente a su vida, acusándolo de orgullo.

—De repente, me sentí desnudo y sucio, mi bravucona defensa había desaparecido. Estaba expuesto, desprotegido.

Mientras se alejaba de esa casa, Chuck Colson finalmente se quebró.

Con la cara entre las manos, la cabeza apoyada en el volante, olvidé todo mi machismo, mis excusas, mi miedo a ser débil. Y al hacerlo, comencé a experimentar un maravilloso sentimiento de ser liberado. Luego vino la extraña sensación de que el agua no solo corría por mis mejillas, sino que brotaba por todo mi cuerpo también, lavándome y refrescándome. No eran lágrimas de tristeza y remordimiento, tampoco de alegría, más bien de alivio.

Y entonces hice mi primera oración de verdad[8].

Orar el *Examen*

De noche, me gusta tomarme unos minutos para orar antes de ir a dormir para repasar y revisar el día con el Señor utilizando mi propia versión de la antigua oración de *Examen*. Es un proceso muy simple, cualquiera puede realizarlo, pero yo he descubierto que es una herramienta extraordinariamente poderosa para la confesión, la reconciliación y la transformación personal. Es una manera práctica de parecerse un poquito más a Jesús cada día.

Se ha escrito mucho a lo largo de los últimos dos siglos sobre el examen de consciencia, sobre todo por los jesuitas que popularizaron el *Examen*, que implica varios pasos (tradicionalmente en latín) para la introspección. Aunque como no entiendo mucho latín y en general necesito que las cosas sean fáciles si van a ser sostenidas y placenteras, he desarrollado mi propio equivalente simple de cuatro pasos:

- Recordar
- Alegrarse
- Arrepentirse
- Reiniciar

1. Recordar

Primero, recuerda tu día con el mayor detalle posible. No eches un simple vistazo a los principales momentos, los eventos obvios que aparecen en tu agenda. Intenta recordar las interacciones mundanas entremedio, las actitudes pasajeras, y las conversaciones casuales que llenaron los espacios de tu día, preguntándote: *¿Dónde estaba Dios cuando eso ocurrió? ¿Dónde estaba Dios en la conducta de la otra persona?* E incluso, *¿dónde estaba Dios en ese momento de dolor?* Un jesuita compara este proceso con «hurgar en busca de Dios [...] revisar un cajón lleno de cosas, palpando, buscando algo que estás seguro debería estar allí»[9]. Hurgar es más difícil de lo que puedes pensar. De hecho, la mayoría de los días, se me hace casi imposible recordar los detalles a menos que los analice cronológicamente. A medida que lo hagas, pronto descubrirás que, aunque el diablo está en los detalles, también lo están los ángeles. En un día promedio, hay mucho de lo que arrepentirse pero todavía más de que alegrarse. En la Biblia hay 550 referencias a recordar. Es al recordar que comenzamos a ver cuán presente está Dios en nuestra vida, obrando en todas las cosas, toda la gente, todos los lugares, todos los momentos.

2. Alegrarse

A medida que hurgas en el cajón de tu día, encontrarás monedas, joyas, fotografías valiosas, pepitas de oro opacas. Noche tras noche, te maravillarás de las maneras furtivas en que Dios te ha bendecido, la frecuencia de sus susurros, la continuidad de su presencia, la suavidad de su tacto. Tal vez recuerdes la alegría de encontrarte de golpe e inesperadamente con un amigo en la calle, el video ridículo que te hizo reír, el abrazo inesperado de tu hijo adolescente, el café recién preparado en tu taza preferida, la letra de una canción que te emocionó, el tamborileo de la lluvia contra la ventana mientras trabajabas adentro en calcetines, las formaciones de nubes y los rayos de luz que siguieron a la tormenta y ahora la quietud de esta noche, las estrellas arriba y la placentera perspectiva de acostarte en tu cama tibia.

Aunque Dios no está solo en las cosas lindas. También está con nosotros en el «valle de sombras», en nuestros tiempos de dudas e incluso en nuestro pecado[10]. En mi propia vida, quizás no puedo ver *por qué* Dios no ha sanado la enfermedad crónica de Sammy (y no creo que esté a punto de decírmelo), pero ciertamente puedo ver dónde está obrando en ella y a través de ella. Por lo tanto, me suele parecer más útil orar preguntando *¿Dónde?* en lugar de *¿Por qué? ¿Dónde estabas, Señor, durante nuestra consulta médica hoy? ¿Dónde estás ahora en nuestro cansancio y nuestra desilusión?* David G. Benner lo expresa así: «Circunstancias no gratas [...] no son regalos. Pero pueden contener un regalo»[11]. La oración de *Examen* nos permite recibir y desenvolver esos regalos.

3. Arrepentirse

Al recordar tu día en detalle, alegrándote por la evidencia de las bendiciones de Dios, inevitablemente también recordarás acciones, palabras, pensamientos y actitudes que estuvieron mal. En el silencio de la oración el Espíritu Santo, a menudo, iluminará momentos en que fuiste egoísta, lujurioso, engañoso, jactancioso, hiriente o desatento. Cosas que podrían haber sido relativamente fáciles de justificar o ignorar en el ajetreo del momento, se tornan mucho más difíciles de justificar bajo la mirada directa de Dios. Cada vez que nuestros pequeños secretos sucios —que florecen como hongos en la oscuridad— quedan expuestos al resplandor incisivo de su luz, podemos intentar ocultarlos, como Adán y Eva, que «se escondieron del Señor Dios entre los árboles»[12]; o fingir que no existen, como el fariseo cuando oraba: «Te agradezco, Dios, que no soy como otros», o podemos levantar las manos y confesarlos como el cobrador de impuestos que clamaba: «oh Dios, ten compasión de mí, porque soy un pecador». En verdad, dice Jesús: «Fue este pecador —y no el fariseo— quien regresó a su casa justificado delante de Dios»[13].

Es probable que te duches cada día para quitarte la suciedad del cuerpo. De la misma manera, se te invita a venir con regularidad ante Dios orando: «Purifícame de mis pecados, [...] lávame, y quedaré más blanco que la nieve»[14]. Sin esta disciplina ¡comenzarás a apestar! Conductas que alguna vez te habrán resultado vergonzosas o incluso chocantes se volverán toleradas, admisibles y, con el tiempo, normalizadas a medida que tu conciencia se vaya adormeciendo. Pero al confesar con regularidad tu pecado, ¡tu vida tendrá un olor dulce! Serás saludable y santo, cada día un poco más parecido a Jesús.

4. Reiniciar

Después de haber recordado tu día en detalle, alegrándote y arrepintiéndote a lo largo del camino, ponemos nuestra atención en los desafíos del mañana, pidiendo la fuerza del Señor para vivir un poco más para su gloria. El apóstol Pablo dice que «somos transformados a su gloriosa imagen»[15]. ¿Cómo es que esto ocurre en realidad? ¿Es solo un misterio? ¿Algo automático que sucede independientemente de las elecciones que hagamos? Lamentablemente, todos hemos conocido suficientes viejos cristianos cascarrabias para comprender que no hay nada seguro respeto a la santificación. Yo creo que se recibe cada vez más día tras día, elección tras elección, a medida que entrenamos nuestro cerebro para «estar siempre gozosos» e inclinamos nuestro corazón una y otra vez desde las sombras a la luz.

• • •

Una noche, mientras estaba caminando por las calles oscuras cerca de nuestra casa repasando el día de esa manera antes de ir a dormir, recordé cómo había llevado a Sammy y los muchachos al cine y cómo algún conductor nos había cortado el paso. Yo le había gritado. Sammy me había gritado a mí. Y yo le había gritado a Sammy. ¿Acaso no veía la forma peligrosa en que ese hombre iba conduciendo su coche? ¡Se había olvidado de que teníamos niños vulnerables en el coche? ¿No sabía que existía la ira justificada? Sammy se había quedado callada. Finalmente, llegamos al cine. La película estuvo muy buena. La vida había seguido adelante. Nada importante.

Pero ahora, en el silencio de esas calles oscuras, al recordar ese momento, parecía que Dios estaba poniéndose del lado de Sammy. Suspiré. «Está bien. Lo reconozco: perdí el control. Lo siento. No debería haber gritado a ese conductor, Señor, ayúdame a ser más paciente mañana».

Hubo un silencio antes de sentir que Dios me estaba diciendo que me disculpara con mis hijos. Esa idea me molestó. Y me encontré protestando. «Eso es ridículo. Estás convirtiendo el asunto en algo más grande de lo que es. Mis hijos no necesitan que les pida disculpas. Ni siquiera se acordarán de un asunto tan trivial. ¿Tienes idea de cómo está el tráfico por aquí?».

Diez minutos después estaba sentado en la cama de Hudson.

—Hijo, solo quiero pedirte perdón por algo. ¿Recuerdas cuando le grité a ese hombre camino al cine?

Asintió de inmediato.

—No debí haber hecho eso. Mamá tenía razón. Los cristianos debemos ser pacientes y amables. Te di un mal ejemplo. No quiero que crezcas tratando así a la gente. Te pido disculpas.

En seguida me puso los brazos alrededor del cuello y me estrechó con fuerza.

—Está bien, papá.

Un minuto después estaba en la habitación contigua, hablando con Danny, y ocurrió lo mismo. Danny supo de inmediato exactamente de qué estaba hablando. Él tampoco lo había olvidado. Escuchó mis disculpas y no le pareció que era una tontería. Me abrazó y me dijo que estaba todo bien.

Es una historia tonta y mundana. Y ese es justamente el punto. Somos cambiados a semejanza de Cristo, a través de miles de pequeñas elecciones como esa.

Millones de personas han encontrado libertad de las adicciones a través de un programa de doce pasos, de los cuales el quinto paso es la simple confesión. «Admitimos ante Dios, ante nosotros y ante otros seres humanos la naturaleza precisa de nuestros errores». Hay un gran poder en confesar nuestros pecados, no solo a Dios, sino también a otra persona. Vez tras vez he encontrado alivio y liberación en el simple hecho de admitir mis fallas, y ponerlas a la luz. Dios me envió otra vez a la casa esa noche para confesar a mis hijos, y con sus abrazos recibí la absolución. «Confiésense los pecados *unos a otros*», no solo a Dios, «y oren los unos por los otros para que sean sanados», dice el apóstol Santiago[16]. En otra parte Jesús dice; «Si presentas una ofrenda en el altar del templo y de pronto recuerdas que alguien tiene algo contra ti, deja la ofrenda allí en el altar. Anda y reconcíliate con esa persona. Luego ven y presenta tu ofrenda a Dios»[17].

¿Dónde más nos dice la Biblia que adoremos en segundo lugar?

El comediante anárquico Russell Brand, antes conocido por su vida libertina de adicción a las drogas y al sexo, ha escrito un asombroso poema para el programa de doce pasos a través del cual él dice que ha encontrado libertad y esperanza. «La confesión me devolvió la integridad de mí mismo y la integridad del mundo —dice—. Fue restauradora»[18]. No podemos separar nuestras relaciones con las otras personas de nuestra relación con Dios. No podemos estar más reconciliados con él de lo que estamos con nuestro vecino[19]. Nuestra vida de oración y nuestra vida familiar están entretejidas en forma intrincada. Es a medida que «nosotros perdonamos a quienes pecan contra nosotros» que recibimos el perdón de Dios.

La reconciliación

A los seis años, Ruby Bridges fue invitada por su madre a convertirse en la primera niña afroamericana en asistir a una escuela primaria reservada para blancos en Luisiana. Cada día, era escoltada hacia y desde la escuela por hasta veinticinco policías para protegerla de la multitud de manifestantes enojados en la puerta de la escuela. Una mujer en particular le gritaba amenazas de muerte a Ruby. Otra manifestante le mostraba una muñeca negra en un ataúd. Todos los padres sacaron a sus hijos de la escuela.

Luego de enfrentar el odio de la multitud, Ruby se sentaba sola en un aula vacía. Su maestra fue Barbara Henry, la única maestra dispuesta a darle educación. Ruby recuerda deambular por la escuela durante los descansos, buscando a los demás niños. La imagen de esa niña pequeña, vestida con tanta pulcritud y sujetando su cartera escolar, escoltada por hombres uniformados que le duplicaban en altura polarizó a los Estados Unidos de América. Norman Rockwell describió la escena en un cuadro famoso, *The Problem We All Live With* (El problema con el que todos vivimos).

Al observar el desarrollo de esa situación, el psicólogo infantil Robert Coles le ofreció consejo a Ruby. Una vez por semana, se sentaba en el hogar humilde que ella compartía con cuatro hermanos y sus padres, quienes no sabían ni leer ni escribir.

—Parecía que estabas hablando con la gente en la calle cuando ibas ayer a la escuela —le dijo en una ocasión—. ¿Estabas enojada con ellos? ¿Les estabas diciendo que te dejaran tranquila?

—No, doctor —respondió gentilmente Ruby—. No les decía nada. No les hablaba.

—¿Con quién hablabas entonces?

La pequeña niña miró al psicólogo:

—Estaba hablando con Dios. Estaba orando a Dios por la gente en la calle.

—¿Estabas *orando* por ellos? Pero Ruby, ¿por qué estabas orando por ellos?

La niña abrió grandes los ojos.

—Bueno, ¿no cree que necesitan oración?

Robert Coles se quedó sin habla. Retomando la compostura, susurró:

—¿Qué le dices a Dios cuando oras por ellos, Ruby?

—Bueno, siempre digo lo mismo. Por favor Dios, trata de perdonar a esta gente. Porque, aunque dicen esas cosas malas, no saben lo que hacen[20].

• • •

El 8 de noviembre de 1987, una bomba de veinte kilos plantada por el Ejército Republicano Irlandés Provisional explotó en la pequeña ciudad norteña de Enniskillen, matando a once personas inocentes e hiriendo a sesenta y cuatro. Una de las personas asesinadas fue Marie Wilson, una enfermera local cuyas últimas palabras —dichas a su padre, Gordon Wilson, quien estaba enterrado bajo los escombros a su lado— fueron: «Papá, te quiero mucho».

Gordon Wilson fue rescatado vivo de los escombros y en una asombrosa entrevista grabada apenas horas después de la explosión, todavía en shock y en medio del dolor por la muerte de su hija, dijo a la BBC: «No tengo odio. No tengo rencor. Hablar cosas feas no va a devolver la vida a mi hija. Ella fue una niña estupenda. Amaba su profesión. Era mi preferida. Está muerta. Está en el cielo y volveremos a encontrarnos. Voy a orar por esos hombres esta noche y todas las noches»[21]. Esa entrevista se escuchó en todo el mundo. Las peticiones de Wilson por la paz impidieron las represalias y fue un duro golpe para el Ejército Republicano Irlandés. De hecho, en el décimo aniversario de la atrocidad de Enniskillen, su ala política, Sinn Féin, presentó una disculpa formal sin precedentes. Gordon Wilson, un humilde comerciante de telas provincial, había cambiado el curso de la historia al elegir perdonar a sus enemigos. Un periodista curtido, al revisar su propia carrera, dijo que entrevistar a Gordon Wilson había sido «lo más próximo que jamás había llegado a estar en presencia de un santo»[22].

Jesús nos llama a perdonar a quienes pecan contra nosotros. Así es como se puede romper el ciclo de odio. Es lo que Jesús ejemplificó para nosotros en la cruz, al orar «Padre, perdónalos, porque no saben lo que hacen»[23]. Es lo que ejemplificó Ruby Bridges, de seis años, en Nueva Orleans, al orar «Por favor, Dios, perdona a esta gente [...] no saben lo que están haciendo». Es lo que Gordon Wilson ejemplificó en Irlanda del Norte, diciendo: «No tengo rencor [...] voy a orar por esos hombres esta noche y todas las noches». La respuesta instintiva de cada uno de ellos fue la oración.

El Padrenuestro es un clamor por la reconciliación a todo nivel: en nuestra relación rota con Dios («Padre nuestro en el cielo, santificado sea tu nombre»), en nuestras relaciones rotas de unos con otros («Perdónanos [...] como nosotros perdonamos») y en nuestras relaciones rotas con el mundo («venga tu reino»). Efectivamente, esta línea acerca de perdonar a quienes pecan contra nosotros se puede aplicar a todas las demás líneas de la oración. El nombre del Padre es santificado cuando perdonamos. Su reino viene cuando perdonamos. Somos perdonamos cuando perdonamos.

Nuestro mundo se divide amargamente entre derecha e izquierda, negro y blanco, rico y pobre, occidente y oriente, liberal y conservador, hombre y mujer, fundamentalismo religioso y capitalismo de libre mercado. El abogado defensor Michael Ramsden dice que las tres palabras más poderosas en la lengua inglesa hoy en día son: «*I am offended*» («estoy ofendido»)[24]. Las familias se están rompiendo. Las sociedades se están fragmentando. Las alianzas internacionales están terminando. La política se está polarizando. Proliferan el tribalismo, el nacionalismo y el proteccionismo. En un tiempo así, sencillamente no podemos separar nuestras oraciones por la venida del reino de Dios del llamado radical de Cristo a la reconciliación con aquellos que pecan contra nosotros. ¡La reconciliación es aquello a lo que justamente se parece el reino! Jesús dice: «¡Ama a tus enemigos! ¡Ora por los que te persiguen!»[25]. El apóstol Pablo dice que «Cristo nos reconcilió consigo mismo y nos dio el ministerio de la reconciliación»[26].

Ruby Bridges y Gordon Wilson ministraron la reconciliación en situaciones socialmente extremas, y sus ejemplos son innegablemente extraordinarios, pero todos podemos seguirlos en maneras menos dramáticas. Cada vez que estamos ofendidos o dolidos, podemos elegir perdonar. Podemos quedarnos callados en las redes sociales cuando nuestros puntos de vista son atacados. Podemos negarnos a nosotros mismos la dulce autocompasión de la victimización. Podemos amar y orar por aquellos que de otra manera serían nuestros enemigos. Jesús dice que, al hacerlo, cuando dejamos de señalar con el dedo, aflojamos el puño y abrimos la palma de la mano, el Padre nos dará la gracia para hacerlo.

Es probable que haya personas en tu vida que te hayan herido en lo profundo, y la idea de perdonarlos puede ser muy dolorosa, pero hasta que no elijas perdonar, seguirán controlando tu corazón. La falta de perdón, dicen, es como beber veneno con la esperanza de que la otra persona muera. Perdonar no es ingenuidad. No es olvidar. No es decir que lo que la otra persona hizo o dijo de todas maneras estaba bien. No significa quedar expuesto a ataques futuros. Perdonar puede implicar hablar con un amigo, recibir consejo, o incluso ir a la policía. Pero perdonar es la elección de amar y dejar ir, no odiar y aferrarse. Tiende a ser un proceso a medida que elegimos perdonar una y otra vez, o, como lo expresó Jesús, «No siete veces [...], sino setenta veces siete»[27].

El 27 de junio de 1995, Gordon Wilson por fin se reunió con su hija Marie. Nadie sabe cuántas vidas salvó, por el espiral de violencia que impidió y la búsqueda espiritual que impulsó al perdonar a los asesinos de su hija. Pero cuando dio esa cruda entrevista a la BBC horas después de la tragedia, el mundo pudo oír que las reacciones de Gordon Wilson eran sinceras, no políticamente calculadas, sino espiritualmente inculcadas. Era un padre con el corazón roto y un simple seguidor de Jesús que se había entrenado por años en lo secreto de su vida de oración a amar y perdonar a quienes lo herían, sin saber nunca cuán profundamente sería puesta a prueba su decisión, ni cuán poderosamente sería usada. Al recordar el legado del heroico acto de perdón de ese humilde comerciante irlandés, el historiador Jonathan Bardon hace una afirmación extraordinaria: «Ninguna palabra en más de veinticinco años de violencia en Irlanda del Norte tuvo un impacto tan poderoso y emotivo»[28].

El 15 de julio del 2011, Ruby Bridges fue invitada por el presidente Barack Obama a la Casa Blanca, donde estaba expuesto temporariamente el cuadro que Norman Rockwell pintó de ella. Ambos estuvieron allí mirando a esa pequeña niña vestida de blanco camino a la escuela frente a los grafiti llenos de odio, la primera niña afroamericana en asistir a la Escuela Primaria William Frantz y el primer afroamericano comandante en jefe. El presidente Obama miró a Ruby en cierto momento y dijo: «Si no fuera por ustedes, yo no estaría aquí hoy»[29]. ¿Cómo había ocurrido eso? Ruby fue valiente, digna y notable, pero también tenía apenas seis años. Sus padres, pobres y analfabetos, le habían inculcado la gracia en silencio en su casa y le habían enseñado a orar por sus perseguidores.

Ruby y Gordon Wilson nos recuerdan que todas nuestras decisiones de perdonar pueden cambiar el mundo, al romper círculos de amargura, sanar divisiones, y multiplicar fractales de gracia. Sin el perdón, todas nuestras oraciones —todas las cosas descriptas en otras partes de este libro— son religión muerta. Cuando perdonamos a quienes nos hieren, el nombre del Padre es santificado, viene su reino y nosotros mismos somos perdonados.

* * *

Hemos abarcado mucho terreno en este capítulo. Analizamos el poder de confesarle nuestros pecados «verticalmente» a Dios, a través de la oración de *Examen* y «horizontalmente» a otros a través de la responsabilidad mutua, y de la extraordinaria manera en que el elegir perdonar puede ayudar a reconciliar un mundo quebrantado.

Cuando el rey David violó a Betsabé (porque eso fue lo que hizo) y su esposo fue asesinado, Dios envió al profeta Natán a exponer la magnitud del pecado de David. La conducta de David había sido monstruosa, pero su respuesta se convirtió en lo que tal vez sea la mayor oración de arrepentimiento de todos los tiempos:

> Ten piedad de mí, oh Dios,
> conforme a tu gran amor;
> conforme a tu misericordia,
> borra mis transgresiones.
> Lávame de toda mi maldad
> y límpiame de mi pecado.
>
> Yo reconozco mis transgresiones;
> siempre tengo presente mi pecado. [...]
>
> Crea en mí, oh Dios, un corazón limpio
> y renueva un espíritu firme dentro de mí.
>
> SALMO 51:1-3, 10, NVI

MÁS SOBRE LA CONFESIÓN Y LA RECONCILIACIÓN

SESIÓN DE *EL CURSO DE ORACIÓN*: Este es un capítulo «extra» sin equivalente con *El Curso de oración*. ¡Semana libre!

HERRAMIENTAS DE ORACIÓN: 24. Cómo orar la oración de Jesús, 25. Cómo confesar nuestro pecado y 26. El arrepentimiento de la identidad (ElCursoDeOracion.com).

LECTURA ADICIONAL: *The Lost Art of Forgiving* (El arte perdido de perdonar) de Christoph Arnold

HÉROE DE LA CONFESIÓN Y LA RECONCILIACIÓN

Arzobispo Desmond Tutu: Agitador por la paz

Sin perdón realmente no hay futuro

DESMOND TUTU

«Lo siento» son dos de las palabras más difíciles que nos toca decir, dice riéndose el arzobispo retirado de Johannesburgo y Ciudad del Cabo. Desmond Tutu ahora es un estadista a nivel mundial, galardonado con el Premio Nobel de la Paz por su papel central en la campaña para desmantelar el *apartheid*.

Por invitación de su amigo Nelson Mandela, Tutu ayudó a organizar la Comisión por la Verdad y la Reconciliación, la cual les dio a los perpetradores de la violencia la oportunidad de confesar a quienes habían hecho daño y pedir perdón. La violencia en Sudáfrica durante el *apartheid* había sido tan generalizada y tan sistémica que el encarcelamiento de cada uno de los agresores hubiera sido imposible y autodestructivo. La convicción de Tutu, basada en las enseñanzas de Jesús, era que la confesión podía ayudar a las víctimas a encontrar sanidad y a los perpetradores a recibir perdón. Los resultados asombraron al mundo cuando Tutu sacó los principios de la confesión del pietismo privado y los puso en el corazón de la plaza pública, generando un tipo de santidad social que comenzó a extenderse por la nación y a reducir la violencia.

Hace algunos años tuve la oportunidad de entrevistar a «Arch», como se dirigen comúnmente a él, y le pregunté cómo había hecho para sostener la llama de la pasión durante tantos años. Sin vacilar me respondió:

—Ah, a través de la oración. Es la oración la que echa combustible al fuego.

Como era de esperar, en una esquina de su pequeño jardín trasero en Orlando West, hay una pequeña sala de oración de colores vivos, la cual visita varias veces al día desde 1993, cuando una monja lo desafió sobre la prioridad de la oración. En ese tiempo, Sudáfrica se tambaleaba al borde del precipicio de la guerra civil. «Vienes siendo una celebridad por demasiado tiempo —lo regañó la monja—, y te está pasando factura, no solo a ti, sino también a quienes te rodean. Tienes que reconocer una vez más que eres nada delante de Dios».

Desmond Tutu bien podría haber sido consumido por la amargura, no por la paz. Al crecer como negro bajo un régimen de *apartheid* con un padre alcohólico y violento, podría haber respondido con violencia, pero eligió perdonar. «Mi padre ha fallecido hace mucho —dijo en el periódico *The Guardian* en el 2014—, pero si pudiera hablar con él hoy, querría decirle que lo he perdonado»[1].

Capítulo 11

Guerra espiritual

CÓMO EJERCER AUTORIDAD ESPIRITUAL

No nos dejes caer en tentación,
sino líbranos del mal.

EL PADRENUESTRO, LIBRO DE SERVICIO ALTERNATIVO DE LA IGLESIA DE INGLATERRA

Territorio ocupado por el enemigo, eso es lo que es este mundo. El cristianismo es la historia de cómo llegó aquí el verdadero rey, disfrazado, si queréis, y nos convocó a todos para tomar parte en una gran campaña de sabotaje.

C. S. LEWIS, *MERO CRISTIANISMO*

RAYMOND EDMAN estaba muriendo de fiebre tifoidea a la edad de veinticinco años en las selvas de Ecuador. Su médico, un especialista en enfermedades tropicales, había aconsejado a la esposa de Raymond que comenzara a hacer los preparativos para su funeral. Había hombres que ya estaban armando su ataúd. Edith estaba tiñendo de negro su vestido de novia.

Pero ese mismo día, a 4500 kilómetros al norte de Ecuador, en Attleboro, Massachusetts, el tío de Raymond, Joe, se sintió profunda e inexplicablemente afligido. No sabía nada de la situación de su sobrino, pero no podía sacarse de la cabeza la idea de que estaba en algún tipo de peligro grave. Joe, quien estaba participando de una conferencia en ese momento, se sintió tan conmovido que convenció a los doscientos delegados a juntarse en una intercesión urgente por Raymond para que «fuera librado del mal», a pesar de que ninguno de ellos sabía la naturaleza del mal contra el que estarían luchando. La conferencia se levantó y comenzaron a orar tan fervientemente que, años más tarde, muchos de los presentes todavía recuerdan esa intensidad. Impregnados de un sentido de peligro inminente, ayunaron al medio día y continuaron intercediendo hasta la mitad de la tarde, momento en que los invadió una gran paz. La sensación de peligro desapareció. De alguna manera, supieron que sus oraciones habían sido oídas, que Raymond Edman, allá lejos en el Ecuador, había sido liberado del mal.

Mientras tanto, Raymond había caído inconsciente y, en estado comatoso, percibió una presencia amorosa que entraba poco a poco a su habitación, que se levantaba del suelo hasta la altura de su cama y que fue llenando la sala. «Experimenté una dulce sensación del amor de Dios en Cristo, como nunca antes había sentido —recordó—. Basta decir que ya no siento ningún temor a morir». Se sintió ascendiendo con gran alegría hasta que una voz suave le indicó que volviera. Para asombro de quienes estaban preparando su funeral, Raymond Edman recuperó la consciencia y se sanó por completo. Más adelante, en su vida sería presidente del Wheaton College y mentor del gran evangelista Billy Graham. «Nunca sabremos toda la evaluación de su vida y su ministerio hasta que estemos en el juicio con Cristo —dijo Billy—, pero igual tengo que decir que fue el cristiano más inolvidable que he conocido»[1].

Líbranos del mal

La vida de Raymond Edman fue un testimonio de la urgencia y el poder de un tipo particular de oración. Su tío Joe y quienes estaban en la conferencia en Massachusetts se comprometieron en una forma de intercesión autoritativa y ferviente contra el ataque del enemigo. Ese día estuvieron en guerra en «los lugares celestiales»[2] y ganaron.

Raymond Edman fue librado del mal. Sus oraciones frustraron la enfermedad que lo amenazaba y le salvaron la vida.

La Biblia deja bien en claro que estamos en guerra. Hay una batalla violenta que se propaga a nuestro alrededor entre el reino de Dios y la tiranía de una cruel rebelión. «No hay ningún terreno neutral en el universo —dice C. S. Lewis—. Cada centímetro cuadrado, cada medio segundo es demandado por Dios y contrademandado por Satanás»[3]. Este nombre *Satanás* significa literalmente «el enemigo» o «el adversario». Jesús lo describe como «el ladrón [que] no viene más que a robar, matar y destruir»[4]. Cuando un misionero de veinticinco años en Ecuador está a punto de morir de una enfermedad tropical y su tío es alertado sobrenaturalmente de orar por su protección, podemos estar bastante seguros que el ladrón ha venido a robar, matar y destruir. Aunque Jesús continúa: «yo he venido para que tengan vida y la tengan en abundancia». Así, a través de las fervientes oraciones en esa conferencia de Massachusetts, la estrategia de Satanás de acabar con una hermosa vida antes de que pudiera dar frutos fue rotundamente derrotada. La muerte fue contrarrestada por la vida.

Como «no hay ningún terreno neutral en el universo», como dice C. S. Lewis, no puede haber personas neutrales. Cada uno de nosotros debe elegir un lado. Nadie llega a ser objetor de consciencia. Todos somos llamados, en palabras del músico Bruce Cockburn a «patear la oscuridad hasta que sangre luz del día»[5].

Ponernos de acuerdo y orar

Todos debemos practicar la violencia y recordar que el que ora está luchando contra el diablo y la carne [...] Satanás se opone a la iglesia, [...] por lo tanto, lo mejor que podemos hacer es ponernos de acuerdo y orar.

MARTÍN LUTERO

La guerra espiritual no suele ser moderada ni suave, sino contundente, enérgica y autoritativa. A veces va acompañada de ayuno y, por lo general, requiere perseverancia y cuidadoso discernimiento espiritual[6]. Hay tres cosas que necesitas saber para ser efectivo en este tipo de oración:

- Debes conocer a tu enemigo.
- Debes conocer tu autoridad.
- Debes saber cómo luchar.

Conocer a tu enemigo

¡Estén alerta! Cuídense de su gran enemigo, el diablo, porque anda al acecho como un león rugiente, buscando a quién devorar.

1 PEDRO 5:8

Estoy consciente de que hablar de Satanás, demonios, ángeles caídos y batallas apocalípticas entre fuerzas cósmicas de luz y oscuridad podrá sonar ridículo para algunos y como una trama de segunda de segunda categoría de los cómics de Marvel para otros. En occidente, en su mayor parte, hemos reemplazado la cosmología bíblica con psicología, la sociología y la antropología humanística. Todo pecado se atribuye a una causa social o clínica. A pesar de toda nuestra supuesta sofisticación, sin embargo, seguimos estando muy conscientes del mal que obra en el mundo. Nuestros periódicos informan de horrores indecibles casi todos los días. Gente que viola niños, encarcela extranjeros, tortura animales o arroja bombas de gas sarín sobre civiles son invariablemente tildadas de «malvadas». Y fuera del foco del desprecio público, seguimos estando muy conscientes de las sombras oscuras que acechan en nuestro interior: nuestra propia y chocante capacidad de odiar, herir o usar y abusar de otros.

Hay un encuentro fascinante cerca del comienzo de la película de terror *The Silence of the Lambs* (*El silencio de los inocentes*) en el que Clarice Starling, una joven practicante del FBI, le pregunta al asesino serial y caníbal Hannibal Lecter qué le había ocurrido para que se volviera tan torcido. «Nada me ocurrió a mí —susurró Hannibal—. Solo ocurrí. No puedes reducirme a un conjunto de influencias. Han cambiado el bien y el mal por el conductismo, oficial Starling. Los han vestido a todos de dignidad moral. Nadie nunca tiene la culpa de algo. Mírame a mí. ¿Puedes afirmar que soy el mal?».

«La gente moderna no puede responder a la pregunta del monstruo —reconoce el intelectual liberal Andrew Delbanco en su libro *La muerte de Satán*—. Se ha abierto un abismo en nuestra cultura entre la visibilidad del mal y los recursos intelectuales para lidiar con él»[7]. Dice:

> En occidente hemos echado por la borda la idea de mal cósmico, o mal trascendente, o mal sobrenatural. No creemos en eso. De hecho, no nos gusta usar la palabra mal porque implica absolutos morales y juicios de valor. Entonces usamos términos médicos. Hablamos de disfunción. Hablamos de patología. No usamos terminología moral. Pero con el paso del siglo xx eso ha empeorado cada vez más hasta decir que los holocaustos, las limpiezas étnicas y los asesinatos en serie son solo desajustes psicológicos y sociológicos[8].

Cerca del final de la Segunda Guerra Mundial, un pastor llamado Helmut Thielicke predicó un sermón conmovedor en la ciudad alemana de Stuttgart, aplicando esta última frase del Padrenuestro,

«Líbranos del mal» a las atrocidades del nazismo y la aniquilación en el continente europeo durante los años de conflicto:

> Queridos amigos, en nuestro tiempo hemos tenido demasiado contacto con los poderes demoníacos; hemos sentido y visto cómo hombres y movimientos completos se han corrompido y son controlados por poderes misteriosos y abismales, llevándolos a lugares a donde no tenían intenciones de ir. [...]
>
> Año tras año hemos visto asentarse una atmósfera cada vez más venenosa sobre el planeta y sentimos lo reales y casi tangibles que son los espíritus del mal en el aire, viendo una mano invisible que pasa una copa invisible de veneno de una nación a otra arrojándolas a la confusión[9].

De Helmut Thielicke a Hannibal Lecter, la cosmología bíblica del bien contra el mal le da sentido a nuestro mundo quebrantado. Resiste la prueba del tiempo porque concuerda con nuestra experiencia humana universal. «La humanidad está perdiendo fe en la historia liberal que dominó las políticas globales en las últimas décadas», admite el historiador liberal Yuval Noah Harari en su libro éxito de ventas *21 Lessons for the 21st Century* (*21 lecciones para el siglo XXI*)[10]. El secularismo está perdiendo credibilidad en parte por la manera en que intenta deconstruir los absolutos morales antiguos sin ofrecer ninguna explicación alternativa satisfactoria para la realidad del mal en nuestro mundo. Por lo tanto, volvamos a los textos antiguos para ver qué dicen los Evangelios...

Jesús contra Satanás

Cuando leemos el texto objetivamente, el Jesús de los Evangelios comienza a parecer el tipo de místico apocalíptico que no encajaría bien en los salones de lectura de la mayoría de los seminarios, y mucho menos detrás del púlpito un domingo normal. Aquí tenemos un hombre que inició su ministerio público después de más de un mes de guerra espiritual intensiva, trabado en un combate mano a mano con Satanás en el desierto[11]. En una ocasión, afirmó haber visto a «Satanás caer del cielo como un rayo»[12]. Terminó su oración del Padrenuestro con un desconcertante pedido de ayuda y la alarmante palabra *mal*, la cual no es la forma en la que se supone que deban terminar las grandes oraciones de los credos. La iglesia del primer siglo se encargó de agregar una doxología («porque tuyo es el reino y el poder y la gloria», sospecho que en parte para redondear las cosas con una nota menos alarmante. Durante su breve ministerio público, Jesús encontró demonios y a menudo liberaba a la gente de su control. Realizó milagros y enseñó mucho más sobre la guerra espiritual de lo que lo hacen la mayoría de los pastores hoy[13]. Y luego, en la última cena, Jesús advirtió a Pedro que «Satanás ha pedido zarandear a cada uno de ustedes como si fueran trigo; pero yo he rogado en oración por ti, [...] para que tu fe no falle»[14].

Mis ojos se abrieron por primera vez a la realidad de la guerra espiritual cuando viví y trabajé entre los pobres en Hong Kong. Era maravilloso presenciar hombres que encontraban la liberación de la adicción a la heroína y las pandillas de tríadas, pero cuando se celebraban las carreras en botes dragón y otros festivales budistas, parecíamos experimentar un intenso ataque espiritual. Algunos de los «hermanos» huían y recaían. A veces algunos de los que habían estado bien se volvían violentos de repente. De vez en cuando, había suicidios. Era tan predecible que agendábamos personal extra de antemano y aumentábamos nuestra cobertura de oración de manera preventiva. Aprendí a mirar a los sonrientes budas en sus altares ornamentados con sus ofrendas de varas de incienso y platos de naranjas y ver que detrás de sus adornos de plástico baratos se escondían poderes espirituales oscuros. Todo me resultaba muy claro en ese contexto.

Cuando finalmente regresé a los frondosos condados de Inglaterra, ¡me preguntaba dónde se habían ido todos los demonios! Los poderes que eran tan obvios en Hong Kong parecían completamente ausentes o por lo menos invisibles en mi propia cultura. Aunque, cuando oraba, comencé a ver que la forma en que convertimos en fetiches los centros comerciales y shoppings, las horas que dedicamos a adorar en el altar de los medios sociales, incluso la forma en que muchos hombres pasan el domingo por la mañana arrodillados frente a sus coches, en realidad no es tan diferente de la manera en que esos chinos rurales ofrecen naranjas e incienso a budas plásticos en Hong Kong. Como dice el erudito N. T. Wright: «Cuando los seres humanos adoran lo que no es Dios, dan autoridad a fuerzas de destrucción y malevolencia; y esas fuerzas aumentan su poder»[15].

Contra los poderes

Pues no luchamos contra enemigos de carne y hueso, sino contra gobernadores malignos y autoridades del mundo invisible, contra fuerzas poderosas de este mundo tenebroso y contra espíritus malignos de los lugares celestiales.

EFESIOS 6:12

Todas las organizaciones e instituciones humanas, desde los clubes deportivos hasta los gobiernos, con el tiempo desarrollan una cultura que es mayor que la suma de sus partes, más poderosa que cualquiera de los individuos involucrados. Estas culturas pueden ser positivas o negativas. Por ejemplo, compañías como Motown Records en la década de 1960, o Apple en la primera década del siglo XXI se convirtieron en semilleros de extraordinarias innovaciones. Las agencias de seguridad pueden ser institucionalmente racistas o sexistas (y, significativamente, esto no se cambia con facilidad, incluso cuando un miembro del grupo oprimido es puesto al mando). Hay todo tipo de explicaciones sociológicas y antropológicas para este fenómeno, pero la Biblia enseña que también hay realidades espirituales en juego[16].

Mientras vivía en el exilio bajo el régimen de Babilonia, el gran héroe bíblico Daniel un día recibió una relevación perturbadora de Dios acerca de una gran guerra inminente. Entendiendo su autoridad y el poder de la oración, Daniel comenzó a interceder, haciendo ayuno de carne, alcohol e incluso de «lociones perfumadas»[17]. Cuando enfrentamos una batalla significativa y necesitamos una salida, siempre es bueno considerar alguna clase de sacrificio físico. Ayunar puede ayudar a enfocar nuestras oraciones de la manera que una lupa puede iniciar un fuego enfocando la luz solar. Esto puede significar privarse de la comida, el sexo, los medios sociales e incluso, como en el caso de Daniel ¡de las lociones! (Ver Herramientas de oración: «Cómo ayunar»).

Después de tres semanas de ayuno y oración, se le apareció un ángel a Daniel con un mensaje extraordinario: «Desde el primer día que comenzaste a orar para recibir entendimiento y a humillarte delante de tu Dios, tu petición fue escuchada en el cielo. He venido en respuesta a tu oración; pero durante veintiún días el espíritu príncipe del reino de Persia me impidió el paso»[18]. Y luego el ángel dijo: «Pronto debo regresar a luchar contra el espíritu príncipe del reino de Persia y después de eso vendrá el espíritu príncipe del reino de Grecia. [...] Nadie me ayuda contra esos espíritus príncipes, a excepción de Miguel, el espíritu príncipe de ustedes»[19].

Este encuentro nos brinda una perspectiva fascinante de la batalla espiritual que se combate en el reino celestial cuando oramos y también en el lapso de tiempo que puede requerir nuestra perseverancia en la oración. También insinúa que hay poderes angelicales particulares (príncipes) sobre diferentes regiones geográficas y entidades culturales (principados).

Algunas personas han ido demasiado lejos en la interpretación de este pasaje. Mapean todo el mundo con jerarquías de «príncipes tutelares» que presiden sobre cada nación y ángeles guardianes asignados a cada santo. Está muy lejos del alcance de esta «guía sencilla para la persona de hoy» entrar en esas discusiones esotéricas, de manera que hago solo dos observaciones no controvertidas.

Primero, la Biblia enseña de hecho que hay poderes espirituales que operan en este mundo, que influyen sobre organizaciones y culturas, así como sobre individuos.

Segundo, como ciudadanos del cielo, debemos ejercer gran discernimiento para poder enfrentar esos poderes. «Aquello a lo que te enfrentas, al ser salvo», dice Stanley Hauerwas,

> no son simplemente tus defectos y puntos débiles, tus insignificantes tentaciones y pecadillos. Estás oponiéndote a lo que llamamos «principados y potestades». El mal es grande, cósmico, organizado, sutil, penetrante y real. Esos poderes nunca aparecen como el mal o algo coercitivo. Los poderes siempre se enmascaran de libertades que se nos han otorgado amablemente o como necesidades sin las cuales no podemos vivir[20].

Conoce tu autoridad

Muchos cristianos no tienen ningún problema en reconocer la realidad de los poderes y principados que operan en el mundo (en especial si provienen de culturas que pasaron por alto el iluminismo), pero no necesariamente entienden su propia autoridad personal para luchar con esas fuerzas y ganar.

Nuestros hijos solían tener un hámster de mascota al que llamaban Snuffles, quien tenía un insólito truco para escapar de su jaula. Snuffles era el Houdini de los hámsteres. También tenemos una gran perra labradoodle muy querida llamada Noodle, quien jamás ha sido torpe a sabiendas con ningún ser vivo. Es la perra más amable, gentil, sumisa y obediente que pudieras conocer.

En una ocasión, cuando Snuffles había hecho una vez más un valiente intento libertad, finalmente se topó con Noodle. Cuando se encontró con esa enorme montaña de pelo con aspecto de lobo y levantó la vista, Snuffles quedó paralizado. Los dos animales se miraron fijo a los ojos por un rato, y luego observamos asombrados cómo Noodle comenzó a encogerse de miedo. Se acostó y giró sobre su espalda. Comprendimos que con ese gesto, la perra en realidad estaba intentando rendirse al hámster.

Creo que estamos de acuerdo en que es ridículo que un carnívoro de treinta kilos tenga miedo de un pequeño e inocente roedor que se come su propio desecho. Aunque confrontado por ese puñado de pelusa, Noodle de seguro dijo: «Por favor, no me lastimes. Por favor acéptame. Tú puedes ser el jefe».

Demasiadas personas son tímidas en sus oraciones y están aterradas cuando tratan con el enemigo. En cuanto lo ven, se dan vuelta y se someten porque no entienden quiénes son en Cristo, cuán favorecidos y poderosos son en realidad.

El apóstol Pablo trata justamente este problema en su carta a los Efesios. La ciudad de Éfeso estaba plagada de idolatría, prácticas sexuales aberrantes y ocultismo. Los jóvenes cristianos vulnerables necesitaban saber que Jesús es Señor y entender la autoridad que tenían en él.

> Dios [...] resucitó [a Cristo] de entre los muertos y lo sentó a su derecha en las regiones celestiales, muy por encima de todo gobierno y autoridad, poder y dominio, y de cualquier otro nombre que se invoque, no solo en este mundo, sino también en el venidero[21].

Después de haber presentado esta impresionante visión de Jesús elevado y encumbrado «por encima de todo», Pablo les dice a los Efesios algo absolutamente asombroso. Dice que quienes estamos «en Cristo» —una expresión que usa 164 veces en lugar de decir «cristiano»[22]— estamos en el cielo con él pues «[Dios] nos levantó de los muertos junto con Cristo y nos sentó con él en los lugares celestiales»[23].

En la oración, estamos aprendiendo a gobernar y a reinar con Cristo.

Fuimos «levantados junto con Cristo», ¿acaso no es extraordinario? Significa que cuando oramos, no solo suplicamos su misericordia en medio de un problema, sino que ejercemos autoridad desde arriba, como quienes están sentados junto a Cristo «en los lugares celestiales». No necesitamos dejarnos vencer por la impotencia y rendirnos al plan de Satanás, como Noodle frente al hámster, porque somos hijas e hijos del rey, comisionados para gobernar y reinar junto a él. Esta perspectiva elevada cambia todo acerca de cómo nos vemos a nosotros mismos, cómo vemos los problemas del mundo, cómo vemos a Dios, y cómo vemos la oración. En la oración, estamos aprendiendo a gobernar y reinar con Cristo[24]. Cuando intercedemos, estamos descubriendo cómo implementar el gobierno de Dios en un lugar particular de la tierra. Cuando nos involucramos en la guerra espiritual, vestimos el manto que se nos dio como hijas e hijos del

Rey. Es ridículo rodar como Noodle y rendirte al enemigo. Es hora de levantarte y tomar la autoridad sobre tu vida porque estás «en Cristo» y Dios «ha puesto todo bajo la autoridad de Cristo»[25].

Un relato sobre dos reinos

Es posible que ahora estés pensando: *Sí, bien, pero si estoy sentado en lugares celestiales con Cristo, y si en realidad estoy siendo capacitado para gobernar y reinar con él, y si en efecto se me ha confiado esta increíble autoridad, ¿por qué no veo más milagros? ¿Por qué sigue habiendo tanto sufrimiento? ¿Por qué el enemigo se ve mucho más poderoso que yo?*

El 23 de junio del 2018, doce integrantes de un equipo de fútbol infantil de Tailandia del norte decidieron explorar la cueva Tham Luang Nag Non con su entrenador de veinticinco años. Estaban en las profundidades de la tierra cuando un monzón inundó la entrada de la cueva. Aterrados, se apiñaron en completa oscuridad a unos cuatro kilómetros y medio en el interior de la cueva, preguntándose si alguna vez volverían a ver el sol.

Su situación estuvo en las noticias de todo el mundo. Más de novecientos agentes de policía, cien buzos y dos mil soldados se reunieron con los medios de comunicación a la entrada de la cueva, pero durante nueve días, nadie pudo encontrar a los muchachos. El mundo observaba con el alma en vilo, temiendo lo peor aunque esperando lo mejor mientras se intentaba extraer de la cueva casi 3800 millones de litros de agua con bombas.

El 2 de julio, un equipo de buceadores logró llegar a la profundidad de la red de túneles de la cueva, arrastrándose, trepando y nadando contra la corriente en total oscuridad. Después de más de seis horas, cada vez con menos probabilidades, descubrieron a los muchachos con vida, apiñados en el estante de una caverna llamada «ciudad oculta». Con frío, asustados, y hambrientos, no tenían la menor idea de cuánto tiempo habían estado perdidos, ni cuánta gente estaba buscándolos y orando por ellos, ¡pero estaban a salvo!

El mundo dio un suspiro de alivio. Todos esperaban un final feliz inminente en las noticias de los días siguientes. ¿Cuán difícil sería sacar doce niños de la cueva? Pero su calvario estaba lejos de terminar. Sacarlos resultaría un proceso arduo, peligroso con consecuencias potencialmente trágicas, y les llevaría otros ocho días.

Para quienes observaban y oraban, la espera parecía siglos. Para quienes estaban adentro, una eternidad. Y luego, al día trece, cinco días después de haberlos encontrado y un día antes de que se iniciara el plan de evacuación, uno de los buzos, un exintegrante tailandés de las Fuerzas Especiales de la Marina de los Estados Unidos llamado Saman Kunan se ahogó mientras llevaba tanques de oxígeno a los muchachos. Si un buzo profesional había fallecido, ¿cómo podían salir vivos niños sin entrenamiento y mal alimentados?

Justo al día siguiente, el primero de los muchachos fue sedado, se le administró oxígeno y fue sacado lentamente de la cueva. Fue un viaje de cinco horas, la mayor parte bajo el agua, un proceso agotador que tenía que ser meticulosamente repetido para cada uno de los muchachos durante tres días. Después de estar perdidos desde el 23 de junio, y haber sido encontrados desde el 2 de julio, los últimos niños fueron rescatados recién el 10 de julio, más de dos semanas después de haber entrado a la cueva.

La Biblia enseña, y nuestra propia experiencia confirma, que vivimos en los días oscuros de esperanza entre el 2 y el 10 de julio. Hemos sido encontrados pero aún no plenamente rescatados. Nuestro proceso de salvación sin duda ha comenzado, y tenemos gran esperanza, pero nuestro cautiverio, nuestros días de oscuridad, no se han terminado en lo más mínimo.

Incapaces de liberarnos por nosotros mismos, no teníamos la menor idea de que todos los recursos del cielo habían sido enviados en una misión de búsqueda y rescate para nosotros. No teníamos otra elección que aguardar en las cavernas oscuras de la desesperación, esperando impotentes y orando por la salvación como los integrantes de ese equipo de fútbol tailandés.

Hasta que ocurrió el milagro: nuestras oraciones fueron contestadas. De alguna manera, fuimos encontrados. Un poquito de luz se filtró en nuestra oscuridad. Era todo lo que necesitábamos ver. Nos invadió la esperanza. El amor nos alcanzó desde otro mundo. ¡Supimos que estábamos a salvo!

Es difícil imaginar por lo que pasó ese equipo de fútbol mientras esperaban otros ocho días para ser liberados, salvo que habla de nuestro propio estado de limitación y esperanza. Habrán tenido momentos de gran alegría y entusiasmo mientras anticipaban su comida preferida, los abrazos de sus padres, una cama abrigada. Pero también deben haber experimentado gran frustración en la espera, profunda angustia por el hombre que había fallecido por salvarlos, y el absoluto terror por la idea del calvario que les esperaba para salir.

Cuando Jesús clamó desde la cruz: «¡Todo está cumplido!»[26] estaba declarando la muerte de la muerte, la cura del sufrimiento, la remisión del pecado. En ese preciso momento, fuimos encontrados. La luz entró en las cavernas de nuestra cautividad. La esperanza disipó la desesperación. Fuimos salvados por el sacrificio de otro. Y aun así aquí estamos, todavía esperando, todavía sufriendo, todavía anticipando la libertad por venir. Así, aunque sabemos que hemos sido salvados, «gemimos interiormente mientras aguardamos»[27] la plena libertad para la que «Cristo en verdad nos ha liberado»[28]. Se nos ha pasado una antorcha, y para nosotros es la cosa más hermosa del mundo, pero anhelamos con toda nuestra fuerza la verdadera luz del sol y las estrellas en el cielo. Sí, hemos sido rescatados, pero debemos seguir orando «líbranos del mal».

El teólogo N. T. Wright menciona que «orar "líbranos del mal"

[...] es inhalar la victoria de la cruz, y de ese modo mantenernos firmes otro momento, otra hora, otro día, contra las fuerzas de destrucción que hay en nosotros y en el mundo»[29]. No sabemos por cuántas horas o días más debemos mantenernos firmes en las oscuras cavernas de esta vida, pero tenemos todas las razones para esperar. La cruz de Cristo significa que hemos sido encontrados, ¡y su resurrección nos asegura que un día seremos completamente libres!

Terminar el trabajo

Satanás puede ser un enemigo derrotado cuya muerte es inevitable, pero la agresión de sus últimos estertores es aterradora. «El diablo ha descendido a ustedes con gran furia, porque sabe que le queda poco tiempo»[30]. Todos hemos clamado por la sanidad de algún ser querido, pero, a diferencia de Raymond Edman, han fallecido. Hemos orado que algún amigo encontrara la libertad en Cristo, pero, a diferencia de los muchachos en la cueva, siguen cautivos. Hemos orado y orado por las injusticias, al parecer sin ningún resultado. No siempre hay un final feliz, y es doloroso perder esas batallas, pero tenemos la seguridad que la última batalla ya ha sido ganada. El estudioso de la Biblia Chuck Lowe lo expresa gráficamente:

> Como un animal herido y acorralado, Satanás se revuelca desesperadamente con la intención de herir lo más posible a sus enemigos antes de su propia destrucción...
>
> De manera que la derrota de Satanás no significa el final de los problemas para la iglesia. Al contrario, indica una escalada y una intensificación de la oposición y la persecución. Pero el final está a la vista, y quienes aguanten hasta el final serán victoriosos incluso si en el mientras tanto se convierten en víctimas[31].

Saber cómo luchar

Para comprometerse en una guerra espiritual con eficacia tienes que conocer a tu enemigo y la autoridad que tienes, pero más que nada, ¡tienes que saber cómo luchar! El pastor bautista John Piper expresa que «la principal razón de por qué la oración no funciona en manos de [...] creyentes es que intentan convertir un radio transmisor de guerra en un intercomunicador doméstico. Hasta que no sepas que la vida es una guerra, no sabrás para qué es la oración»[32].

Hay tres preguntas que deberías hacerte siempre que confrontas cualquier tipo de conflicto en oración:

- *Diagnóstico: ¿Cuál es la estrategia del enemigo contra esta persona o lugar?* Para responder esta pregunta, hace falta el sentido común (a menudo es muy obvio), sabiduría (no todas las cosas malas que ocurren son necesariamente demoníacas) y discernimiento espiritual (Satanás puede ser un mentiroso convincente). En 1 Corintios 12, el apóstol Pablo incluye la capacidad de «discernir si un mensaje es del Espíritu de Dios o de otro espíritu» en su lista de grandes dones espirituales junto con el de profecía y de sanidad. Por lo tanto, necesitamos pedir al Señor que nos abra los ojos para ver y entender qué está pasando en el reino espiritual a nuestro alrededor, así como Eliseo oró por su aterrado sirviente: «"Oh Señor, ¡abre los ojos de este joven para que vea!". Así que el Señor abrió los ojos del joven, y cuando levantó la vista vio que la montaña alrededor de Eliseo estaba llena de caballos y carros de fuego»[33].
- *Pronóstico:* Habiendo diagnosticado el problema, pregúntate: *¿Cuál será el mejor plan de Dios para esta persona o lugar?* Para responder a esta pregunta, necesitas escuchar con atención su Palabra y en especial sus promesas, así como cualquier intuición

que puedas recibir del Espíritu Santo, como lo hicieron el tío Joe en Massachusetts y Daniel en la antigua Babilonia.

- *Prescripción:* Habiendo discernido lo que Satanás está tratando de hacer y lo que Dios quiere hacer, pregúntate: *¿Qué puedo hacer ahora, tanto en oración como en la práctica, para frustrar el plan de Satanás y recibir los mejores propósitos de Dios para esta persona, lugar o situación?*

El pasaje de las Escrituras que se cita con más frecuencia que ningún otro en relación con la guerra espiritual es Efesios 6:11-18, en el que el apóstol Pablo nos insta: «Pónganse toda la armadura de Dios para poder mantenerse firmes contra todas las estrategias del diablo». Luego procede a listar el cinturón de la verdad, la coraza de la justicia de Dios, el calzado del evangelio, el escudo de la fe, el casco de la salvación y la espada del Espíritu «la cual es la palabra de Dios».

Usar la espada del Espíritu

La única pieza de la armadura militar con la que podemos realizar un ataque es con la Palabra de Dios. Nada de lanzas. Nada de flechas encendidas. Nada de arietes. Solo la Biblia. Y así es precisamente como vemos a Jesús luchando con el enemigo en el desierto[34]. Contrarresta cada tentación que Satanás le pone adelante con un versículo opuesto proveniente de la Biblia. Como señala el autor de Hebreos: «La palabra de Dios es viva y poderosa. Es más cortante que cualquier espada de dos filos»[35]. La espada a la que se refiere Pablo en Efesios 6 es la *gladius*, de donde nos viene la palabra gladiador; una espada corta, de entre cuarenta y cinco y sesenta y ocho centímetros de largo, usada por los gladiadores romanos para combates de cuerpo a cuerpo. Debemos usar la Palabra de Dios con destreza, nos dice Pablo, en el combate cuerpo a cuerpo con el enemigo de nuestra alma.

¿Cómo lo hacemos en realidad? Bueno, digamos, por ejemplo, que una nube negra de desesperación desciende sobre ti una mañana, de manera que te vuelves inexplicable y abrumadoramente temeroso del futuro. Piensas que esos sentimientos, aunque poderosos, pueden no ser ciertos. Buscas tu Biblia, encuentras Jeremías 29:11 y comienzas a usarlo en oración: «Pues yo sé los planes que tengo para ustedes —dice el Señor—. Son planes para lo bueno y no para lo malo, para darles un futuro y una esperanza». En lugar de solo leer este pasaje conocido y pensar *Qué lindo*, comienzas a agitarlo en tu cabeza como una espada. Lo aplicas a tu situación, cortando las mentiras del Acusador con esa filosa verdad de la Palabra de Dios. «Elijo creer que Dios tiene un plan para mi vida y que él está a cargo» declaras en voz alta. «Me niego a entrar en pánico. No voy a tener miedo. Rechazo la mentira de que estoy continuamente errando el camino, que todo el mundo sigue adelante, que me estoy quedando atrás». Tu mente recuerda Romanos 8:1: «Ya no hay condenación para los que pertenecen a Cristo Jesús». «Vete de aquí Satanás» dices, «veo lo que estás tratando de hacer, y no me voy a rendir. Deja de acusarme. Estoy junto a Cristo en los lugares celestiales, él está a mi lado. No me voy a sentir culpable ni avergonzado. Estoy vestido de la justicia de Cristo. ¡Fuera de aquí!».

«Resistan al diablo —dice el apóstol Santiago—, y él huirá de ustedes»[36]. Te sorprenderá lo poderosa que puede ser este tipo de resistencia en oración y qué cobarde puede ser el enemigo cuando es confrontado con la simple verdad en manos del creyente. Una de las razones por las que es importante pasar tiempo regular con la Biblia, y, en especial, memorizar pasajes de las Escrituras, es que se afila tu espada. Cuando Dios te habla por medio de su Palabra, no es solo para traer consuelo a tu alma y luz a tu camino, sino también para armarte con la verdad que necesitas urgente para la lucha de tu vida.

Un día, estaba hablando con el Señor acerca de una amiga que había hecho algo extremadamente doloroso. Yo no podía entenderlo. Era impropio de ella. Parte de mí quería ir a confrontarla. Otra parte quería solo enterrar mi cabeza en la arena y fingir que no había pasado nada. Aun así, mientras oraba, ¡Dios me ayudó a diagnosticar el problema! Se encendieron las luces. De repente, pude ver que su falta de amabilidad no era provocada por animosidad personal, sino por un temor bien disimulado en todas las áreas de su vida. Nunca antes lo había visto, pero de repente era tan obvio que muchas de sus conductas estaban determinadas por el temor a quedar vulnerable, temor al abandono, temor a perder el control. Con ese diagnóstico inesperado vino un nuevo pronóstico. Primera de Juan 4:18 menciona que «En el amor no hay temor, sino que el amor perfecto echa fuera el temor». Sabiendo bien cómo orar, comencé a expulsar al temor, a reprender a ese bastión de ansiedad que estaba privando a esa amiga de tanta vida y alegría (NVI). Mi mente fue a 2 Timoteo 1:7: «Dios no nos ha dado un espíritu de temor y timidez, sino de poder, amor y autodisciplina». Con cuidado, apliqué cada frase de ese pasaje a su situación. Sentí mucha conmoción mientras hacía todo eso, como si estuviera dando en el blanco, pero aun así me sorprendí cuando ella me llamó poco después para decirme que Dios le había estado hablando (yo no le había dicho nada a ella, ¡pero Dios sí!). Dijo que había encontrado una nueva claridad (sí, cerca de la hora en la que yo había estado orando por ella). Sentía que debía disculparse. Creo que ese cambio en el corazón fue activado en parte por la forma en que yo había sido guiado a orar, negándome a amargarme y, en cambio, escuchando al Señor con amor por ella, a resistir las estrategias del enemigo que intentaba socavar sus relaciones, y en cambio orar que la voluntad de Dios se cumpliera en la vida de ella.

Ponerse el calzado del evangelio de la paz

Además de «la espada del Espíritu, que es la palabra de Dios», Pablo dice que nuestros pies deben estar «calzados con la disposición a proclamar el evangelio de la paz» (NVI). El apóstol Pedro dice algo similar: «Si alguien les pregunta acerca de la esperanza que tienen como creyentes, estén siempre preparados para dar una explicación»[37]. Debemos estar en permanente «disposición» orando por oportunidades para poder estar «siempre preparados» para compartir la Buena Noticia. El mayor acto de guerra espiritual en el mundo es llevar a alguien a una relación con Jesucristo. ¡Nunca ganarás una victoria más grande! En definitiva, es «por medio de la sangre del Cordero y por el testimonio que [dimos]»[38] que vencemos al enemigo. No hay nada a lo que le tenga más temor. Por lo tanto, debemos ver la Palabra de Dios, no solo como una espada para luchar, sino también como el calzado con el que marchamos en territorio enemigo, proclamando la Buena Noticia del evangelio de liberación que sus ciudadanos han estado anhelando oír.

Parece irónico que Pablo utilizara una metáfora militar para describir «el evangelio de la paz» hasta que recordamos que escribía durante lo que se conoce como la *Pax Romana*, un período de 206 años de relativa estabilidad impuesta por el gobierno romano. En Cristo estamos llamados a extender la *Pax Christus* (Paz Cristiana) como un ejército de pacificadores comisionados para transmitir el «evangelio de la paz» en toda la tierra. Muchos de nosotros pasamos demasiado tiempo señalando todas las cosas malas que el enemigo está haciendo en nuestros amigos, nuestras comunidades y nuestros países, cuando en realidad deberíamos estar orando y declarando las cosas buenas que Dios ha hecho, está haciendo, y hará en nuestro mundo.

John Wimber, fundador del movimiento Vineyard, solía decir que «es mejor plantar semillas que arrancar yuyos» lo cual es también un principio para la guerra espiritual. Cuando estoy orando con alguna persona que está bajo algún tipo de ataque espiritual, siempre intento pasar más tiempo plantando semillas: afirmando enérgicamente las cosas buenas que puedo bendecir en su vida, en lugar de arrancar yuyos: nombrando y atando reactivamente la obra de Satanás.

El mismo principio se aplica a la guerra espiritual por un vecindario, una ciudad o una nación. Comienza mirando atrás para descubrir los pactos históricos y piadosos, y los dones redentores que han modelado la cultura anfitriona durante muchos años. A continuación, identifica cualquier evidencia contemporánea de la gracia de Dios que esté actuando, y celébralo con todas tus fuerzas. Por último, mira hacia adelante con fe para que el reino de Cristo venga a esa cultura, aplicando las promesas de Dios al lugar, proféticamente, en oración. Cuando vivíamos en la ciudad de Kansas, algunos cristianos nos advirtieron sobre ciertos bastiones espirituales y problemas que parecían prevalecer en la zona. Oramos por esas cosas y pudimos ver que eran reales, pero también nos fascinaba el hecho de que estábamos viviendo en una de las cunas del jazz. De manera que un día fui a los músicos en nuestra sala de oración y les pedí, de la manera más amable que pude, que dejaran de poner la música monótona de fondo y que en lugar de eso, se soltaran con el tipo de sonidos alegres y experimentales que pudieran servir como una celebración apropiada y profética del don de Dios para y a través de esa gran ciudad. En cualquier lugar del mundo donde vivas, intenta pasar más tiempo bendiciendo lo que está bien que maldiciendo lo que está mal[39].

Nuestras palabras y acciones en la oración tienen mucho más poder del que pensamos. «Les digo la verdad —dice Jesús—, todo lo que prohíban en la tierra será prohibido en el cielo, y todo lo que permitan en la tierra será permitido en el cielo»[40]. Entonces, algunas de las palabras más poderosas que podríamos decir no son «en el nombre de Jesús», sino simplemente «sí» y «no»[41]. Y Jesús continúa: «También les digo lo siguiente: si dos de ustedes se ponen de acuerdo aquí en la tierra con respecto a cualquier cosa que pidan, mi Padre que está en el cielo la hará»[42]. Cuando se trata de guerra espiritual, el poder aumenta cuando acordamos con otras personas en oración. Así como el soldado romano en la metáfora de Pablo solo estaba equipado para luchar como parte de un ejército, y así como el Padrenuestro es un pedido de liberación del mal presentado totalmente en plural, estamos llamados a librar la guerra en el cielo y conseguir la paz en la tierra como parte de un ejército. Siempre es mejor entrar en batalla abriendo camino junto con otros.

Algunas de las palabras más poderosas que podríamos decir no son «en el nombre de Jesús», sino simplemente «sí» y «no».

Defender nuestra posición

Aparte de la espada del Espíritu y el calzado del evangelio, toda la armadura que se describe en Efesios 6 está diseñada para una resistencia espiritual más que para un ataque. Lo que, es más, en estos ocho versículos, Pablo menciona repetidas veces a los efesios que ¡sencillamente defiendan su posición!

> Pónganse todas las piezas de la armadura de Dios para poder *resistir al enemigo* en el tiempo del mal. Así, después de la batalla, todavía seguirán de pie, *firmes. Defiendan su posición.* (Énfasis agregado).

El énfasis de Pablo aquí está en la valiente resistencia. No hay permiso para el tipo común de militancia a lo matón que continuamente (y de manera imprudente) provoca pelea con el diablo en oración. El apóstol Judas dice que «ni siquiera Miguel, uno de los ángeles más poderosos, se atrevió a acusar al diablo de blasfemia, sino que simplemente le dijo: "¡Que el Señor te reprenda!"»[43]. Si el arcángel Gabriel no se atrevió a reprender al diablo, sino que oró para que lo hiciera el Señor, cuánto más debiéramos nosotros cuidarnos de la arrogancia en la guerra espiritual. Desafiamos mejor al enemigo usando la Palabra de Dios con humildad, proclamando el evangelio de paz con valor, y viviendo con fidelidad una vida santa en un mundo hostil.

Mantenerse firme en un espíritu opuesto

Tomamos posición contra Satanás cada vez que predicamos el evangelio, perdonamos un enemigo, hacemos frente a un abusador, cuidamos a los pobres, creamos algo bello, nos comportamos con integridad, practicamos la desobediencia civil en favor de la justicia o adoptamos una postura que desafía su sistema de control artero. Por ejemplo, si la cultura de tu trabajo está saturada de cinismo, puedes ejemplificar un espíritu opuesto usando palabras de esperanza, negándote a chismorrear y siendo singularmente amable. Si hay prejuicios y racismo en tu vecindario, puedes salir de tu camino para hacer amistad con alguien diferente a ti. Si las iglesias de tu área están divididas, puedes hacer una donación a otra congregación y comprometerte a orar por su pastor, tanto como por el de la tuya.

Cuando Oración 24-7 mandó sus primeros misioneros a Ibiza, la capital de la fiesta europea en ese momento, algunas personas bien intencionadas nos advirtieron sobre el desenfrenado hedonismo por el que se había hecho notorio el lugar. Citaban el pasaje bíblico acerca de huir de la inmoralidad y les parecía seguro que nos veríamos inevitablemente afectados o incluso contagiados por todo el pecado. Aunque nosotros creíamos algo diferente. Creíamos que Dios en nosotros en mayor que el dios de este mundo[44], de manera que el equipo se comprometió con niveles radicales de integridad y responsabilidad en Ibiza mientras celebraba la belleza de la isla dada por Dios y la creatividad de su cultura. Como resultado, los misioneros lograron vivir más cerca de Jesús en un lugar etiquetado como «Sodoma y Gomorra» de lo que hubiera sido en su tierra natal. Fue un acto de desafío espiritual en el campo de batalla, una demostración de la verdad de una sencilla realidad bíblica, de que «en todo esto somos más que vencedores por medio de aquel que nos amó»[45].

Hacia el final de siglo xx, el gran pastor galés Martyn Lloyd-Jones escribió un comentario sobre el libro de Efesios titulado *The Christian Warfare* (La guerra cristiana): «La historia del siglo presente solo se puede entender en términos de una actividad inusual del diablo y los poderes y principados». Y continuó:

> En un mundo de instituciones que colapsan, caos moral y creciente violencia, nunca fue más importante rastrear la mano del «príncipe de la potestad del aire», y luego, no solo aprender cómo luchar con él y sus fuerzas, sino también a vencerlo «por medio de la sangre del Cordero y por el testimonio que dieron». Si no podemos discernir la causa principal de nuestros males, ¿cómo podemos pretender sanarlos?[46].

• • •

En este capítulo hemos analizado la guerra espiritual que se está librando a nuestro alrededor y nuestra extraordinaria autoridad para afectar su resultado a través de la oración militante y la obediencia práctica. Hemos visto que el motivo por el que necesitamos luchar —y en efecto, la razón de muchas de nuestras grandes desilusiones en la oración— es que vivimos en una era en que las placas tectónicas se están moviendo entre la resurrección de Cristo y el día de su regreso. Como esos muchachos tailandeses en la cueva, sabemos que hemos sido salvos, pero debemos seguir esperando con paciencia y orar con pasión por el día de nuestra completa salvación cuando «el reino, el poder, y la gloria» lleguen en plenitud y para siempre.

MÁS SOBRE LA GUERRA ESPIRITUAL

SESIÓN 8 DE *EL CURSO DE ORACIÓN*: La guerra espiritual.

HERRAMIENTAS DE ORACIÓN: 27. La oración de guerra espiritual, 28. Cómo ayunar y 29. Cómo hacer una caminata de oración (ElCursoDeOracion.com).

LECTURA ADICIONAL: *Cartas del diablo a su sobrino* de C. S. Lewis

HÉROE DE LA GUERRA ESPIRITUAL

San Patricio: El guerrero santo

En su libro *How the Irish Saved Civilization* (*Cómo los irlandeses salvaron la civilización*), Thomas Cahill describe la profunda transformación que trajo consigo la misión de San Patricio a Irlanda. Cuando llegó como un adolescente esclavo, Patricio observó un país dominado por la superstición y el paganismo druídico en una época en que la *Pax Romana* se estaba desmoronando y el caos avanzaba por Europa. Pero para cuando falleció, Patricio dejó atrás una nación cristiana.

> El regalo de Patricio a los irlandeses fue su cristianismo [...] que transformó a Irlanda en Algo Nuevo, algo nunca visto, una cultura cristiana, donde la esclavitud y los sacrificios humanos se volvieron impensables, y la guerra —aunque imposible de erradicar por los seres humanos— disminuyó notablemente[1].

Durante veintinueve años, Patricio trabajó duro, predicando el evangelio y estableciendo monasterios «en medio de» como escribió «bárbaros paganos, adoradores de ídolos y cosas impuras»[2]. Hacía falta coraje para enfrentar a los reyes sanguinarios que gobernaban la tierra. En una ocasión, Patricio escribió una furiosa carta abierta al rey Coroticus ¡exigiéndole que liberara sus esclavos y ordenándole que se arrepintiera de sus pecados! Pero su batalla también fue espiritual. Describe una noche en particular: «Cuando estaba durmiendo, Satanás me atacó violentamente, algo que recordaré mientras viva en este cuerpo»[3].

La clave de la autoridad y la unción de Patricio fue, sin duda, la vida de oración que había desarrollado primero como joven pastor. «En un solo día hice por lo menos cien oraciones, y por la noche casi lo mismo; de modo que permanecí en el bosque y en las montañas, incluso antes del amanecer, cuando me despertaba para orar, en la nieve, el hielo, y la lluvia, y no sentía ningún daño por eso, ni tenía pereza, como lo veo ahora, porque entonces el espíritu era ferviente en mi interior»[4].

La famosa oración que se le atribuye —la coraza de San Patricio— es una súplica por protección espiritual en medio de los ataques espirituales:

Llevo conmigo estos poderes santos.

Contra los conjuros y las artimañas de Satanás,
Contra las falsas palabras de herejía,
Contra el conocimiento que contamina,
Contra la idolatría del corazón,
Contra las malas artes del hechicero,
Contra la herida mortal y la quemadura,
Contra la ola asfixiante, la flecha envenenada,
Protégeme, Cristo, hasta que regreses.

La clave para el éxito de la misión de Patricio, que modeló el destino de una nación hasta hoy, fue la vitalidad y militancia de su vida de oración. Él nos inspira mientras buscamos cumplir la Gran Comisión, de construir nuestra vida de oración, no solo nuestra teología, en torno a la victoria de Cristo.

Capítulo 12

Amén

Porque el reino, el poder y la gloria te pertenecen ahora y para siempre.

EL PADRENUESTRO, LIBRO DE SERVICIO ALTERNATIVO DE LA IGLESIA DE INGLATERRA

ASÍ, EL PADRENUESTRO LLEGA finalmente a completar el círculo, termina donde comenzó. Habiendo comenzado con adoración, concluye con la doxología: con alabanza. Habiendo «santificado el nombre del Padre», ahora declaramos su gloria. Habiendo orado que se haga su voluntad, proclamamos su poder. Habiendo invitado a su reino a venir, celebramos que ya ha llegado, tanto ahora como para siempre.

Estas líneas finales del Padrenuestro no figuran en las versiones originales de los Evangelios, sino que se vienen usando para concluir el Padrenuestro desde los primeros días de la iglesia y, lo que es significativo, están extraídas directamente del rey David, quien oró: «Tuyos, oh Señor, son la grandeza, el poder, la gloria, la victoria y la majestad. Todo lo que hay en los cielos y en la tierra es tuyo, oh Señor, y este es tu reino»[1].

En estas palabras elegidas con cuidado, el rey David está cediendo su reino, su poder y su gloria al Rey de reyes, devolviendo a Dios cada bendición que él mismo ha recibido. Vivimos en un tiempo en que esto es raro. Nos gusta hablar del reino sin querer entregar nada costoso a su Rey. Nuestro tiempo, nuestro dinero, nuestra ética sexual, nuestros logros, nuestros sueños para nuestra vida son todos absolutamente «nuestros». El sometimiento personal y los sacrificios costosos son raros. El reino de Dios ahora es un concepto no amenazador y efímero, una perspectiva futura ambigua y agradablemente deseable, no el tipo de realidad concreta presente que nos pone de rodillas cuando renunciamos a todo lo que amamos para entregarlo a su Rey.

Orar estas líneas de cierre del Padrenuestro es devolver «el reino, el poder, y la gloria» a Dios. Es entregarle nuestros pequeños imperios (familia, ministerio, carrera) y decir: «Tuyo, Señor, es el reino». Es darle las bases de poder que hemos construido y decir: «Tuyo, Señor, es el poder». Es cederle nuestra credibilidad, nuestros trofeos de éxito, y decir: «Tuya, Señor, es la gloria, ahora y para siempre».

• • •

Como estudiante de cabello largo que recorría Europa haciendo dedo, una noche, sobre un acantilado en Portugal, recibí una visión dramática, donde miles de personas jóvenes salían de un atlas. Fue una epifanía que más adelante le dio lugar al movimiento Oración 24-7 (y por ende al contenido de este libro), pero durante nueve años no supe qué hacer con eso. No ocurría nada. Era claro que Dios no tenía ningún apuro.

Cuando al fin nació el movimiento 24-7, pero antes de que comprendiera por completo que se trataba del cumplimiento de esa visión, me invitaron a hablar en una conferencia en Valladolid, España, y decidí dirigir al público en nuestro grito de guerra: «¡*C'mon*!"»,

«¡Vamos!». Esa noche en particular, el apretado auditorio irrumpió con pasión militante. Miré asombrado la imagen de mil jóvenes españoles agitando los brazos al aire de manera desafiante, pidiendo la venida del reino de Dios. Y al hacerlo, fui transportado mentalmente a un banco del parque no lejos del lugar donde estábamos reunidos. Allí vi un joven de cabello largo que viajaba a dedo preguntando: «¿Dónde está el ejército de jóvenes, Señor?». De inmediato, recordé que había estado ahí antes, haciendo dedo en Valladolid justo unos días después de la visión, intentando dar sentido a lo que había visto. Casi una década después, allí estaba yo de nuevo, y el Espíritu Santo estaba respondiendo a mi pregunta como si no hubiera habido ninguna demora: «¡Aquí están! —decía mientras yo miraba asombrado mil jóvenes expresando un grito de guerra—. ¡Este es el ejército que estoy formando!». Todavía no salía de mi asombro por la revelación cuando el Señor me dijo algo más: «Pete, tienes que entender que jamás olvido ni la más mínima oración tuya. Tú olvidas la mayoría de las cosas que me pides, pero yo no».

Es verdad que yo había olvidado la visita a esa ciudad, y mucho menos recordaba haberle hecho esa pregunta al Señor, pero aquel para quien «mil años son como un día»[2] me había traído de nuevo aquí, al parecer solo para darme la respuesta. Aquel que tiene contado cada cabello de nuestra cabeza y guarda cada lágrima de nuestro llanto también recuerda cada oración que hacemos. Esta es una verdad alucinante. Si Dios sigue actuando para que se cumplan nuestras oraciones mucho después de que nos hayamos olvidado de

Aquel que tiene contado cada cabello de nuestra cabeza y guarda cada lágrima de nuestro llanto también recuerda cada oración que hacemos.

orarlas, la mayoría de los días tiene que haber sucesos y aparentes coincidencias en tu vida y en la mía que son respuestas directas a oraciones y preguntas que ni siquiera recordamos haber hecho. Nuestra vida entera puede estar moldeada en gran medida por la acumulación de esas oraciones, las nuestras y las de otros.

El efecto mariposa

El matemático estadounidense Edward Lorenz formuló el famoso postulado de que la menor perturbación atmosférica como el aleteo de una mariposa puede llegar a alterar patrones climáticos completos[3]. ¿No deberíamos esperar un efecto mariposa similar de la oración? ¿Qué conjunto de eventos se pondrán en marcha por la próxima palabra que le digas a Dios? (Imagino fractales que suben en espiral de nuestros labios, humo que se levanta, rayos de luz que emanan hacia el espacio). «Las oraciones son profecías —dice Mark Batterson—. Son los mejores indicadores de tu futuro espiritual. *En quién te conviertes* está determinado por *cómo oras*. En definitiva, la transcripción de tus oraciones se convierte en el guion de tu vida»[4].

A lo mejor, como la palmera de Madagascar, la cual puede tardar diez o más años florecer, muchas de nuestras oraciones no contestadas no están muertas, sino latentes en el corazón de Dios, esperando las condiciones perfectas para dar fruto en esta vida o en la otra. Oramos en días, meses o años, pero Dios está actuando para las futuras generaciones. «En la vida espiritual [Dios] pone a prueba nuestra paciencia, en primer lugar, con su lentitud» dijo el gran autor de himnos Frederick Faber hace casi doscientos años:

> Dios es lento: nosotros somos rápidos y precipitados.
> Es porque estamos apenas por un tiempo, y él ha estado
> desde la eternidad. Por lo tanto, la gracia, en su mayor

> parte, actúa lentamente [...] obra poco a poco. [...] Hay algo sobrecogedor en la extrema lentitud de Dios. Puede ensombrecer nuestra alma, pero que no la inquiete. [...]
>
> Debemos esperar a Dios, larga y sumisamente, en el viento y la lluvia, bajo el trueno y el relámpago, en el frío y en la oscuridad. Espera porque él vendrá[5].

Volver a lo simple

Al comienzo de este libro dije que el mejor consejo que he recibido alguna vez sobre cómo orar fue *mantenlo simple*, *mantenlo real* y *persevera*.

Desde entonces, a lo largo de los capítulos siguientes, hemos recorrido mucho terreno, explorando juntos casi cada palabra del Padrenuestro con cierto detalle, y hemos estudiado nueve aspectos diferentes de la oración (desde el centrado hasta la guerra espiritual y desde la contemplación hasta la confesión). Pero ahora es el momento de volver a la absoluta simplicidad con que comenzamos.

El corazón y el alma de la oración es el siguiente: el Dios que te creó te ama. Anhela caminar y hablar contigo en una amistad cada vez más profunda. Le complace que te hayas tomado el tiempo para leer este libro porque quieres conocerlo mejor. No espera que andes bien todo el tiempo y entiende que algunas clases de oración te resultan más naturales que otros. Por favor, no tomes demasiado en serio las técnicas y herramientas que he señalado en estas páginas. No me sorprendería nada que algunas de las personas más santas del mundo jamás hayan leído un libro sobre la oración. Y lamentablemente, he conocido a otras cuya eficiencia en la oración ocultaba un vacío en lugar de una santidad en su vida.

El gran predicador del siglo XIX, C. H. Spurgeon dijo que la oración es un arte que solo el Espíritu Santo puede enseñar. Por lo tanto,

Spurgeon sugiere que oremos por la oración. «Ora hasta que puedas orar en realidad»[6]. En definitiva, aprendemos a orar orando, dedicando un tiempo regular a estar a solas con el Señor. Entonces, si olvidas todo lo demás de este libro, ¡solo recuerda O.R.A.R! Los pasos que señalamos al comienzo son los siguientes:

- *Observar:* ¿Recuerdas a aquel galgo enloquecido perseguido por la silla metálica del bar? Intenta «Quedarte quieto y saber quién es Dios»[7].
- «*Regocijarse [...] siempre*»[8]. ¿Recuerdas la carta garabateada de mi hijo Daniel? Tu Padre celestial te ama, te conoce, e interpreta perfectamente tu corazón. ¡Agradécele!
- *Apelar/Pedir:* «Sigue pidiendo y recibirás lo que pides»[9] ¿Recuerdas a George Müller que oraba por el pan diario? Pídele al Padre todo, desde la paz en Medio Oriente hasta un lugar para estacionarte.
- *Rendirse:* «Usen todo su cuerpo como un instrumento para hacer lo que es correcto para la gloria de Dios»[10]. ¿Recuerdas esos muchachos tailandeses atrapados en la cueva? Espera y confía en la llegada de la luz y la esperanza.
- Uno de los pasajes más tranquilizadores de toda la Biblia reconoce que a todos, a veces, nos resulta difícil orar, y promete que el Espíritu Santo está aquí para ayudarnos.

> El Espíritu Santo nos ayuda en nuestra debilidad. Por ejemplo, nosotros no sabemos qué quiere Dios que le pidamos en oración, pero el Espíritu Santo ora por nosotros con gemidos que no pueden expresarse con palabras. Y el Padre, quien conoce cada corazón, sabe lo que el Espíritu dice, porque el Espíritu intercede por nosotros, los creyentes, en armonía con la voluntad de Dios[11].

¿Acaso no es tranquilizador? ¡Dios no está marcando nuestras oraciones en una planilla de puntaje! Nuestras palabras y técnicas no le impresionan a Dios, en cambio el Espíritu Santo «escudriña nuestro corazón». Por lo tanto, lo que en realidad importa es que traigamos nuestro corazón ante el Padre de la manera más simple, sincera y consistente que podamos.

Amén

Cada vez que decimos «Amén» al final de una oración, estamos expresando una antigua palabra hebrea del Antiguo Testamento que se usaba en las sinagogas y que más tarde fue adoptada por la iglesia[12], que literalmente significa «¡Sí! ¡Estoy de acuerdo! ¡Que así sea!». No es solo una manera gentil de dar por terminado un tiempo de oración, sino una manera enfática de expresar un acuerdo. Esto es algo poderoso porque Jesús promete que «si dos de ustedes se ponen de acuerdo aquí en la tierra con respecto a cualquier cosa que pidan, mi Padre que está en el cielo la hará»[13].

Cuando decimos «Amén» al final del Padrenuestro, estamos diciendo «sí» a la paternidad de Dios y «cuéntenme» en su familia. Estamos de acuerdo con el pueblo de Dios en todo el mundo que su reino vendrá y se cumplirá su voluntad. Y juntos, como dice el apóstol Pablo: «nuestro "amén" (que significa "sí") se eleva a Dios para su gloria»[14].

En el libro del Apocalipsis, Juan ve veinticuatro ancianos «Cada uno [...] llevaba copas de oro llenas de incienso, que son las oraciones del pueblo de Dios»[15]. Una vez llenas, esas copas serán vertidas al fin de los tiempos en un gran «Amén» universal. me parece asombroso imaginar que todas las verdaderas oraciones que alguna vez he pronunciado —las frustraciones, las lágrimas, las esperanzas rotas y los anhelos— no están perdidas, sino atesoradas y recordadas por Dios, reservadas en una de esas copas de oro, esperando su cumplimiento. Mis oraciones por la sanidad de Sammy pueden no haber sido contestadas por completo, pero tampoco han sido olvidadas. Han sido contestadas, y están reservadas esperando la respuesta definitiva cuando los tumores y las convulsiones del cerebro sean finalmente derrotados. Cada vez que decimos «Amén», acercamos un poco más el reino de Dios. Como teólogo, Tim Chester dice:

> Las oraciones que pensamos dirigidas al presente en realidad están siendo guardadas para ser contestadas el último día. Cuando oramos por quienes sufren mala salud, estamos expresando nuestro anhelo por el día en que no habrá más enfermedad (Apocalipsis 21:4). Cuando oramos que Dios termine las guerras y la opresión, estamos expresando nuestro anhelo por el día cuando los reinos de este mundo se conviertan en el reino de nuestro Dios y su Cristo (Apocalipsis 11:15). Cuando oramos pidiendo misericordia por quienes sufren desastres naturales, estamos expresando nuestro anhelo por el día en que la creación misma sea hecha de nuevo (Apocalipsis 21:1). [...] Las oraciones que pensamos que no han recibido respuesta, en realidad, pueden estar guardadas en las copas de incienso sostenidas por los veinticuatro ancianos, esperando un cumplimiento más grande del que jamás hayamos imaginado. [...] Muchas de tus oraciones están depositadas allí y un día determinarán el curso definitivo de la historia[16].

Un día, descubriremos que todo lo que hemos orado en esta vida fueron solo el campo de entrenamiento para las futuras aventuras. Este es solo el capítulo inicial de una historia mucho mayor.

Estamos siendo entrenados para ejercer autoridad como los virreyes de Cristo en un nuevo mundo al aprender cómo acompañarlo en oración aquí en este mundo viejo[17]. Como el paciente pulido de los coches de *Karate Kid*, estamos desarrollando carácter y memoria muscular para batallas mayores y futuras victorias mayores. Cuando oramos «santificado sea tu nombre» estamos aprendiendo a tomar decisiones y a reinar para su gloria. Cuando oramos «venga tu reino», estamos aprendiendo a ejercer su autoridad «en la tierra como en el cielo».

Y así, todas las cosas que hemos estado explorando en este libro finalmente nos llevarán de regreso al círculo completo, al lugar sencillo de la adoración, donde comenzamos. Ese día, otras formas de oración se volverán redundantes. Ya no habrá necesidad de *petición* de la manera que ahora la conocemos porque Dios dice: «Les responderé antes de que me llamen. Cuando aún estén hablando de lo que necesiten, ¡me adelantaré y responderé a sus oraciones!»[18]. No necesitaremos interceder porque «[fluirá] el derecho como las aguas y la justicia como arroyo inagotable!»[19]. Tampoco sufriremos el dolor de *oraciones sin respuesta* porque «no habrá más muerte ni tristeza ni llanto ni dolor»[20]. *La guerra espiritual* también será innecesaria porque «el acusador de nuestros hermanos —el que los acusa delante de nuestro Dios día y noche— ha sido lanzado a la tierra»[21]. La gente de todas partes «forjarán sus espadas en rejas de arado y sus lanzas en herramientas para podar. No peleará más nación contra nación, ni seguirán entrenándose para la guerra»[22]. El reino, el poder y la gloria de Dios llegarán a su plenitud, y «así como las aguas llenan el mar, la tierra se llenará del conocimiento de la gloria del Señor»[23]. Miraremos alrededor, parpadeando de asombro y diremos con C. S. Lewis: «Ha terminado el año lectivo: han comenzado las vacaciones. Se acabó la noche, esta es la mañana»[24].

La oración del mundo

Creo que Dios te ha dirigido a este libro porque te está llamando a orar, no solo para que profundices tu relación personal con él, sino también para que puedas ocupar tu lugar en el movimiento grande y mundial mucho mayor que yo, que el movimiento de Oración 24-7, o cualquier programa o estilo personal. Pareciera que estamos presenciando una de las mayores movilizaciones de oración que ha visto el mundo. Miles y miles se están reuniendo en Nigeria, Sudáfrica, China, Brasil, Estados Unidos de América, Alemania, Inglaterra y muchas otras naciones. En Indonesia, edificios enteros de oficinas ahora están dedicados a orar día y noche. En el Punjab, un centro de oración ha llevado a más de treinta mil personas a Jesús. Las casas de oración se están multiplicando tan rápido, que apenas podemos ponernos al día. Más de un millón de personas se reúnen ahora cada año en catedrales británicas el día de Pentecostés para orar «venga tu reino». El día mundial de oración se extendió de Ciudad del Cabo a 220 naciones de la tierra en apenas ocho años. No hace tanto tiempo la gente de occidente debía viajar hasta Corea del Sur para observar con envidia cómo en esa ocasión se oraba día y noche, pero ahora se ha vuelto normal también aquí. Y en cuanto a esos jóvenes guerreros de la oración que exclamaban «¡Vamos!» esa noche en Valladolid, de alguna manera han pasado a ser millones en más de la mitad de las naciones del mundo.

A lo largo de la historia, cada vez que Dios estuvo por hacer algo nuevo, primero movilizaba a su pueblo para orar, y hoy en día lo está haciendo a una escala sin precedentes. Lo que ocurrirá a continuación no lo sabe nadie, pero sin duda este es un tiempo emocionante e importante para aprender a orar, para buscar la proximidad del Padre, escucharlo con más atención, obedecerlo con diligencia y comenzar a actuar con más autoridad espiritual. Un día, pronto, sonará una trompeta, las copas doradas de nuestras oraciones se vaciarán sobre la tierra, se escuchará un fuerte «Amén» en el cielo, y Jesucristo finalmente regresará. Cuando eso suceda, el Padrenuestro se convertirá en la oración del mundo. Toda rodilla se doblará delante del Padre, toda lengua santificará su nombre, los integrantes de cada tribu dejarán sus coronas a sus pies, declarando juntos:

Tuyo es el reino, el poder, y la gloria ahora y para siempre.
Amén.

HERRAMIENTAS DE ORACIÓN: 30. Cómo gestionar una sala de oración (ElCursoDeOracion.com).

LECTURA ADICIONAL: *Dirty Glory* (Gloria sucia) por Pete Greig

Cómo usar este libro con *El Curso de oración*

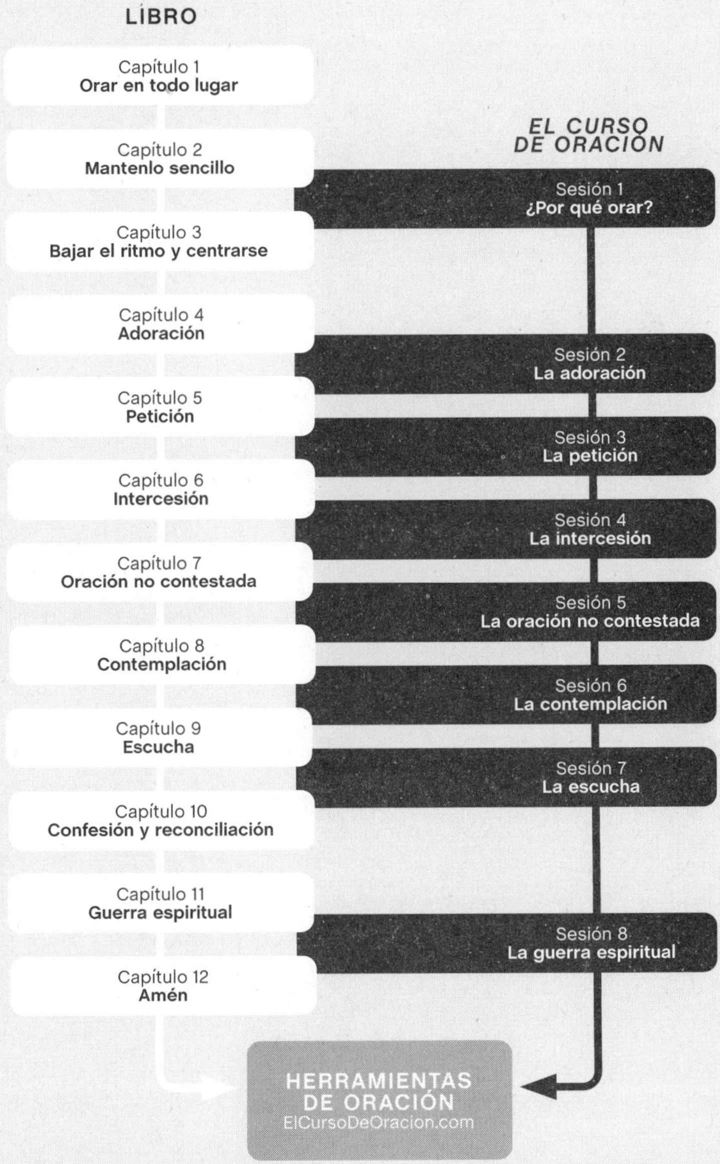

Capítulo 1
Orar en todo lugar

Capítulo 2
Mantenlo sencillo

Capítulo 3
Bajar el ritmo y centrarse

Capítulo 4
Adoración

Capítulo 5
Petición

Capítulo 6
Intercesión

Capítulo 7
Oración no contestada

Capítulo 8
Contemplación

Capítulo 9
Escucha

Capítulo 10
Confesión y reconciliación

Capítulo 11
Guerra espiritual

Capítulo 12
Amén

EL CURSO DE ORACIÓN

Sesión 1
¿Por qué orar?

Sesión 2
La adoración

Sesión 3
La petición

Sesión 4
La intercesión

Sesión 5
La oración no contestada

Sesión 6
La contemplación

Sesión 7
La escucha

Sesión 8
La guerra espiritual

HERRAMIENTAS DE ORACIÓN
ElCursoDeOracion.com

Herramientas

ÍNDICE DE TREINTA HERRAMIENTAS DE ORACIÓN

ENCONTRARÁS introducciones prácticas a los siguientes temas en ElCursoDeOracion.com:

Orar en todo lugar	1. Cómo orar el Padrenuestro
Mantenlo sencillo	2. Como pasar un tiempo tranquilo con Dios 3. Cómo orar el *Examen*
Bajar el ritmo y centrarse	4. La oración de la respiración
Adoración	5. Cómo orar los Salmos 6. Cómo practicar la meditación cristiana 7. Cómo orar de forma creativa 8. Cómo practicar la presencia de Dios
Petición	9. Palmas arriba, palmas abajo 10. Cómo mantener una lista de oración 11. Cómo orar las promesas de Dios
Intercesión	12. Cómo dirigir una reunión de oración no aburrida 13. Cómo interceder por una crisis de gran escala (haciendo los tres pasos) 14. La oración en círculo

Lecturas adicionales y recursos recomendados

HAY MILES DE LIBROS sobre la oración, pero estos son algunos de los títulos que yo recomiendo:

Libros generales sobre la oración

Si Dios no escuchase: Cartas a Malcom acerca de la oración por C. S. Lewis

La oración: Verdadero refugio del alma por Richard Foster

El hacedor de círculos por Mark Batterson

Con Cristo en la escuela de la oración por Andrew Murray

La personalidad y la oración

Sacred Pathways (Sendas Sagradas) por Gary Thomas

La perseverancia y la oración no contestada

Una pena en observación por C. S. Lewis

Luminous Dark (Luminosa oscuridad) por Alain Emerson

Cuando Dios guarda silencio por Pete Greig

La intercesión y la guerra espiritual

Montaña lluvia: Una nueva biografía de James O. Fraser por Eileen Crossman

The Soul of Prayer (El alma de la oración) por P. T. Forsyth

Cartas del diablo a su sobrino por C. S. Lewis

Moldeando la historia: A través del ayuno y la oración por Derek Prince

La contemplación y cómo escuchar a Dios

Abrirse a Dios: La «Lectio Divina» y la vida como oración por David G. Benner

En la tierra silenciosa: La práctica de la contemplación por Martin Laird

La práctica de la presencia de Dios por el hermano Lawrence

Escuchar a Dios por Dallas Willard

The Sacred Year (El año sagrado) por Michael Yankoski

El Padrenuestro

The Lord's Prayer (El Padrenuestro) por William Barclay

Fifty-Seven Words That Change the World (Cincuenta y siete palabras que cambian el mundo) por Darrell W. Johnson

Praying the Lord's Prayer (Cómo ora el Padrenuestro) por J. I. Packer

The Lord and His Prayer (El Señor y su oración) por N. T. Wright

Recursos devocionales

En pos de lo supremo por Oswald Chambers

Common Prayer: A Liturgy for Ordinary Radicals (La oración común: Una liturgia para radicales comunes) por Shane Claiborne, Jonathan Wilson-Hartgrove y Enuma Okoro

The Bible in One Year (app) (La aplicación de la Biblia en un año) por Nicky y Pippa Gumbel

Operation World: The Definitive Prayer Guide to Every Nation (Operación mundo: La guía definitiva de oración para cada nación) por Jason Mandryk

Celtic Daily Prayer (Oración céltica diaria) por Northumbria Community

The Divine Hours series (Serie La hora divina) por Phyllis Tickle

Agradecimientos

ESTE LIBRO HA SIDO el esfuerzo de un equipo y refleja la mejor parte de veinte años. No hubiera podido hacerlo sin el apoyo (sabiduría, amistad, oraciones y continuo estímulo) de nuestros equipos de liderazgo de Oración 24-7 Internacional y Emmaus Rd: Adam, Bill, Brian, Carla, Hannah, Ian Jill, Joe, Misty, Nick, Phil, Roger, Sammy, Scot, Wardy. Una de las personas más importantes en el proceso ha sido Holly Donaldson (de soltera, Dobson), cuya fiel asistencia diaria y constante aliento ha hecho menos imposible todo este proceso. Alain Emmerson hizo un trabajo magistral reuniendo las Treinta herramientas de la Oración y también muchos de los Héroes y Heroínas de la oración de este libro. Tres hermosas parejas también proveyeron refugios donde sentarme a escribir: Gill y Peter en la isla, Helen y Paul en Corfe Castle, Dave y Jo en Turquía. No puedo agradecerles lo suficiente por su amabilidad. También estoy profundamente agradecido con mis nueve brillantes lectores cuyas devoluciones mejoraron enormemente el contenido de este libro: Carla Harding, Hudson Greig, Jill Weber, Joanna Callander, Mark Knight, Nick Beasley, Phil Togwell, Simon Benham y Robbie Back (quien de alguna manera de las arregló para leer el manuscrito en el fondo de una furgoneta mientras estaba de gira por Europa con su banda heavy metal). Cualquier error de tipeo, traspiés, partes aburridas u oscuras herejías que haya quedado es mío, no de ellos.

Mis equipos de publicación en ambos lados del canal han sido excepcionales: Katherine Venn me mantuvo provisto de meriendas, sabios consejos, estímulo generoso; David Zimmerman amenazó enviarme las listas de reproducción de David Bowie y captó bromas que nadie más podía entender; y Don Pape ha llorado literalmente con este manuscrito mientras oraba durante el proceso junto a su esposa, Ruthie. Los editores son los grandes héroes no reconocidos de la industria del libro y, aunque su trabajo tiene un impacto en millones de vidas, lo hacen en silencio y con humildad. Katherine, David y Don son algunos de los artesanos más excelentes en el arte de la impresión de Caxton, en todo el mundo, y estoy muy agradecido con ellos por convertir el rumiar de un británico desaliñado, empoderado por el café, en algo mucho más atractivo y más sensato que su autor.

Notas

CÓMO LEER ESTE LIBRO EN UN PAR DE MINUTOS

1. Salmo 46:10.

CAPÍTULO 1: ORAR EN TODO LUGAR

1. El onceavo de los doce pasos de Alcohólicos Anónimos; ver https://www.aa.org/assets/en_US/smf-121_en.pdf.
2. Abraham Joshua Heschel, *Moral Grandeur and Spiritual Audacity: Essays* [Grandeza moral y audacia espiritual: Ensayos] (Londres: Macmillan, 1997), 341.
3. David G. Benner, *Opening to God: Lectio Divina and Life as Prayer* (Downers Grove, IL: IVP, 2010), 36. Publicado en español como *Abrirse a Dios: La lectio divina y la vida como oración.*
4. Esta frase fue citada por el presidente Obama en la Convención Democrática Nacional, septiembre del 2012. Parece atribuida por primera vez a Abraham Lincoln por Noah Brooks, al escribir en *Harper's New Monthly Magazine*, vol. 31, 226, publicada en julio de 1865 (tres meses después de la muerte de Lincoln).
5. Conrad Hilton, *Be My Guest* [Sea usted mi huésped] (Nueva York: Simon & Schuster, 1994), 288.
6. Anna Quindlen, *One True Thing* (Nueva York: Random House, 1994), 59. Publicado en español como *Las cosas que importan.*
7. Paul Brannigan, *This Is a Call: The Life and Times of Dave Grohl* [Este es un llamado: La vida y el tiempo de Dave Grohl] (Londres: HarperCollins, 2012), 285.
8. Elizabeth Gilbert, *Eat, Pray, Love: One Woman's Search for Everything Across Italy, India and Indonesia* (Nueva York: Riverhead, 2007), 16. Publicado en español como *Come, reza, ama: Una mujer en busqueda del deseado equilibrio entre el cuerpo y el alma.*
9. Patrick Kavanagh, «Canal Bank Walk» [Caminata por la ribera del canal] en *Patrick Kavanagh: Collected Poems* (Londres: Penguin, 2005), 224.
10. NORC de la Universidad de Chicago, Investigación social general 2008; Christopher Bader *et al.*, *American Piety in the 21st Century: New Insights to the Depth and Complexity of Religion in the US: Selected Findings from The Baylor*

Religion Survey, September 2006 [Religiosidad estadounidense en el siglo XXI: Nueva mirada sobre la profundidad y la complejidad de la religión en EE. UU.: Hallazgos seleccionados por Naylor Religion Survey, septiembre del 2006 (Waco, TX: Baylor Institute for Studies of Religion, 2006).

11. Neil MacGregor, *Living with the Gods: On Beliefs and Peoples* (Londres: Allen Lane, 2018). Este libro, escrito por un exdirector del Museo Británico, narra la perdurable relevancia y el sorprendente aumento de la creencia religiosa en todo el mundo. Publicado en español como *Vivir con los dioses: Pueblos, objetos y creencias.*
12. *Sunday Times*, 17 de enero del 2016, informe sobre una encuesta de YouGov en 2015 sobre las creencias británicas.
13. David Nott fue entrevistado en *The Eddie Mair Interview* en BBC Radio 4 en el 2013 y de nuevo en diciembre del 2014.
14. Mateo 14:13.
15. Marcos 6:46.
16. Mateo 26:36.
17. Mateo 27:46.
18. Hechos 1:14.
19. Hechos 6:1-4.
20. Hechos 10:9-16.
21. Hechos 9:11.
22. Efesios 6:12.
23. Romanos 8:14-16.
24. 1 Corintios 14.
25. George A. Buttrick, *Prayer* [La oración] (Abingdon: Cokesbury, 1942).
26. Éxodo 33:11.
27. Juan 10:27.
28. Lucas 11:1.
29. Mateo 6:6.
30. Hechos 2:2-4.
31. Para más información sobre las Salas de Oración 24-7, visita www.24-7prayer.com/es/ o bien Herramientas de oración: «Cómo gestionar una sala de oración».
32. Richard Foster, *Prayer: Finding the Heart's True Home* (Londres: Hodder & Stoughton, 2008), 79. Publicado en español como *La oración: Verdadero refugio del alma.*
33. Una historia relatada por Bill Hybels, expastor de Willow Creek Community Church.
34. Lucas 11:1.

CAPÍTULO 2: MANTENLO SENCILLO

1. Salmo 103:14.
2. Mateo 6:6.
3. Samuel Taylor Coleridge, *The Rime of the Ancient Mariner* (Nueva York: D. Appleton & Co., 1857), 50. Publicado en español como *Balada del viejo marinero.*
4. Mateo 6:7-8, MSG, traducción libre.

5. El descubrimiento de que el Padrenuestro rimaba, lo hizo un amigo mío, el obispo Graham Tomlin en Israel mientras escuchaba un día a un sacerdote ortodoxo sirio recitar la oración en su antigua forma original aramea.
6. Arzobispo Justin Welby, ChurchofEngland.org.
7. Hebreos 10:19.
8. Wikipedia, *Pow-wow*. Es el nombre del encuentro de los pueblos indígenas de Norteamérica. Consultado en diciembre del 2024, https://es.wikipedia.org/wiki/Powwow.
9. Kate Rae Davis y Richard Twiss, «Dancing Prayers: An Interview with Richard Twiss» [Oraciones bailadas: una entrevista a Richard Twiss], *The Other Journal: An Intersection of Theology and Culture* 21 (2013):10.
10. Lucas 18:9-14.
11. Citado por David G. Benner en *Opening to God*, 34. Publicado en español como *Abrirse a Dios*.
12. Anne Lamott, *Help, Thanks, Wow: The Three Essential Prayers* [Ayuda. Gracias. ¡Vaya!: Las tres oraciones esenciales] (Nueva York: Penguin, 2012), 6–7.
13. Lucas 22:42.
14. Salmo 55:17, DHH.
15. Génesis 32:22-32.
16. Números 11:11-12.
17. Jeremías 20:7.
18. No he podido rastrear esta analogía de Frank Laubach al lugar donde la encontré originalmente.
19. Marcos 6:31.
20. Eugene Peterson, *Under the Unpredictable Plant* [Bajo la planta impredecible] (Grand Rapids, MI: Eerdmans, 1992), 74.
21. Marcos 1:35.
22. Lucas 21:37.
23. Maxwell Maltz postuló en la década de 1960 que se necesitan veintiún días para que una actividad se convierta en hábito. Investigaciones más recientes en la University College, Londres, sobre los hábitos del ejercicio y la dieta propone que tales hábitos pueden llevar sesenta y seis días en formarse.
24. Hay muchos recursos devocionales disponibles excelentes. Mi amigo y mentor, Nicky Gumbel, ha estado realizando la misma rutina devocional a diario por más de veinticinco años, sin faltar apenas un día, y sus percepciones de estas décadas de reflexión ahora han sido registradas en el comentario de gran popularidad *The Bible in One Year* [La Biblia en un año]. También recomiendo la trilogía *The Divine Hours* [Las horas divinas] de Phyllis Tickle, *The Northumbria Community's Celtic Daily Prayer* [La oración diaria céltica de la comunidad de Northumbria]. El pódcast *Pray As You Go* [Ora mientras andas] de los jesuitas irlandeses, el clásico inmortal *En pos de lo supremo* de Oswald Chambers y, por supuesto, *El libro de oración común*.

HÉROÍNA DE LA ORACIÓN SENCILLA

1. Isaías 40:31.

CAPÍTULO 3: BAJAR EL RITMO Y CENTRARSE

1. Salmo 42:1.
2. Eclesiastés 3:7.
3. 1 Reyes 19:12, JBS.
4. Salmo 46:10.
5. Richard Rohr, citando a Paula D'Arcy en *Everything Belongs: The Gift of Contemplative Prayer* [Todo le pertenece: El don de la oración contemplativa] (Nueva York: Crossroad, 1999), 130.
6. Salmo 37:7.
7. Salmo 23:2, RVA-2015, énfasis agregado.
8. Salmo 46:10.
9. Eugene Peterson, *The Wisdom of Each Other: A Conversation Between Spiritual Friends* [La sabiduría de cada uno: Una conversación entre amigos espirituales] (Grand Rapids, MI: Zondervan, 1998), 24.
10. Martin Laird, *Into the Silent Land: A Guide to the Christian Practice of Contemplation* (Nueva York: Oxford University Press, 2006), 4. Publicado en español como *En la tierra silenciosa: La práctica de la contemplación.*
11. San Juan de la Cruz, «The Dark Night», entrada del 7 de marzo del 2019, https://onetruename.com/StJohn.htm. Publicado en español como «Noche oscura del alma».
12. Salmo 131:2.
13. Antonio de Egipto, citado por Thomas Keating, *Open Mind, Open Heart* (Nueva York: Continuum, 2006), 92. Publicado en español como *Mente abierta, corazón abierto.*
14. Juan 20:22.
15. Génesis 2:7.
16. 1 Corintios 14:4.
17. John Donne, *John Donne's Sermons on the Psalms and Gospels: With a Selection of Prayers and Meditations* [Los sermones de Juan Donne sobre los Salmos y los Evangelios: Con una selección de oraciones y meditaciones], ed. Evelyn M. Simpson (Berkeley, CA: University of California Press, 2003), 25.
18. Estoy agradecido con Brennan Manning por ese ejemplo en su libro, *The Signature of Jesus: The Call to a Life Marked by Holy Passion and Relentless Faith* (Sisters, OR: Multnomah, 2004), 204. Publicado en español como *La firma de Jesús: El camino hacia una vida de fe apasionada.*
19. Juan 8:6.
20. Mateo 26:39.

HÉROE EN BAJAR EL RITMO Y CENTRARSE

1. Atanasio, *Life of Anthony* [La vida de Antonio] (Pickerington, OH: Beloved, 2014), 81.

2. Thomas Merton, *The Wisdom of the Desert: Sayings from the Desert Fathers from the Fourth Century* [La sabiduría del desierto: Dichos de los padres del desierto del siglo IV], tomado de Peter Scazzero, *Emotionally Healthy Spirituality Day by Day: A 40-Day Journey with the Daily Office* [Espiritualidad emocionalmente sana día a día: Un viaje de cuarenta días con el Daily Office] (Grand Rapids, MI: Zondervan, 2014), 24.

CAPÍTULO 4: ADORACIÓN

1. Jim Wallis y Joyce Hollyday, *Cloud of Witnesses* [Nube de testigos] (Maryknoll, NY: Orbis, 2005), 6.
2. Vladimir Lenin, citado en Brennan Manning, *The Signature of Jesus: The Call to a Life Marked by Holy Passion and Relentless Faith* (Eugene, OR: Multnomah, 2004), 181. Publicado en español como *La firma de Jesús: El camino hacia una vida de fe apasionada.*
3. Efesios 5:1. Ver también Mateo 7:11.
4. Mateo 7:11.
5. El tema de la paternidad de Dios, tan vital para la oración, está poderosamente explorado en varios libros muy recomendables como: *El corazón paternal de Dios* de Floyd McClung (h.), *El regreso del hijo pródigo: Meditaciones ante un cuadro de Rembrandt* de Henri Nouwen y *El hijo pródigo: Lucas 15 a través de la mirada de campesinos de Medio Oriente* de Kenneth Bailey. También es celebrado en el arte y la escultura de mi amigo Charly Mackesy.
6. San Agustín, *Augustine of Hippo: Selected Writings* (Boston: Paulist Press, 1984), 210. Publicado en español como *San Agustín, Agustín de Hipona: Escritos selectos.*
7. Jean-Nicolas Grou, *Morality Extracted from the Confessions of St. Augustine* [Moralidad basada en las confesiones de San Agustín] (Oxford: Burns, Oates & Washbourne, 1934), 25.
8. Romanos 8:26-27.
9. William Barclay, *The Lord's Prayer* (Louisville, KY: Westminster John Knox, 1998), 50–51. Publicado en español como *El Padre Nuestro.* (Traducción libre)
10. Annie Dillard, *Teaching a Stone to Talk* (Nueva York: Harper Perennial, 2013), 52. Publicado en español como *Enseñarle a hablar a una piedra.*
11. Hebreos 10:31.
12. *Allah* es la palabra aramea para *Dios.* Es anterior al islam y la usan cristianos, judíos y musulmanes.
13. Ver Gálatas 4:6; Salmo 42:7.
14. Ver Salmo 103:14; Isaías 40:6-7.
15. George MacDonald, *A Book of Strife in the Form of the Diary of an Old Soul* [Un libro de lucha en la forma de un diario de un alma vieja] (Londres: Hughes, 1880), 105.
16. Hebreos 13:15.
17. Para más información acerca de la Orden Mustard Seed, ver www.orderofthe mustardseed.com.

18. Todos los judíos de la época de Jesús rezaban estas oraciones fijas. Si Jesús no las hubiera hecho, se hubieran registrado en las Escrituras. Encontramos indicios de la práctica litúrgica de Cristo en su asistencia devota a la sinagoga, su homenaje a las grandes fiestas y festivales y, por ejemplo, en Mateo 14:19, donde Jesús le da gracias a Dios antes de alimentar a los cinco mil.
19. Mateo 27:46, citando Salmo 22:1.
20. 1 Timoteo 2:1-2.
21. Stanley Hauerwas, entrevista con Dr. R. Albert Mohler en la emisión de *Speaking in Public*, «Nearing the End» [Cerca del fin], 28 de abril del 2014.
22. 2 Corintios 3:18, NVI.
23. Esta frase la pronunció el personaje de Eric Liddell en la película *Carros de fuego* (Allied Stars, 1981), la cual retrataba la historia de Liddell. La cita completa es: «Creo que Dios me creó con un propósito: para China. Pero también me hizo *rápido*. Y cuando corro, siento su placer».
24. Salmo 8:3.
25. Éxodo 31:1-5. En este pasaje, se describe a Bezalel como lleno «del Espíritu de Dios» para trabajar como artesano en el tabernáculo. Es la primera persona que se describe así en la Biblia.
26. Lucas 1:46-55.
27. Mateo 2:1-12.
28. Salmo 33:3; 96:1; 98:1; 149:1, NVI.

HÉROE DE LA ADORACIÓN

1. Hermano Lawrence, *The Practice of the Presence of God* (Londres: Hodder & Stoughton, 2009). Publicado en español *La práctica de la presencia de Dios.*

CAPÍTULO 5: PETICIÓN

1. Citado en N. T. Wright, *The Lord and His Prayer* [El Señor y su oración] (Grand Rapids, MI: Eerdmans, 2014), 68.
2. 1 Tesalonicenses 5:16-18.
3. Juan 14:14.
4. Lucas 11:9.
5. Santiago 4:2.
6. H. H. Farmer, *The World and God* [El mundo y Dios] (Londres: Nisbet, 1935), 129.
7. Karl Barth, *Church Dogmatics III.3: The Doctrine of Creation* [La dogmática de la iglesia III.3: La doctrina de la creación], ed. G. W. Bromiley (Edinburgh: T&T Clark, 2004), 268.
8. Por lo general se considera que las tres oraciones más importantes en la liturgia judía son: *Sh'ma Yisrael* («Oye, Oh Israel»), la *Amidah*, y la *Kaddish*.
9. Roger Steer, *George Müller: Delighted in God* (Wheaton, IL: Harold Shaw, 1981). Publicado en español como *George Müller: Los derechos del niño, una cuestión de fe.*
10. Ver Steer, *George Müller*, 161.
11. Lucas 18:35-43; Marcos 10:46-52.

12. Charles H. Spurgeon, *Spurgeon's Sermons on Prayer* [Los sermones de Spurgeon en oración] (Peabody, MA: Hendrickson, 2007): «Dios bendecirá a Elías y enviará lluvia sobre Israel, pero Elías debe orar por ello. Para que la nación elegida prospere, Samuel debe suplicarlo. Para que los judíos sean liberados, Daniel debe interceder. Dios bendecirá a Pablo, y las naciones se convertirán por medio de él, pero Pablo debe orar» (p. 109).
13. *La mujer con hemorragia*: Marcos 5:24-34; *la niña muerta*: Marcos 5:21-24, 35-43.
14. Blas Pascal, *Pensées* A. J. Krailsheimer, trad. (Nueva York: Penguin, 1995), 296. Publicado en español como *Pensamientos*.
15. Karl Barth, *Prayer* (Louisville, KY: Westminster John Knox, 2002), 13. Publicado en español como *La oración*.
16. Richard Foster, *Prayer: Finding the Heart's True Home* (Londres: Hodder & Stoughton, 2008), 52. Publicado en español como *La oración: Verdadero refugio del alma*.
17. Efesios 2:18.
18. Mateo 21:22, NVI.
19. Marcos 10:52.
20. Mateo 17:20.
21. Hebreos 11:6.
22. Hebreos 12:2.
23. Roger Steer, *J. Hudson Taylor: A Man in Christ* [J. Hudson Taylor: Un hombre en Cristo] (Mandaluyong City: Overseas Missionary Fellowship, 1990), 298.
24. Lucas 18:1-8.
25. Mateo 7:7.
26. George Arthur Buttrick, *Prayer* (Nueva York: Abingdon-Cokesbury, 1942), 263.
27. «The Power of Praying for Friends» [El poder de orar por amigos], 24 de marzo del 2016, Diocese of Bristol, https://www.bristol.anglican.org/news/2016/03/24/the-power-of-praying-for-friends/.

HEROÍNA DE LA PETICIÓN

1. Corrie ten Boom, *Jesus Is Victor* [Jesús es vencedor] (Grand Rapids, MI: Revell, 1984), 202.
2. Corrie ten Boom, *The Hiding Place* (Grand Rapids, MI: Chosen, 2006), 247–248. Publicado en español como *El refugio secreto*.

CAPÍTULO 6: INTERCESIÓN

1. Richard Foster, *Prayer: Finding the Heart's True Home* (Londres: Hodder & Stoughton, 2008), 204. Publicado en español como *La oración: Verdadero refugio del alma*.
2. Esta historia encantadora, narrada por varios predicadores en diversas formas, es casi seguro apócrifo.
3. 1 Timoteo 2:2.
4. 2 Crónicas 7:14.
5. Éxodo 17:11-13.
6. Efesios 6:12.

7. Ezequiel 22:30, énfasis agregado.
8. Aunque la historia de Éxodo 32:9-14 parece describir a Dios cambiando de idea en respuesta a las oraciones de Moisés, cuando se considera a la luz de Cristo, con la comprensión de que Dios desea salvar y no destruir, y reconociendo en Moisés un «tipo» de antecesor de Jesús que intercede por nuestra salvación, parece más acertado concluir que Dios había querido que Moisés intercediera de esa manera desde el comienzo, porque su deseo no era destruir, sino redimir a su pueblo.
9. Hebreos 7:25.
10. Juan 3:16-17.
11. Romanos 8:34.
12. Romanos 8:26, NVI.
13. Barth, *Church Dogmatics III.3* [La dogmática de la iglesia III.3], 287.
14. Oswald Chambers, *My Utmost for His Highest* (Grand Rapids, MI: Discovery House, 2017), 20 de junio, 17 de octubre. Publicado en español como *En pos de lo supremo.*
15. Estamos en deuda con Jason Mandryk por su búsqueda enciclopédica, compilada en sucesivas ediciones, de la última guía de oración para todas las naciones de la tierra: *Operación Mundo*, publicado por IVP.
16. 2 Corintios 1:20.
17. H. E. Dana y J. R. Mantey, *A Manual Grammar of the Greek New Testament* [Una gramática manual del griego del Nuevo Testamento] (Toronto: MacMillan, 1927), 176.
18. Darrell W. Johnson, *Fifty-Seven Words That Change the World: A Journey through the Lord's Prayer* [Cincuenta y siete palabras que cambian el mundo: Un viaje por el Padrenuestro] (Vancouver: Regent College, 2005), 20. Algunos estudiosos estarían en desacuerdo con Johnson, ya que el imperativo también puede ser un tono de súplica, lo que se prestaría más al contexto de la oración. De todas maneras, sigue en pie el punto de que podemos orar con extraordinaria confianza que proviene del *mandamiento* de Cristo de orar de esa manera.
19. Martín Lutero, citado en John Koenig, *Rediscovering New Testament Prayer: Boldness and Blessing in the Name of Jesus* [Redescubriendo la oración en el Nuevo Testamento: Audacia y bendición en el nombre de Jesús] (Eugene, OR: Wipf & Stock, 1992), 56.
20. P. T. Forsyth, *The Soul of Prayer* [El alma de la oración] (Vancouver: Regent College, 2002), 108.
21. Hechos 4:24, 31.
22. Citado en Charlie Cleverly, *Epiphanies of the Ordinary: Encounters that Change Lives* [Epifanías de lo cotidiano: Encuentros que cambian vidas] (Londres: Hodder & Stoughton, 2012), cap. 12.

HÉROE DE LA INTERCESIÓN

1. «Nikolaus Von Zinzendorf: Christ-Centered Moravian "Brother"» [Nikolaus Von Zinzendorf «hermano» moravo centrado en Cristo], sitio en línea de Christianity Today, entrada del 10 de marzo del 2019, https://www.christianitytoday.com /history/people/denominationalfounders/nikolaus-von-zinzendorf.html.

2. Citado en James W. Goll, *The Lost Art of Intercession: Restoring the Power and Passion of the Watch of the Lord* (Shippensburg, AZ: Destiny Image, 2016), 102. Publicado en español como *El arte perdido de la intercesión: Restaurando el poder y la pasión de la vigilia del Señor.*

CAPÍTULO 7: ORACIÓN NO CONTESTADA

1. Ver Lucas 22:42. Gran parte del contenido de este capítulo está tomado de mi libro *Cuando Dios guarda silencio*, el cual explora en mayor detalle el tema de la oración no contestada.
2. Marcos 8:23-25.
3. Marcos 14:36.
4. Marcos 15:34.
5. Juan 17:22-23.
6. Mateo 26:38; ver también Lucas 22:44.
7. Mateo 26:39.
8. Salmo 23:4, RVR60.
9. Marcos 14:36.
10. Isaías 55:8, NVI.
11. Filipenses 4:6-7.
12. En *Cuando Dios guarda silencio*, capítulos 7, 8, y 9, exploro esta idea: El mundo de Dios, la guerra de Dios y la voluntad de Dios en mayor profundidad, para quienes quieren llegar más al fondo.
13. El hecho de que los milagros sean raros no debería desanimarnos de orar por los detalles de la vida de la manera que lo sugiero en el capítulo 5, por las siguientes razones: (1) Es imposible saber cuándo algo que ocurre sin importancia puede en realidad ser significativo en el futuro; (2) la obstrucción a un milagro en particular puede no tener su raíz en el «mundo de Dios» —sus leyes naturales—, sino en el ámbito de la «guerra de Dios»: el libre albedrío humano y la oposición de Satanás; y (3) cuando oramos por los detalles e incluso las cosas inevitables de la vida, nos preparamos para recibir la vida como un milagro, incluyendo las leyes naturales, y, por lo tanto, a vivir con mayor gratitud.
14. «Tennis Anyone? March Madness Hits the White House» [¿Tenis para cualquiera? La locura de marzo golpea la Casa Blanca], Presidential Power con Mateo Dickinson, 18 de marzo del 2011, https://sites.middlebury.edu/presidentialpower/tag/carter-tennis-courts/.
15. C. S. Lewis, *The Problem of Pain* (Nueva York: HarperCollins, 2001), 25. Publicado en español como *El problema del dolor.*
16. Efesios 6:17.
17. P. T. Forsyth, «The Inwardness of Prayer» [La interioridad de la oración], oChristian.com, entrada del 8 de mayo del 2019, http://articles.ochristian.com/article4270.shtml.
18. Tony Reinke, *Newton on the Christian Life* (Wheaton, IL: Crossway, 2015), 191. Publicado en español como *Dios, la tecnología y la vida cristiana.*

HÉROE DE LA ORACIÓN NO CONTESTADA

1. Kelli B. Trujillo, «After 50 Years in a Wheelchair, I Still Walk with Jesus» [Después de cincuenta años en silla de ruedas, todavía camino con Jesús], *Christianity Today*, 28 de julio del 2017, https://www.christianitytoday.com./women/2017/july/joni eareckson-tada-fifty-years-wheelchair-walk-jesus.html.
2. Joni Eareckson Tada, *The God I Love: A Lifetime of Walking with Jesus* (Grand Rapids, MI: Zondervan, 2003), 340. Énfasis en el original. Publicado en español como *El Dios que yo amo: Una vida caminando con Jesús.*
3. Joni Eareckson Tada y Steven Estes, *When God Weeps: Why Our Sufferings Matter to the Almighty* [Cuando Dios llora; por qué nuestros sufrimientos le importan al Todopoderoso] (Grand Rapids, MI: Zondervan, 1997), 117.

CAPÍTULO 8: CONTEMPLACIÓN

1. *The Life: The Collected Works of St. Teresa of Avila* [El libro de la vida], vol. 1, trad. Kieran Kavanaugh y Otilio Rodriguez (Washington, DC: ICS Publications, 1987), 67, 96 et passim.
2. David G. Benner, *Opening to God: Lectio Divina and Life as Prayer* (Downers Grove, IL: IVP, 2010), 133. Publicado en español como *Abrirse a Dios, la lectio divina y la vida como oración.*
3. Richard Foster, *Prayer: Finding the Heart's True Home* (Grand Rapids, MI: Zondervan, 2002), 158. Publicado en español como *La oración: Verdadero refugio del alma.*
4. Benner, *Opening to God*, 131. Publicado en español como *Abrirse a Dios.*
5. Salmo 19:14.
6. Salmo 62:1.
7. Salmo 46:10.
8. Hechos 10:9–11:18.
9. 2 Corintios 12:4.
10. Apocalipsis 1:10-12.
11. T. S. Eliot, «Little Gidding» (1942), http://www.columbia.edu/itc/history/winter /w3206/edit/tseliotlittlegidding.html.
12. Mateo 22:37.
13. 1 Tesalonicenses 5:17; ver también Efesios 6:18.
14. Charles Wesley, «Love Divine, All Loves Excelling» [El amor divino que excede a todo amor], (1747), https://hymnary.org/text/love_divine_all_love_excelling_joy _of_he.
15. Esto es interesante porque las tradiciones del Pentecostés y la contemplación tienden a pensarse como extremos opuestos del rango eclesiástico cuando en realidad son muy similares. Tal vez no es coincidencia que John Wimber, líder del movimiento Vineyard y uno de los principales pioneros de la renovación carismática del último siglo surgiera del trasfondo profundamente contemplativo de los cuáqueros.
16. Patti Smith, *Just Kids* (Nueva York: Ecco, 2010), 4–5. Publicado en español como *Eramos unos niños.*

17. Este proceso se desarrolla a partir del lenguaje usado por Stephen Verney.
18. Rick Warren, *The Purpose Driven Life* (Grand Rapids, MI: Zondervan, 2002), 190. Publicado en español como *Una vida con propósito.*
19. Mary Oliver, «Praying» [Orando], en *Thirst* (Boston: Beacon Press, 2006), 37.
20. Ruth Haley Barton, *Strengthening the Soul of Your Leadership* [Fortalecer el alma de tu liderazgo] (Downers Grove, IL: IVP, 2015), 146–147.
21. Mateo 6:6.
22. Stephen Verney, *Into the New Age* [Introducción a la Nueva Era] (Grand Rapids, MI: Zondervan, 1976), 91–92. Publicado en español como *Mente abierta, corazón abierto.*
23. Antonio de Egipto citado por Thomas Keating, *Open Mind, Open Heart* (Nueva York: Continuum, 2007), 92. Publicado en español como Mente abierta, corazón abierto.
24. Austin Kleon, *Steal Like an Artist* (Nueva York: Workman, 2012), 11. Publicado en español como *Roba como un artista.*
25. 2 Corintios 3:18, NBLA, énfasis agregado.
26. Henri Nouwen, *In the Name of Jesus* [En el nombre de Jesús] (Nueva York: Crossroad, 1989), 42.
27. Del discurso de la Madre Teresa al recibir el premio nobel, 11 de diciembre de 1979, https://www.nobelprize.org/prizes/peace/1979/teresa/lecture/.
28. Gerard Manley Hopkins, «As kingfishers catch fire, dragonflies draw flame» [Igual que el martín pescador se inflama, las libélulas destellan], https://www.poets.org /poetsorg/poem/kingfisherscatch-firedragonfliesdraw-flame.
29. Brennan Manning, *The Signature of Jesus* (Colorado Springs: Multnomah, 1996), 98–99. Publicado en español como *La firma de Jesús.*
30. 2 Corintios 3:18.

HÉROE DE LA CONTEMPLACIÓN

1. Blaise Pascal, *L'Art de Persuader*, [El arte de persuadir], citado en Charles River Editors, *Blaise Pascal: The Life and Legacy of the Legendary French Mathematician and Theologian* [Blas Pascal: la vida y el legado del legendario matemático y teólogo francés] (Ann Arbor: Charles River Editors, 2018), Introducción.

CAPÍTULO 9: ESCUCHA

1. Morton Hunt, *The Universe Within* [El universo interior] (Nueva York: Simon & Schuster, 1983), 223.
2. Dietrich Bonhoeffer, *Psalms: The Prayer Book of the Bible* (Minneapolis, MN: Augsburg Fortress, 1959), 11. Publicado en español como *Los Salmos, el libro de oración de la Biblia: Una introducción.*
3. Malaquías 3:16.
4. Salmo 119:105.
5. Isaías 58:10.
6. Mateo 4:4.
7. 2 Timoteo 3:16.
8. Hebreos 4:12.

9. Mark Batterson, *The Circle Maker* (Grand Rapids, MI: Zondervan, 2012), 96. Publicado en español como *El hacedor de círculos.*
10. Dios habla a través de la creación (Salmo 19:1-2); nuestra conciencia (1 Timoteo 1:19); visitaciones angelicales (Mateo 1:20); la predicación (Romanos 10:14); burros que hablan (Números 22:28).
11. 1 Corintios 14:31, 29.
12. 1 Corintios 14:1.
13. Camino a Damasco (Hechos 9:3); camino a Emaús (Lucas 24:13).
14. 1 Reyes 19:11-12.
15. Hechos 18:3.
16. Lucas 2:19.
17. Juan 15:14.
18. Juan 2:5.
19. 2 Corintios 5:7.
20. Isaías 30:21.

CAPÍTULO 10: CONFESIÓN Y RECONCILIACIÓN

1. Stanley Hauerwas ¡fue declarado «El principal teólogo de los Estados Unidos de América» por la revista *Time* en el 2001! Esta cita proviene de un libro que escribió con William H. Willimon, *Lord, Teach Us: The Lord's Prayer and the Christian Life* [Señor, enséñanos: El Padrenuestro y la vida cristiana] (Nashville, TN: Abingdon, 1996), 78.
2. Marcos 2:1-12.
3. William Shakespeare, *King Lear*, ed. Alfred Harbage (Nueva York: Penguin, 1970), 2.1.117–120. Las referencias no son acto, escena ni guion. Publicado en español como *El rey Lear.*
4. William Barclay, *The Beatitudes and the Lord's Prayer for Everyman* [Las Bienaventuranzas y el Padrenuestro para todos] (Nueva York: Harper & Row, 1963), 227.
5. Lucas 15:11-24.
6. «Full Text: Pope Francis' First Angelus Address» [Texto completo: Primer sermón del Angelus del papa Francisco], *The Catholic World Report*, 17 de marzo del 2013, https://www.catholicworldreport.com/2013/03/17/full-text-pope-francis-first-angelus-address/.
7. 1 Juan 1:9.
8. Charles W. Colson, *Born Again* (Grand Rapids, MI: Chosen Books, 2008), 125, 129. Publicado en español como *Nací de nuevo.*
9. Padre Dennis Hamm SJ, «Rummaging for God: Praying Backwards through Your Day» [Rebuscar para Dios: orar rastreando el día], reimpreso de *America*, 14 de mayo de 1994, https://www.ignatianspirituality.com/ignatian-prayer/the-examen/rummaging-for-god-praying-backward-through-your-day.
10. Dios con nosotros en el valle (Salmo 23:4); en la duda (Juan 20:27); en el pecado (Juan 8:7).

11. David G. Benner, *Opening to God: Lectio Divina and Life as Prayer* (Downers Grove, IL: IVP, 2010), 153. Publicado en español como *Abrirse a Dios, la lectio divina y la vida como oración.*
12. Génesis 3:8.
13. Lucas 18:11, 13-14.
14. Salmo 51:7.
15. 2 Corintios 3:18, NVI.
16. Santiago 5:16, énfasis agregado.
17. Mateo 5:23-24.
18. Russell Brand, *Recovery: Freedom from Our Addictions* (Nueva York: Henry Holt, 2017), 94. Publicado en español como *Recuperado.*
19. Ver 1 Juan 4:20.
20. De Robert Coles, *The Story of Ruby Bridges* [La historia de Ruby Bridges] (Nueva York: Scholastic, 2004), una variedad de entrevistas conducidas por Coles y la misma Ruby. Publicado en español como *La historia de Ruby Bridges.*
21. «Gordon Wilson on Enniskillen Remembrance Day Bombing» [Gordon Wilson: Recuerdos del día del bombardeo de Enniskillen], BBC News, 8 de noviembre del 2012, https://www.bbc.com/news/20257328.
22. «Interviewing Gordon Wilson Was Nearest I'd Ever Get to Being in Presence of a Saint» [Entrevistar a Gordon Wilson fue lo más próximo que jamás haya estado de la presencia de un santo], tomado de *Belfast Telegraph*, 5 de octubre del 2008, https://www.belfasttelegraph.co.uk/sunday-life/interviewing-gordon-wilson-was-nearest-id-ever-get-to-being-in-presence-of-asaint-28491343.html.
23. Lucas 23:34.
24. Michael Ramsden en conversación privada.
25. Mateo 5:44.
26. 2 Corintios 5:18, NVI.
27. Mateo 18:22.
28. William L. Ury, *The Third Side: Why We Fight and How We Can Stop* [El tercer lado: Por qué peleamos y cómo podemos detenernos] (Nueva York: Penguin, 1999), 167.
29. William Allman, «President Obama Meets Civil Rights Icon Ruby Bridges» [El presidente Obama recibe al ícono de los derechos civiles Ruby Bridges], 15 de julio del 2011, https://obamawhitehouse.archives.gov/blog/2011/07/15/president-obama-meets-civil-rights-icon-ruby-bridges.

HÉROE DE LA CONFESIÓN Y LA RECONCILIACIÓN

1. «Desmond Tutu: "I Am Sorry"—The Three Hardest Words to Say» [Desmond Tutu: "Lo siento", las dos palabras más difíciles de decir], *The Guardian*, 22 de marzo del 2014, https://www.theguardian.com/lifeandstyle/2014/mar/22/archbishop-desmond-tutu-sorry-hard-to-say.

CAPÍTULO 11: GUERRA ESPIRITUAL

1. Joel S. Woodruff, «Profile in Faith: V. Raymond Edman» [Perfil en fe: V. Raymond Edman] en *Knowing & Doing*, diario del Instituto C. S. Lewis, invierno del 2011, http://www.cslewisinstitute.org/Profile_In_Faith_V_Raymond_Edman_SinglePage.
2. Efesios 6:12.
3. C. S. Lewis, *Christian Reflections* [Reflexiones cristianas] (Grand Rapids, MI: Eerdmans, 2014), 41.
4. Juan 10:10, NVI.
5. Bruce Cockburn, «Lovers in a Dangerous Time» [Amantes en tiempo de peligro], del álbum *Stealing Fire* (True North, Gold Mountain, A&M, 1984).
6. 1 Corintios 12:10.
7. Andrew Delbanco, *The Death of Satan: How Americans Have Lost the Sense of Evil* (Nueva York: Farrar, Straus and Giroux, 1995), 3. Publicado en español como *La muerte de Satán.*
8. Atribuido a Andrew Delbanco, autor de *La muerte de Satán.*
9. Helmut Thielicke, *The Prayer that Spans the World: Sermons on the Lord's Prayer* [La oración que recorre el mundo: Sermones sobre el Padrenuestro] (Cambridge: Lutterworth, 2016), cap. 10.
10. «La humanidad está perdiendo fe en la historia liberal que ha dominado la política en las últimas décadas, justamente cuando la fusión de la biotecnología y la tecnología de la información nos confrontan con los más grandes desafíos que haya encontrado la humanidad». Yuval Noah Harari, *21 Lessons for the 21st Century*, (Nueva York: Spiegel & Grau, 2018), parte I. Publicado en español como V*eintiún lecciones para el siglo XXI.*
11. Mateo 4:1-11.
12. Lucas 10:18.
13. Mateo 12:22-32; 16:18; Marcos 3:20-30; Lucas 10:19; 11:14-26.
14. Lucas 22:31-32.
15. N. T. Wright, *The Lord and His Prayer* [El Señor y su oración] (Grand Rapids, MI: Eerdmans, 2014), 53.
16. Uno de los teólogos que ha escrito más extensamente acerca de la batalla contra los «principados y potestades» es Walter Wink, en especial en su libro *Engaging the Powers* [Enfrentar los poderes] que te aliento a leer si quieres entender este tema a un nivel más profundo.
17. Daniel 10:1-3.
18. Daniel 10:12-13.
19. Daniel 10:20-21.
20. William H. Willimon y Stanley Hauerwas, *Lord, Teach Us: The Lord's Prayer and the Christian Life* [Señor Enséñanos: El Padrenuestro y la vida cristiana] (Nashville, TN: Abingdon, 1996), 89.
21. Efesios 1:20-21, NVI.
22. La palabra *cristiano* solo aparece tres veces en el texto bíblico, como sobrenombre en Hechos 11:26, Hechos 26:28 y Pedro 4:16, y Pablo nunca la usa.
23. Efesios 2:6.

24. Mi énfasis aquí es en participar en el poder de Cristo y, por lo tanto, en la agenda de Cristo, más que en ejercer poder en y por nosotros mismos. Esto está en contraste con el evangelio de prosperidad y también con la idea de que todo es un enemigo espiritual.
25. Efesios 1:22.
26. Juan 19:30.
27. Romanos 8:23, NVI.
28. Gálatas 5:1.
29. N. T. Wright, *The Lord and His Prayer* [El Señor y su oración], 53.
30. Apocalipsis 12:12.
31. Chuck Lowe, *Territorial Spirits and World Evangelization* [Espíritus territoriales y evangelización mundial] (Littleton, CO: OMF Books, 2001), 69–70.
32. John Piper, «Prayer: The Work of Missions» [La oración: La obra de las misiones], Reunión anual de ACMC, Denver, Colorado, 29 de julio de 1988, https://www.desiringgod.org/messages/prayer-the-work-of-missions.
33. 2 Reyes 6:17.
34. Marcos 1:12-13; Mateo 4:1-11; Lucas 4:1-13.
35. Hebreos 4:12.
36. Santiago 4:7.
37. 1 Pedro 3:15.
38. Apocalipsis 12:11.
39. Jesús entendía el poder de maldecir (por ej., la higuera, Mateo 21:19) y a veces permitió que sus discípulos usaran su poder (Lucas 9:5; Mateo 18:18), pero su foco está en bendecir. Manda a sus seguidores que «bendigan a quienes los maldicen» y «oren por aquellos que los lastiman» (Lucas 6:28). Ver también Santiago 3:9.
40. Mateo 18:18.
41. Mateo 5:37.
42. Mateo 18:19.
43. Judas 1:9, énfasis agregado.
44. 1 Juan 4:4.
45. Romanos 8:37, NVI.
46. Martyn LloydJones, *The Christian Warfare: An Exposition of Ephesians 6:10-13* [La guerra cristiana: Una exposición de Efesios 6:10-13] (Grand Rapids: Baker, 1998), Introducción.

HÉROE DE LA GUERRA ESPIRITUAL

1. Thomas Cahill, *How the Irish Saved Civilization* (Nueva York: Anchor, 2010), 148. Publicado en español como *Cómo los irlandeses salvaron la civilización.*
2. Citado en William J. Federer, *Saint Patrick* [San Patricio] (St. Louis, MO: Amerisearch, 2002), 22.
3. John Holmes, *Saint Patrick: The Man and His Mission* [San Patricio: El hombre y su misión] (Greenville, SC: Ambassador International, 2013), 56.
4. *The Confession of St. Patrick* [La confesión de San Patricio] (Londres: Aziloth, 2012), 12.

CAPÍTULO 12: AMÉN

1. 1 Crónicas 29:11.
2. Salmo 90:4.
3. Harald Sack, «Edward Lorenz and the Butterfly Effect» [Edward Lorenz y el efecto mariposa], SciHi Blog, 23 de mayo del 2016, http://scihi.org/edward-lorenz-chaos-theory/.
4. Mark Batterson, *The Circle Maker* (Grand Rapids, MI: Zondervan, 2012), 16. Publicado en español como *El hacedor de círculos.*
5. Frederick Faber, *Growth in Holiness* [Crecimiento en santidad] (Andesite Press, 2017), 145, 149.
6. C. H. Spurgeon, citado en Cindy Trimm, *When Kingdoms Clash* [Cuando los reinos entran en conflicto] (Lake Mary, FL: Charisma House, 2012), 83.
7. Salmo 46:10.
8. Filipenses 4:4, NBLA.
9. Mateo 7:7.
10. Romanos 6:13.
11. Romanos 8:26-27.
12. Para el uso de la palabra *Amén* en el Antiguo Testamento, ver 1 Reyes 1:36; Números 5:22; y Deuteronomio 27:17-26
13. Mateo 18:19.
14. 2 Corintios 1:20.
15. Apocalipsis 5:8.
16. Tim Chester, *The Message of Prayer* [El mensaje de la oración] (Downers Grove, IL: IVP, 2003), 243.
17. El llamado a gobernar con Cristo es un tema a lo largo de las Escrituras, comenzando por Génesis 1:26 (que «tenga potestad [...] sobre toda la tierra», RVR95), siguiendo por los pactos abrahámicos y davídicos, cumplido con la gran comisión de Cristo («vayan y hagan discípulos de todas las naciones», Mateo 28:19), y reforzado en las epístolas paulinas como 1 Corintios 6:3 («juzgaremos a los ángeles»), Efesios 2:6 («nos levantó de los muertos junto con Cristo y nos sentó con él en los lugares celestiales»), 2 Timoteo 2:12 («reinaremos con él») y más.
18. Isaías 65:24.
19. Amós 5:24, NVI.
20. Apocalipsis 21:4.
21. Apocalipsis 12:10.
22. Isaías 2:4.
23. Habacuc 2:14.
24. C. S. Lewis, *The Last Battle* (HarperCollins: Nueva York, 2005), 229. Publicado en español como *La última batalla.*